TRANZLATY

La Langue est pour tout le Monde
Mae iaith i bawb

L'appel de la forêt

Galwad y Gwyllt

Jack London

Français / Cymraeg

Copyright © 2025 Tranzlaty
All rights reserved
Published by Tranzlaty
ISBN: 978-1-80572-851-1
Original text by Jack London
The Call of the Wild
First published in 1903
www.tranzlaty.com

Dans le primitif
I'r Cyntefig

Buck ne lisait pas les journaux
Nid oedd Buck yn darllen y papurau newydd.
S'il avait lu les journaux, il aurait su que des problèmes se préparaient.
Pe bai wedi darllen y papurau newydd byddai wedi gwybod bod trafferth yn codi.
Il y avait des problèmes non seulement pour lui-même, mais pour tous les chiens de la marée.
Roedd trafferth nid iddo ef ei hun yn unig, ond i bob ci dŵr llanw.
Tout chien musclé et aux poils longs et chauds allait avoir des ennuis.
Byddai pob ci cryf o gyhyrau a gwallt hir, cynnes mewn trafferth.
De Puget Bay à San Diego, aucun chien ne pouvait échapper à ce qui allait arriver.
O Fae Puget i San Diego ni allai unrhyw gi ddianc rhag yr hyn oedd i ddod.
Des hommes, tâtonnant dans l'obscurité de l'Arctique, avaient trouvé un métal jaune.
Roedd dynion, yn chwilota yn nhywyllwch yr Arctig, wedi dod o hyd i fetel melyn.
Les compagnies de navigation et de transport étaient à la recherche de cette découverte.
Roedd cwmnïau llongau stêm a chludiant yn mynd ar ôl y darganfyddiad.
Des milliers d'hommes se précipitaient vers le Nord.
Roedd miloedd o ddynion yn rhuthro i'r Gogledd.
Ces hommes voulaient des chiens, et les chiens qu'ils voulaient étaient des chiens lourds.
Roedd y dynion hyn eisiau cŵn, a'r cŵn roedden nhw eu heisiau oedd cŵn trwm.
Chiens dotés de muscles puissants pour travailler.
Cŵn â chyhyrau cryf i lafurio â nhw.

Chiens avec des manteaux de fourrure pour les protéger du gel.
Cŵn â chotiau blewog i'w hamddiffyn rhag y rhew.

Buck vivait dans une grande maison dans la vallée ensoleillée de Santa Clara.
Roedd Buck yn byw mewn tŷ mawr yn Nyffryn Santa Clara, sydd wedi'i gusanu gan yr heul.

La maison du juge Miller s'appelait ainsi.
Lle'r Barnwr Miller, galwyd ei dŷ.

Sa maison se trouvait en retrait de la route, à moitié cachée parmi les arbres.
Roedd ei dŷ yn sefyll yn ôl o'r ffordd, hanner cuddiedig ymhlith y coed.

On pouvait apercevoir la large véranda qui courait autour de la maison.
Gallai rhywun gael cipolwg ar y feranda eang oedd yn rhedeg o amgylch y tŷ.

On accédait à la maison par des allées gravillonnées.
Roedd modd cyrraedd y tŷ drwy ffyrdd gyrru graeanog.

Les sentiers serpentaient à travers de vastes pelouses.
Roedd y llwybrau'n troelli trwy lawntiau eang.

Au-dessus de nos têtes se trouvaient les branches entrelacées de grands peupliers.
Uwchben roedd canghennau plethedig y poplys tal.

À l'arrière de la maison, les choses étaient encore plus spacieuses.
Yng nghefn y tŷ roedd pethau hyd yn oed yn fwy eang.

Il y avait de grandes écuries, où une douzaine de palefreniers discutaient
Roedd stablau gwych, lle'r oedd dwsin o briodferched yn sgwrsio

Il y avait des rangées de maisons de serviteurs recouvertes de vigne
Roedd rhesi o fythynnod gweision wedi'u gorchuddio â gwinwydd

Et il y avait une gamme infinie et ordonnée de toilettes extérieures
Ac roedd yna amrywiaeth ddiddiwedd a threfnus o dai allan
Longues tonnelles de vigne, pâturages verts, vergers et parcelles de baies.
Perllannau grawnwin hir, porfeydd gwyrdd, perllannau, a chlytiau aeron.
Ensuite, il y avait l'usine de pompage du puits artésien.
Yna roedd y gwaith pwmpio ar gyfer y ffynnon artesaidd.
Et il y avait le grand réservoir en ciment rempli d'eau.
Ac yno yr oedd y tanc sment mawr yn llawn dŵr.
C'est ici que les garçons du juge Miller ont fait leur plongeon matinal.
Yma y cymerodd bechgyn y Barnwr Miller eu plymiad boreol.
Et ils se sont rafraîchis là-bas aussi dans l'après-midi chaud.
Ac fe wnaethon nhw oeri yno yn y prynhawn poeth hefyd.
Et sur ce grand domaine, Buck était celui qui régnait sur tout.
A thros y parth mawr hwn, Buck oedd yr un a reolodd y cyfan.
Buck est né sur cette terre et y a vécu toutes ses quatre années.
Ganwyd Buck ar y tir hwn a bu'n byw yma ei holl bedair blynedd.
Il y avait bien d'autres chiens, mais ils n'avaient pas vraiment d'importance.
Roedd cŵn eraill yn wir, ond doedden nhw ddim yn wironeddol bwysig.
D'autres chiens étaient attendus dans un endroit aussi vaste que celui-ci.
Roedd disgwyl cŵn eraill mewn lle mor eang â hwn.
Ces chiens allaient et venaient, ou vivaient à l'intérieur des chenils très fréquentés.
Byddai'r cŵn hyn yn dod ac yn mynd, neu'n byw y tu mewn i'r cŵn prysur.
Certains chiens vivaient cachés dans la maison, comme Toots et Ysabel.

Roedd rhai cŵn yn byw'n gudd yn y tŷ, fel roedd Toots ac Ysabel yn ei wneud.
Toots était un carlin japonais, Ysabel un chien nu mexicain.
Roedd Toots yn gi pug Japaneaidd, ac Ysabel yn gi di-flew Mecsicanaidd.
Ces étranges créatures sortaient rarement de la maison.
Anaml y byddai'r creaduriaid rhyfedd hyn yn camu allan o'r tŷ.
Ils n'ont pas touché le sol, ni respiré l'air libre à l'extérieur.
Ni wnaethant gyffwrdd â'r ddaear, nac arogli'r awyr agored y tu allan.
Il y avait aussi les fox-terriers, au moins une vingtaine.
Roedd yna hefyd y daeargis fox, o leiaf ugain mewn nifer.
Ces terriers aboyaient férocement sur Toots et Ysabel à l'intérieur.
Roedd y daeargi hyn yn cyfarth yn ffyrnig ar Toots ac Ysabel dan do.
Toots et Ysabel sont restés derrière les fenêtres, à l'abri du danger.
Arhosodd Toots ac Ysabel y tu ôl i ffenestri, yn ddiogel rhag niwed.
Ils étaient gardés par des domestiques munies de balais et de serpillères.
Roeddent yn cael eu gwarchod gan forynion tŷ gyda ysgubau a mopiau.
Mais Buck n'était pas un chien de maison, et il n'était pas non plus un chien de chenil.
Ond nid ci tŷ oedd Buck, ac nid ci cŵn oedd e chwaith.
L'ensemble de la propriété appartenait à Buck comme son royaume légitime.
Roedd yr eiddo cyfan yn eiddo i Buck fel ei deyrnas gyfreithiol.
Buck nageait dans le réservoir ou partait à la chasse avec les fils du juge.
Nofiodd Buck yn y tanc neu aeth i hela gyda meibion y Barnwr.
Il marchait avec Mollie et Alice tôt ou tard le soir.

Cerddodd gyda Mollie ac Alice yn oriau mân neu hwyr y bore.

Lors des nuits froides, il s'allongeait devant le feu de la bibliothèque avec le juge.

Ar nosweithiau oer byddai'n gorwedd o flaen tân y llyfrgell gyda'r Barnwr.

Buck a promené les petits-fils du juge sur son dos robuste.

Rhoddodd Buck reidiau i wyrion y Barnwr ar ei gefn cryf.

Il roula dans l'herbe avec les garçons, les surveillant de près.

Rholiodd yn y glaswellt gyda'r bechgyn, gan eu gwarchod yn agos.

Ils s'aventurèrent jusqu'à la fontaine et même au-delà des champs de baies.

Mentroddant at y ffynnon a hyd yn oed heibio i'r caeau aeron.

Parmi les fox terriers, Buck marchait toujours avec une fierté royale.

Ymhlith y daeargis, roedd Buck yn cerdded gyda balchder brenhinol bob amser.

Il ignora Toots et Ysabel, les traitant comme s'ils étaient de l'air.

Anwybyddodd Toots ac Ysabel, gan eu trin fel pe baent yn awyr.

Buck régnait sur toutes les créatures vivantes sur les terres du juge Miller.

Roedd Buck yn rheoli dros bob creadur byw ar dir y Barnwr Miller.

Il régnait sur les animaux, les insectes, les oiseaux et même les humains.

Roedd yn teyrnasu dros anifeiliaid, pryfed, adar, a hyd yn oed bodau dynol.

Le père de Buck, Elmo, était un énorme et fidèle Saint-Bernard.

Roedd tad Buck, Elmo, wedi bod yn Sant Bernard enfawr a ffyddlon.

Elmo n'a jamais quitté le juge et l'a servi fidèlement.

Ni adawodd Elmo ochr y Barnwr byth, a'i gwasanaethodd yn ffyddlon.

Buck semblait prêt à suivre le noble exemple de son père.
Roedd Buck yn ymddangos yn barod i ddilyn esiampl fonheddig ei dad.
Buck n'était pas aussi gros, pesant cent quarante livres.
Nid oedd Buck mor fawr, yn pwyso cant a deugain punt.
Sa mère, Shep, était un excellent chien de berger écossais.
Roedd ei fam, Shep, wedi bod yn gi bugail Albanaidd da.
Mais même avec ce poids, Buck marchait avec une présence royale.
Ond hyd yn oed gyda'r pwysau hwnnw, cerddodd Buck gyda phresenoldeb brenhinol.
Cela venait de la bonne nourriture et du respect qu'il recevait toujours.
Daeth hyn o fwyd da a'r parch a gafodd bob amser.
Pendant quatre ans, Buck a vécu comme un noble gâté.
Am bedair blynedd, roedd Buck wedi byw fel uchelwr wedi'i ddifetha.
Il était fier de lui, et même légèrement égoïste.
Roedd yn falch ohono'i hun, a hyd yn oed ychydig yn egotistaidd.
Ce genre de fierté était courant chez les seigneurs des régions reculées.
Roedd y math yna o falchder yn gyffredin ymhlith arglwyddi gwledig anghysbell.
Mais Buck s'est sauvé de devenir un chien de maison choyé.
Ond achubodd Buck ei hun rhag dod yn gi tŷ wedi'i fwydo.
Il est resté mince et fort grâce à la chasse et à l'exercice.
Arhosodd yn fain ac yn gryf trwy hela ac ymarfer corff.
Il aimait profondément l'eau, comme les gens qui se baignent dans les lacs froids.
Roedd wrth ei fodd â dŵr yn fawr, fel pobl sy'n ymdrochi mewn llynnoedd oer.
Cet amour pour l'eau a gardé Buck fort et en très bonne santé.
Cadwodd y cariad hwn at ddŵr Buck yn gryf, ac yn iach iawn.
C'était le chien que Buck était devenu à l'automne 1897.

Dyma'r ci yr oedd Buck wedi dod yn hydref 1897.
Lorsque la découverte du Klondike a attiré des hommes vers le Nord gelé.
Pan dynnodd ymosodiad y Klondike ddynion i'r Gogledd rhewllyd.
Des gens du monde entier se sont précipités vers ce pays froid.
Rhuthrodd pobl o bob cwr o'r byd i'r wlad oer.
Buck, cependant, ne lisait pas les journaux et ne comprenait pas les nouvelles.
Fodd bynnag, nid oedd Buck yn darllen y papurau newydd, nac yn deall newyddion.
Il ne savait pas que Manuel était un homme désagréable à fréquenter.
Doedd e ddim yn gwybod bod Manuel yn ddyn drwg i fod o gwmpas.
Manuel, qui aidait au jardin, avait un problème grave.
Roedd gan Manuel, a oedd yn helpu yn yr ardd, broblem ddofn.
Manuel était accro aux jeux de loterie chinois.
Roedd Manuel yn gaeth i gamblo yn y loteri Tsieineaidd.
Il croyait également fermement en un système fixe pour gagner.
Roedd hefyd yn credu'n gryf mewn system sefydlog ar gyfer ennill.
Cette croyance rendait son échec certain et inévitable.
Gwnaeth y gred honno ei fethiant yn sicr ac yn anochel.
Jouer un système exige de l'argent, ce qui manquait à Manuel.
Mae chwarae system yn gofyn am arian, rhywbeth nad oedd gan Manuel.
Son salaire suffisait à peine à subvenir aux besoins de sa femme et de ses nombreux enfants.
Prin y cynhaliodd ei gyflog ei wraig a'i lawer o blant.
La nuit où Manuel a trahi Buck, les choses étaient normales.
Ar y noson y bradychodd Manuel Buck, roedd pethau'n normal.

Le juge était présent à une réunion de l'Association des producteurs de raisins secs.
Roedd y Barnwr mewn cyfarfod Cymdeithas Tyfwyr Rhesins.
Les fils du juge étaient alors occupés à former un club d'athlétisme.
Roedd meibion y Barnwr yn brysur yn ffurfio clwb athletau bryd hynny.
Personne n'a vu Manuel et Buck sortir par le verger.
Ni welodd neb Manuel a Buck yn gadael drwy'r berllan.
Buck pensait que cette promenade n'était qu'une simple promenade nocturne.
Roedd Buck yn meddwl mai dim ond tro bach syml yn y nos oedd y daith gerdded hon.
Ils n'ont rencontré qu'un seul homme à la station du drapeau, à College Park.
Dim ond un dyn a gyfarfuon nhw yn yr orsaf faner, ym Mharc y Coleg.
Cet homme a parlé à Manuel et ils ont échangé de l'argent.
Siaradodd y dyn hwnnw â Manuel, a chyfnewidiasant arian.
« Emballez les marchandises avant de les livrer », a-t-il suggéré.
"Lapio'r nwyddau cyn i chi eu danfon," awgrymodd.
La voix de l'homme était rauque et impatiente lorsqu'il parlait.
Roedd llais y dyn yn arw ac yn ddiamynedd wrth iddo siarad.
Manuel a soigneusement attaché une corde épaisse autour du cou de Buck.
Clymodd Manuel raff drwchus yn ofalus o amgylch gwddf Buck.
« Tournez la corde et vous l'étoufferez abondamment »
"Troelli'r rhaff, a byddi di'n ei dagu'n helaeth"
L'étranger émit un grognement, montrant qu'il comprenait bien.
Rhoddodd y dieithryn grwgnach, gan ddangos ei fod yn deall yn dda.
Buck a accepté la corde avec calme et dignité tranquille ce jour-là.

Derbyniodd Buck y rhaff gyda hurddas tawel a thawel y diwrnod hwnnw.

C'était un acte inhabituel, mais Buck faisait confiance aux hommes qu'il connaissait.

Roedd yn weithred anarferol, ond roedd Buck yn ymddiried yn y dynion yr oedd yn eu hadnabod.

Il croyait que leur sagesse allait bien au-delà de sa propre pensée.

Credai fod eu doethineb yn mynd ymhell y tu hwnt i'w feddwl ei hun.

Mais ensuite la corde fut remise entre les mains de l'étranger.

Ond yna trosglwyddwyd y rhaff i ddwylo'r dieithryn.

Buck émit un grognement sourd qui avertissait avec une menace silencieuse.

Rhoddodd Buck grwgnach isel a rybuddiodd gyda bygythiad tawel.

Il était fier et autoritaire, et voulait montrer son mécontentement.

Roedd yn falch ac yn awdurdodol, ac yn bwriadu dangos ei anfodlonrwydd.

Buck pensait que son avertissement serait compris comme un ordre.

Credai Buck y byddai ei rybudd yn cael ei ddeall fel gorchymyn.

À sa grande surprise, la corde se resserra rapidement autour de son cou épais.

I'w sioc, tynhaodd y rhaff yn gyflym o amgylch ei wddf trwchus.

Son air fut coupé et il commença à se battre dans une rage soudaine.

Torrwyd ei awyr i ffwrdd a dechreuodd ymladd mewn cynddaredd sydyn.

Il s'est jeté sur l'homme, qui a rapidement rencontré Buck en plein vol.

Neidiodd at y dyn, a gyfarfu â Buck yn gyflym yng nghanol yr awyr.

L'homme attrapa Buck par la gorge et le fit habilement tourner dans les airs.
Gafaelodd y dyn yng ngwddf Buck a'i droelli yn fedrus yn yr awyr.
Buck a été violemment projeté au sol, atterrissant à plat sur le dos.
Cafodd Buck ei daflu i lawr yn galed, gan lanio'n fflat ar ei gefn.
La corde l'étranglait alors cruellement tandis qu'il donnait des coups de pied sauvages.
Nawr roedd y rhaff yn ei dagu'n greulon tra roedd yn cicio'n wyllt.
Sa langue tomba, sa poitrine se souleva, mais il ne reprit pas son souffle.
Syrthiodd ei dafod allan, chwyddodd ei frest, ond ni chafodd anadl.
Il n'avait jamais été traité avec une telle violence de sa vie.
Nid oedd erioed wedi cael ei drin â thrais o'r fath yn ei fywyd.
Il n'avait jamais été rempli d'une fureur aussi profonde auparavant.
Nid oedd erioed wedi bod yn llawn cynddaredd mor ddwfn o'r blaen.
Mais le pouvoir de Buck s'est estompé et ses yeux sont devenus vitreux.
Ond pylodd pŵer Buck, a throdd ei lygaid yn wydrog.
Il s'est évanoui juste au moment où un train s'arrêtait à proximité.
Llewygodd wrth i drên gael ei faneru gerllaw.
Les deux hommes le jetèrent alors rapidement dans le fourgon à bagages.
Yna taflodd y ddau ddyn ef i'r car bagiau yn gyflym.
La chose suivante que Buck ressentit fut une douleur dans sa langue enflée.
Y peth nesaf a deimlai Buck oedd poen yn ei dafod chwyddedig.
Il se déplaçait dans un chariot tremblant, à peine conscient.

Roedd yn symud mewn cert yn crynu, dim ond yn anymwybodol.
Le cri aigu d'un sifflet de train indiqua à Buck où il se trouvait.
Dywedodd sgrech finiog chwiban trên wrth Buck ei leoliad.
Il avait souvent roulé avec le juge et connaissait ce sentiment.
Roedd wedi marchogaeth gyda'r Barnwr yn aml ac yn gwybod y teimlad.
C'était le choc unique de voyager à nouveau dans un fourgon à bagages.
Roedd yn sioc unigryw o deithio mewn car bagiau eto.
Buck ouvrit les yeux et son regard brûla de rage.
Agorodd Buck ei lygaid, a llosgodd ei olwg â chynddaredd.
C'était la colère d'un roi fier déchu de son trône.
Dyma oedd dicter brenin balch a gymerwyd oddi ar ei orsedd.
Un homme a tenté de l'attraper, mais Buck a frappé en premier.
Cyrhaeddodd dyn i'w afael, ond trawodd Buck yn gyntaf yn lle hynny.
Il enfonça ses dents dans la main de l'homme et la serra fermement.
Suddodd ei ddannedd yn llaw'r dyn a'i gafael yn dynn.
Il ne l'a pas lâché jusqu'à ce qu'il s'évanouisse une deuxième fois.
Ni ollyngodd gafael nes iddo golli gafael am yr ail dro.
« Ouais, il a des crises », murmura l'homme au bagagiste.
"Iawn, mae'n cael ffitiau," sibrydodd y dyn wrth y dyn bagiau.
Le bagagiste avait entendu la lutte et s'était approché.
Roedd y dyn bagiau wedi clywed yr ymrafael ac wedi dod yn agos.
« Je l'emmène à Frisco pour le patron », **a expliqué l'homme.**
"Rwy'n mynd ag ef i 'Frisco ar gyfer y bos," eglurodd y dyn.
« Il y a un excellent vétérinaire qui dit pouvoir les guérir. »
"Mae yna feddyg cŵn da yno sy'n dweud y gall eu gwella."

Plus tard dans la soirée, l'homme a donné son propre récit complet.
Yn ddiweddarach y noson honno rhoddodd y dyn ei gyfrif llawn ei hun.
Il parlait depuis un hangar derrière un saloon sur les quais.
Siaradodd o sied y tu ôl i salŵn ar y dociau.
« Tout ce qu'on m'a donné, c'était cinquante dollars », se plaignit-il au vendeur du saloon.
"Y cyfan a roddwyd i mi oedd hanner cant o ddoleri," cwynodd wrth y dyn tafarn.
« Je ne le referais pas, même pour mille dollars en espèces. »
"Fyddwn i ddim yn ei wneud eto, dim hyd yn oed am fil mewn arian parod."
Sa main droite était étroitement enveloppée dans un tissu ensanglanté.
Roedd ei law dde wedi'i lapio'n dynn mewn lliain gwaedlyd.
Son pantalon était déchiré du genou au pied.
Roedd coes ei drowsus wedi'i rhwygo'n llydan o'r pen-glin i'r droed.
« Combien a été payé l'autre idiot ? » demanda le vendeur du saloon.
"Faint gafodd y mwg arall ei dalu?" gofynnodd y dyn tafarn.
« Cent », répondit l'homme, « il n'accepterait pas un centime de moins. »
"Cant," atebodd y dyn, "ni fyddai'n cymryd ceiniog yn llai."
« Cela fait cent cinquante », dit le vendeur du saloon.
"Mae hynny'n dod i gant a hanner cant," meddai'r dyn tafarn.
« Et il vaut tout ça, sinon je ne suis pas meilleur qu'un imbécile. »
"Ac mae o werth y cyfan, neu dydw i ddim gwell na phen twp."
L'homme ouvrit les emballages pour examiner sa main.
Agorodd y dyn y papurau lapio i archwilio ei law.
La main était gravement déchirée et couverte de sang séché.
Roedd y llaw wedi'i rhwygo'n ddrwg ac wedi'i chramennu mewn gwaed sych.
« Si je n'ai pas l' hydrophobie… » commença-t-il à dire.

"Os na fydda i'n cael yr hydroffobia…" dechreuodd ddweud.
« Ce sera parce que tu es né pour être pendu », dit-il en riant.
"Bydd oherwydd dy fod ti wedi dy eni i hongian," daeth chwerthin.
« Viens m'aider avant de partir », lui a-t-on demandé.
"Dewch i'm helpu cyn i chi fynd," gofynnwyd iddo.
Buck était dans un état second à cause de la douleur dans sa langue et sa gorge.
Roedd Buck mewn penbleth oherwydd y boen yn ei dafod a'i wddf.
Il était à moitié étranglé et pouvait à peine se tenir debout.
Roedd wedi'i hanner tagu, ac prin y gallai sefyll yn unionsyth.
Pourtant, Buck essayait de faire face aux hommes qui l'avaient blessé ainsi.
Serch hynny, ceisiodd Buck wynebu'r dynion a oedd wedi ei frifo cymaint.
Mais ils le jetèrent à terre et l'étranglèrent une fois de plus.
Ond fe'i taflasant i lawr a'i dagu unwaith eto.
Ce n'est qu'à ce moment-là qu'ils ont pu scier son lourd collier de laiton.
Dim ond wedyn y gallent lifio ei goler pres trwm i ffwrdd.
Ils ont retiré la corde et l'ont poussé dans une caisse.
Fe wnaethon nhw dynnu'r rhaff allan a'i wthio i mewn i gawell.
La caisse était petite et avait la forme d'une cage en fer brut.
Roedd y crât yn fach ac wedi'i siapio fel cawell haearn garw.
Buck resta allongé là toute la nuit, rempli de colère et d'orgueil blessé.
Gorweddodd Buck yno drwy'r nos, yn llawn dicter a balchder clwyfedig.
Il ne pouvait pas commencer à comprendre ce qui lui arrivait.
Ni allai ddechrau deall beth oedd yn digwydd iddo.
Pourquoi ces hommes étranges le gardaient-ils dans cette petite caisse ?
Pam roedd y dynion rhyfedd hyn yn ei gadw yn y crât fach hon?

Que voulaient-ils de lui et pourquoi cette cruelle captivité ?
Beth oedden nhw ei eisiau gydag ef, a pham y caethiwed creulon hwn?
Il ressentait une pression sombre, un sentiment de catastrophe qui se rapprochait.
Teimlodd bwysau tywyll; ymdeimlad o drychineb yn agosáu.
C'était une peur vague, mais elle pesait lourdement sur son esprit.
Ofn amwys ydoedd, ond fe darodd yn drwm ar ei ysbryd.
Il a sursauté à plusieurs reprises lorsque la porte du hangar a claqué.
Neidiodd i fyny sawl gwaith pan ratlodd drws y sied.
Il s'attendait à ce que le juge ou les garçons apparaissent et le sauvent.
Roedd yn disgwyl i'r Barnwr neu'r bechgyn ymddangos a'i achub.
Mais à chaque fois, seul le gros visage du tenancier de bar apparaissait à l'intérieur.
Ond dim ond wyneb tew ceidwad y dafarn oedd yn edrych i mewn bob tro.
Le visage de l'homme était éclairé par la faible lueur d'une bougie de suif.
Roedd wyneb y dyn wedi'i oleuo gan lewyrch pylu cannwyll gwêr.
À chaque fois, l'aboiement joyeux de Buck se transformait en un grognement bas et colérique.
Bob tro, byddai cyfarth llawen Buck yn newid i grwgnach isel, blin.

Le tenancier du saloon l'a laissé seul pour la nuit dans la caisse
Gadawodd ceidwad y dafarn ef ar ei ben ei hun am y noson yn y cawell
Mais quand il se réveilla le matin, d'autres hommes arrivèrent.
Ond pan ddeffrodd yn y bore roedd mwy o ddynion yn dod.

Quatre hommes sont venus et ont ramassé la caisse avec précaution, sans un mot.
Daeth pedwar dyn a chodi'r crât yn ofalus heb ddweud gair.
Buck comprit immédiatement dans quelle situation il se trouvait.
Gwyddai Buck ar unwaith ym mha sefyllfa yr oedd wedi canfod ei hun.
Ils étaient d'autres bourreaux qu'il devait combattre et craindre.
Roedden nhw'n boenydio ymhellach y bu'n rhaid iddo ymladd yn eu herbyn a'u hofni.
Ces hommes avaient l'air méchants, en haillons et très mal soignés.
Roedd y dynion hyn yn edrych yn ddrwg, yn garpiog, ac wedi'u trin yn wael iawn.
Buck grogna et se jeta férocement sur eux à travers les barreaux.
Gwgodd Buck a rhuthro atyn nhw'n ffyrnig drwy'r bariau.
Ils se sont contentés de rire et de le frapper avec de longs bâtons en bois.
Fe wnaethon nhw chwerthin a'i bigo ato â ffyn pren hir.
Buck a mordu les bâtons, puis s'est rendu compte que c'était ce qu'ils aimaient.
Brathodd Buck y ffyn, yna sylweddolodd mai dyna oedd yr hyn yr oeddent yn ei hoffi.
Il s'allongea donc tranquillement, maussade et brûlant d'une rage silencieuse.
Felly gorweddodd i lawr yn dawel, yn swrth ac yn llosgi gan gynddaredd tawel.
Ils ont soulevé la caisse dans un chariot et sont partis avec lui.
Fe wnaethon nhw godi'r crât i mewn i wagen a gyrru i ffwrdd gydag ef.
La caisse, avec Buck enfermé à l'intérieur, changeait souvent de mains.
Roedd y crât, gyda Buck wedi'i gloi y tu mewn, yn newid dwylo'n aml.

Les employés du bureau express ont pris les choses en main et l'ont traité brièvement.
Cymerodd clercod swyddfa Express yr awenau a'i drin am gyfnod byr.
Puis un autre chariot transporta Buck à travers la ville bruyante.
Yna cariodd wagen arall Buck ar draws y dref swnllyd.
Un camion l'a emmené avec des cartons et des colis sur un ferry.
Aeth lori ag ef gyda blychau a pharseli ar gwch fferi.
Après la traversée, le camion l'a déchargé dans un dépôt ferroviaire.
Ar ôl croesi, dadlwythodd y lori ef mewn depo rheilffordd.
Finalement, Buck fut placé dans une voiture express en attente.
O'r diwedd, rhoddwyd Buck y tu mewn i gar cyflym oedd yn aros.
Pendant deux jours et deux nuits, les trains ont emporté la voiture express.
Am ddau ddiwrnod a noson, tynnodd trenau'r cerbyd cyflym i ffwrdd.
Buck n'a ni mangé ni bu pendant tout le douloureux voyage.
Ni fwytaodd nac ni yfodd Buck yn ystod yr holl daith boenus.
Lorsque les messagers express ont essayé de l'approcher, il a grogné.
Pan geisiodd y negeswyr cyflym nesáu ato, fe grwgnachodd.
Ils ont réagi en se moquant de lui et en le taquinant cruellement.
Ymatebon nhw drwy ei watwar a'i bryfocio'n greulon.
Buck se jeta sur les barreaux, écumant et tremblant
Taflodd Buck ei hun at y bariau, gan ewynnu a chrynu
ils ont ri bruyamment et l'ont raillé comme des brutes de cour d'école.
chwarddon nhw'n uchel, a'i watwar fel bwlis yn yr ysgol.
Ils aboyaient comme de faux chiens et battaient des bras.
Roedden nhw'n cyfarth fel cŵn ffug ac yn fflapio'u breichiau.

Ils ont même chanté comme des coqs juste pour le contrarier davantage.
Fe wnaethon nhw hyd yn oed ganu fel ceiliogod dim ond i'w gynhyrfu'n fwy.
C'était un comportement stupide, et Buck savait que c'était ridicule.
Roedd yn ymddygiad ffôl, ac roedd Buck yn gwybod ei fod yn chwerthinllyd.
Mais cela n'a fait qu'approfondir son sentiment d'indignation et de honte.
Ond dim ond dyfnhau ei ymdeimlad o ddicter a chywilydd a wnaeth hynny.
Il n'a pas été trop dérangé par la faim pendant le voyage.
Nid oedd newyn yn ei boeni llawer yn ystod y daith.
Mais la soif provoquait une douleur aiguë et une souffrance insupportable.
Ond daeth syched â phoen llym a dioddefaint annioddefol.
Sa gorge sèche et enflammée et sa langue brûlaient de chaleur.
Roedd ei wddf a'i dafod sych, llidus yn llosgi gyda gwres.
Cette douleur alimentait la fièvre qui montait dans son corps fier.
Roedd y boen hon yn bwydo'r dwymyn a gododd yn ei gorff balch.
Buck était reconnaissant pour une seule chose au cours de ce procès.
Roedd Buck yn ddiolchgar am un peth yn ystod yr achos llys hwn.
La corde avait été retirée de son cou épais.
Roedd y rhaff wedi'i thynnu oddi ar ei wddf trwchus.
La corde avait donné à ces hommes un avantage injuste et cruel.
Roedd y rhaff wedi rhoi mantais annheg a chreulon i'r dynion hynny.
Maintenant, la corde avait disparu et Buck jura qu'elle ne reviendrait jamais.

Nawr roedd y rhaff wedi mynd, a thyngodd Buck na fyddai byth yn dychwelyd.

Il a décidé qu'aucune corde ne passerait plus jamais autour de son cou.

Penderfynodd na fyddai rhaff byth yn mynd o amgylch ei wddf eto.

Pendant deux longs jours et deux longues nuits, il souffrit sans nourriture.

Am ddau ddiwrnod a noson hir, dioddefodd heb fwyd.

Et pendant ces heures, il a développé une énorme rage en lui.

Ac yn yr oriau hynny, fe gronnodd gynddaredd aruthrol y tu mewn.

Ses yeux sont devenus injectés de sang et sauvages à cause d'une colère constante.

Trodd ei lygaid yn waedlyd ac yn wyllt o ddicter cyson.

Il n'était plus Buck, mais un démon aux mâchoires claquantes.

Nid Buck oedd e mwyach, ond cythraul â genau'n snapio.

Même le juge n'aurait pas reconnu cette créature folle.

Ni fyddai hyd yn oed y Barnwr wedi adnabod y creadur gwallgof hwn.

Les messagers express ont soupiré de soulagement lorsqu'ils ont atteint Seattle

Ochneidiodd y negeswyr cyflym mewn rhyddhad pan gyrhaeddon nhw Seattle

Quatre hommes ont soulevé la caisse et l'ont amenée dans une cour arrière.

Cododd pedwar dyn y crât a'i gludo i iard gefn.

La cour était petite, entourée de murs hauts et solides.

Roedd yr iard yn fach, wedi'i hamgylchynu gan waliau uchel a chadarn.

Un grand homme sortit, vêtu d'un pull rouge affaissé.

Camodd dyn mawr allan mewn crys siwmper coch yn llaesu.

Il a signé le carnet de livraison d'une écriture épaisse et audacieuse.

Llofnododd y llyfr dosbarthu â llaw drwchus a beiddgar.

Buck sentit immédiatement que cet homme était son prochain bourreau.
Synhwyrodd Buck ar unwaith mai'r dyn hwn oedd ei boenydydd nesaf.
Il se jeta violemment sur les barreaux, les yeux rouges de fureur.
Neidiodd yn dreisgar at y bariau, ei lygaid yn goch gan gynddaredd.
L'homme sourit simplement sombrement et alla chercher une hachette.
Gwenodd yn dywyll y dyn ac aeth i nôl bwyell.
Il portait également une massue dans sa main droite épaisse et forte.
Daeth hefyd â chlwb yn ei law dde drwchus a chryf.
« Tu vas le sortir maintenant ? » demanda le chauffeur, inquiet.
"Wyt ti'n mynd i'w fynd ag e allan nawr?" gofynnodd y gyrrwr, yn bryderus.
« Bien sûr », dit l'homme en enfonçant la hachette dans la caisse comme levier.
"Wrth gwrs," meddai'r dyn, gan wthio'r fwyell i'r crât fel lifer.
Les quatre hommes se dispersèrent instantanément et sautèrent sur le mur de la cour.
Gwasgarodd y pedwar dyn ar unwaith, gan neidio i fyny ar wal yr iard.
Depuis leurs endroits sûrs, ils attendaient d'assister au spectacle.
O'u mannau diogel uwchben, roedden nhw'n aros i wylio'r olygfa.
Buck se jeta sur le bois éclaté, le mordant et le secouant violemment.
Neidiodd Buck at y pren oedd wedi'i hollti, gan frathu a chrynu'n ffyrnig.
Chaque fois que la hachette touchait la cage, Buck était là pour l'attaquer.
Bob tro y byddai'r fwyell yn taro'r cawell), roedd Buck yno i ymosod arni.

Il grogna et claqua des dents avec une rage folle, impatient d'être libéré.
Grwgnachodd a chleciodd â chynddaredd gwyllt, yn awyddus i gael ei ryddhau.
L'homme dehors était calme et stable, concentré sur sa tâche.
Roedd y dyn y tu allan yn dawel ac yn gyson, yn benderfynol o wneud ei dasg.
« Bon, alors, espèce de diable aux yeux rouges », dit-il lorsque le trou fut grand.
"Iawn felly, ti ddiawl llygaid coch," meddai pan oedd y twll yn fawr.
Il laissa tomber la hachette et prit le gourdin dans sa main droite.
Gollyngodd y fwyell a chymerodd y clwb yn ei law dde.
Buck ressemblait vraiment à un diable ; les yeux injectés de sang et flamboyants.
Roedd Buck wir yn edrych fel diafol; llygaid yn waedlyd ac yn llachar.
Son pelage se hérissait, de la mousse s'échappait de sa bouche, ses yeux brillaient.
Roedd ei gôt yn flewog, ewyn yn ewynnu wrth ei geg, a'i lygaid yn disgleirio.
Il rassembla ses muscles et se jeta directement sur le pull rouge.
Crychodd ei gyhyrau a neidiodd yn syth at y siwmper goch.
Cent quarante livres de fureur s'abattèrent sur l'homme calme.
Hedfanodd cant a deugain punt o gynddaredd at y dyn tawel.
Juste avant que ses mâchoires ne se referment, un coup terrible le frappa.
Ychydig cyn i'w ên gau, trawodd ergyd ofnadwy ef.
Ses dents claquèrent l'une contre l'autre, rien d'autre que l'air
Clychodd ei ddannedd at ei gilydd ar ddim byd ond aer
une secousse de douleur résonna dans son corps
roedd ysgytwad o boen yn atseinio trwy ei gorff

Il a fait un saut périlleux en plein vol et s'est écrasé sur le dos et sur le côté.
Trodd yng nghanol yr awyr a syrthiodd i lawr ar ei gefn a'i ochr.
Il n'avait jamais ressenti auparavant le coup d'un gourdin et ne pouvait pas le saisir.
Nid oedd erioed o'r blaen wedi teimlo ergyd clwb ac ni allai ei afael.
Avec un grognement strident, mi-aboiement, mi-cri, il bondit à nouveau.
Gyda chwyrn sgrechian, rhan cyfarth, rhan sgrech, neidiodd eto.
Un autre coup brutal le frappa et le projeta au sol.
Tarodd ergyd greulon arall ef a'i daflu i'r llawr.
Cette fois, Buck comprit : c'était la lourde massue de l'homme.
Y tro hwn deallodd Buck — clwb trwm y dyn ydoedd.
Mais la rage l'aveuglait, et il n'avait aucune idée de retraite.
Ond roedd cynddaredd yn ei ddallu, ac nid oedd ganddo unrhyw feddwl am encilio.
Douze fois il s'est lancé et douze fois il est tombé.
Deuddeg gwaith fe daflodd ei hun, a deuddeg gwaith fe syrthiodd.
Le gourdin en bois le frappait à chaque fois avec une force impitoyable et écrasante.
Roedd y clwb pren yn ei falu bob tro gyda grym didostur, malu.
Après un coup violent, il se releva en titubant, étourdi et lent.
Ar ôl un ergyd ffyrnig, cododd i'w draed yn syfrdanol, yn araf.
Du sang coulait de sa bouche, de son nez et même de ses oreilles.
Rhedodd gwaed o'i geg, ei drwyn, a hyd yn oed ei glustiau.
Son pelage autrefois magnifique était maculé de mousse sanglante.

Roedd ei gôt a fu unwaith yn brydferth wedi'i gorchuddio ag ewyn gwaedlyd.

Alors l'homme s'est avancé et a donné un coup violent au nez.

Yna camodd y dyn i fyny a tharo ergyd ddrwg i'r trwyn.

L'agonie était plus vive que tout ce que Buck avait jamais ressenti.

Roedd y boen yn fwy llym nag unrhyw beth a deimlodd Buck erioed.

Avec un rugissement plus bête que chien, il bondit à nouveau pour attaquer.

Gyda rhuo yn fwy o fwystfil na chi, neidiodd eto i ymosod.

Mais l'homme attrapa sa mâchoire inférieure et la tourna vers l'arrière.

Ond gafaelodd y dyn yn ei ên isaf a'i throelli yn ôl.

Buck fit un saut périlleux et s'écrasa à nouveau violemment.

Trodd Buck benben dros sodlau, gan gwympo i lawr yn galed eto.

Une dernière fois, Buck se précipita sur lui, maintenant à peine capable de se tenir debout.

Un tro olaf, rhuthrodd Buck ato, prin yn gallu sefyll nawr.

L'homme a frappé avec un timing expert, délivrant le coup final.

Tarodd y dyn gydag amseru arbenigol, gan roi'r ergyd olaf.

Buck s'est effondré, inconscient et immobile.

Cwympodd Buck mewn pentwr, yn anymwybodol ac yn ddisymud.

« **Il n'est pas mauvais pour dresser les chiens, c'est ce que je dis** », a crié un homme.

"Dydy e ddim yn ddi-hid am dorri cŵn, dyna beth dwi'n ei ddweud," gwaeddodd dyn.

« **Druther peut briser la volonté d'un chien n'importe quel jour de la semaine.** »

"Gall Druther dorri ewyllys ci unrhyw ddiwrnod o'r wythnos."

« **Et deux fois un dimanche !** » **a ajouté le chauffeur.**

"A ddwywaith ar ddydd Sul!" ychwanegodd y gyrrwr.

Il monta dans le chariot et fit claquer les rênes pour partir.
Dringodd i'r wagen a throdd yr awenau i adael.
Buck a lentement repris le contrôle de sa conscience
Adferodd Buck reolaeth ar ei ymwybyddiaeth yn araf.
mais son corps était encore trop faible et brisé pour bouger.
ond roedd ei gorff yn dal yn rhy wan ac wedi torri i symud.
Il resta allongé là où il était tombé, regardant l'homme au pull rouge.
Gorweddodd lle roedd wedi syrthio, yn gwylio'r dyn â'i siwmper goch.
« Il répond au nom de Buck », dit l'homme en lisant à haute voix.
"Mae'n ateb i enw Buck," meddai'r dyn, gan ddarllen yn uchel.
Il a cité la note envoyée avec la caisse de Buck et les détails.
Dyfynnodd o'r nodyn a anfonwyd gyda chât Buck a'r manylion.
« Eh bien, Buck, mon garçon », continua l'homme d'un ton amical,
"Wel, Buck, fy machgen," parhaodd y dyn gyda thôn gyfeillgar,
« Nous avons eu notre petite dispute, et maintenant c'est fini entre nous. »
"Rydyn ni wedi cael ein ffrae fach, ac mae hi drosodd rhyngom ni nawr."
« Tu as appris à connaître ta place, et j'ai appris à connaître la mienne », a-t-il ajouté.
"Rydych chi wedi dysgu eich lle, ac rydw i wedi dysgu fy un i," ychwanegodd.
« Sois sage, tout ira bien et la vie sera agréable. »
"Byddwch yn dda, a bydd popeth yn mynd yn dda, a bydd bywyd yn bleserus."
« Mais sois méchant, et je te botterai les fesses, compris ? »
"Ond byddwch yn ddrwg, a byddaf yn eich curo chi'n llwyr, deallwch chi?"
Tandis qu'il parlait, il tendit la main et tapota la tête douloureuse de Buck.

Wrth iddo siarad, estynnodd allan a thapio pen dolurus Buck.
Les cheveux de Buck se dressèrent au contact de l'homme, mais il ne résista pas.
Cododd gwallt Buck wrth gyffyrddiad y dyn, ond ni wrthsafodd.
L'homme lui apporta de l'eau, que Buck but à grandes gorgées.
Daeth y dyn â dŵr iddo, a yfodd Buck mewn llwnc mawr.
Puis vint la viande crue, que Buck dévora morceau par morceau.
Yna daeth cig amrwd, a fwytaodd Buck ddarn wrth ddarn.
Il savait qu'il était battu, mais il savait aussi qu'il n'était pas brisé.
Roedd yn gwybod ei fod wedi cael ei guro, ond roedd hefyd yn gwybod nad oedd wedi torri.
Il n'avait aucune chance contre un homme armé d'une matraque.
Doedd ganddo ddim siawns yn erbyn dyn oedd â chlwb.
Il avait appris la vérité et il n'a jamais oublié cette leçon.
Roedd wedi dysgu'r gwirionedd, ac ni anghofiodd y wers honno byth.
Cette arme était le début de la loi dans le nouveau monde de Buck.
Yr arf hwnnw oedd dechrau'r gyfraith ym myd newydd Buck.
C'était le début d'un ordre dur et primitif qu'il ne pouvait nier.
Dyna ddechrau trefn llym, gyntefig na allai ei gwadu.
Il accepta la vérité ; ses instincts sauvages étaient désormais éveillés.
Derbyniodd y gwir; roedd ei reddfau gwyllt bellach yn effro.
Le monde était devenu plus dur, mais Buck l'a affronté avec courage.
Roedd y byd wedi mynd yn fwy llym, ond wynebodd Buck ef yn ddewr.
Il a affronté la vie avec une prudence, une ruse et une force tranquille nouvelles.

Cyfarfu â bywyd gyda gofal, cyfrwystra a chryfder tawel newydd.

D'autres chiens sont arrivés, attachés dans des cordes ou des caisses comme Buck l'avait été.

Cyrhaeddodd mwy o gŵn, wedi'u clymu mewn rhaffau neu gewyll fel yr oedd Buck wedi bod.

Certains chiens sont venus calmement, d'autres ont fait rage et se sont battus comme des bêtes sauvages.

Daeth rhai cŵn yn dawel, roedd eraill yn cynddeiriogi ac yn ymladd fel anifeiliaid gwyllt.

Ils furent tous soumis au règne de l'homme au pull rouge.

Daethpwyd â phob un ohonynt dan reolaeth y dyn â'i siwmper goch.

À chaque fois, Buck regardait et voyait la même leçon se dérouler.

Bob tro, gwyliodd Buck a gwelodd yr un wers yn datblygu.

L'homme avec la massue était la loi, un maître à obéir.

Y dyn gyda'r clwb oedd y gyfraith; meistr i'w ufuddhau.

Il n'avait pas besoin d'être aimé, mais il fallait qu'on lui obéisse.

Nid oedd angen iddo gael ei hoffi, ond roedd yn rhaid ufuddhau iddo.

Buck ne s'est jamais montré flatteur ni n'a remué la queue comme le faisaient les chiens plus faibles.

Nid oedd Buck byth yn penddu nac yn ysgwyd fel y gwnaeth y cŵn gwannach.

Il a vu des chiens qui avaient été battus et qui continuaient à lécher la main de l'homme.

Gwelodd gŵn oedd wedi cael eu curo ac yn dal i lyfu llaw'r dyn.

Il a vu un chien qui refusait d'obéir ou de se soumettre du tout.

Gwelodd un ci na fyddai'n ufuddhau nac yn ildio o gwbl.

Ce chien s'est battu jusqu'à ce qu'il soit tué dans la bataille pour le contrôle.

Ymladdodd y ci hwnnw nes iddo gael ei ladd yn y frwydr am reolaeth.

Des étrangers venaient parfois voir l'homme au pull rouge.
Byddai dieithriaid weithiau'n dod i weld y dyn â'i siwmper goch.
Ils parlaient sur un ton étrange, suppliant, marchandant et riant.
Siaradasant mewn tôn ryfedd, gan erfyn, bargeinio, a chwerthin.
Lors de l'échange d'argent, ils partaient avec un ou plusieurs chiens.
Pan gyfnewidiwyd arian, fe adawon nhw gydag un neu fwy o gŵn.
Buck se demandait où étaient passés ces chiens, car aucun n'était jamais revenu.
Tybed a wnaeth Buck ble aeth y cŵn hyn, oherwydd ni ddychwelodd yr un ohonynt byth.
la peur de l'inconnu envahissait Buck chaque fois qu'un homme étrange venait
roedd ofn yr anhysbys yn llenwi Buck bob tro y byddai dyn dieithr yn dod
il était content à chaque fois qu'un autre chien était pris, plutôt que lui-même.
roedd yn falch bob tro y byddai ci arall yn cael ei gymryd, yn hytrach nag ef ei hun.
Mais finalement, le tour de Buck arriva avec l'arrivée d'un homme étrange.
Ond o'r diwedd, daeth tro Buck gyda dyfodiad dyn dieithr.
Il était petit, nerveux, parlait un anglais approximatif et jurait.
Roedd yn fach, yn weirenog, ac yn siarad Saesneg toredig a melltithion.
« Sacré-Dam ! » hurla-t-il en posant les yeux sur le corps de Buck.
"Sacredam!" gwaeddodd pan welodd ffrâm Buck.
« C'est un sacré chien tyrannique ! Hein ? Combien ? » demanda-t-il à voix haute.
"Dyna gi bwli melltigedig! Ie? Faint?" gofynnodd yn uchel.
« Trois cents, et c'est un cadeau à ce prix-là. »

"Tri chant, ac mae'n anrheg am y pris yna,"
« Puisque c'est de l'argent du gouvernement, tu ne devrais pas te plaindre, Perrault. »
"Gan mai arian y llywodraeth ydyw, ddylech chi ddim cwyno, Perrault."
Perrault sourit à l'idée de l'accord qu'il venait de conclure avec cet homme.
Gwenodd Perrault ar y fargen yr oedd newydd ei gwneud gyda'r dyn.
Le prix des chiens a grimpé en flèche en raison de la demande soudaine.
Roedd pris cŵn wedi codi'n sydyn oherwydd y galw sydyn.
Trois cents dollars, ce n'était pas injuste pour une si belle bête.
Nid oedd tri chant o ddoleri yn annheg am fwystfil mor dda.
Le gouvernement canadien ne perdrait rien dans cet accord
Ni fyddai Llywodraeth Canada yn colli dim yn y cytundeb
Leurs dépêches officielles ne seraient pas non plus retardées en transit.
Ni fyddai eu hanfoniadau swyddogol yn cael eu gohirio wrth eu cludo ychwaith.
Perrault connaissait bien les chiens et pouvait voir que Buck était quelque chose de rare.
Roedd Perrault yn adnabod cŵn yn dda, a gallai weld bod Buck yn rhywbeth prin.
« Un sur dix dix mille », pensa-t-il en étudiant la silhouette de Buck.
"Un o bob deg deg mil," meddyliodd, wrth iddo astudio corff Buck.
Buck a vu l'argent changer de mains, mais n'a montré aucune surprise.
Gwelodd Buck yr arian yn newid dwylo, ond ni ddangosodd unrhyw syndod.
Bientôt, lui et Curly, un gentil Terre-Neuve, furent emmenés.
Yn fuan cafodd ef a Curly, Newfoundland addfwyn, eu harwain i ffwrdd.

Ils suivirent le petit homme depuis la cour du pull rouge.
Dilynon nhw'r dyn bach o iard y siwmper goch.
Ce fut la dernière fois que Buck vit l'homme avec la massue en bois.
Dyna oedd y tro olaf i Buck erioed weld y dyn gyda'r clwb pren.
Depuis le pont du Narval, il regardait Seattle disparaître au loin.
O dec y Narwhal gwyliodd Seattle yn pylu i'r pellter.
C'était aussi la dernière fois qu'il voyait le chaud Southland.
Dyma hefyd y tro olaf iddo erioed weld y Deheudir cynnes.
Perrault les emmena sous le pont et les laissa à François.
Aeth Perrault â nhw i lawr y dec, a'u gadael gyda François.
François était un géant au visage noir, aux mains rugueuses et calleuses.
Cawr wyneb du a dwylo garw, caled oedd François.
Il était brun et basané; un métis franco-canadien.
Roedd yn dywyll ac yn ddu; hanner brid Ffrengig-Ganadaidd.
Pour Buck, ces hommes étaient d'un genre qu'il n'avait jamais vu auparavant.
I Buck, roedd y dynion hyn o fath nad oedd erioed wedi'i weld o'r blaen.
Il allait connaître beaucoup d'autres hommes de ce genre dans les jours qui suivirent.
Byddai'n dod i adnabod llawer o ddynion o'r fath yn y dyddiau nesaf.
Il ne s'est pas attaché à eux, mais il a appris à les respecter.
Ni ddaeth yn hoff ohonyn nhw, ond daeth i'w parchu.
Ils étaient justes et sages, et ne se laissaient pas facilement tromper par un chien.
Roedden nhw'n deg ac yn ddoeth, ac nid oedden nhw'n hawdd i unrhyw gi eu twyllo.
Ils jugeaient les chiens avec calme et ne les punissaient que lorsqu'ils le méritaient.
Roedden nhw'n barnu cŵn yn bwyllog, ac yn cosbi dim ond pan oedden nhw'n haeddiannol.

Sur le pont inférieur du Narwhal, Buck et Curly ont rencontré deux chiens.
Yng nghwmni isaf y Narwhal, cyfarfu Buck a Curly â dau gi.

L'un d'eux était un grand chien blanc venu du lointain et glacial Spitzberg.
Un oedd ci gwyn mawr o Spitzbergen rhewllyd pell.

Il avait autrefois navigué avec un baleinier et rejoint un groupe d'enquête.
Roedd wedi hwylio gyda heliwr morfilod unwaith ac wedi ymuno â grŵp arolygu.

Il était amical d'une manière sournoise, sournoise et rusée.
Roedd yn gyfeillgar mewn modd cyfrwys, twyllodrus a chyfrwys.

Lors de leur premier repas, il a volé un morceau de viande dans la poêle de Buck.
Yn eu pryd bwyd cyntaf, fe ddwynodd ddarn o gig o badell Buck.

Buck sauta pour le punir, mais le fouet de François frappa en premier.
Neidiodd Buck i'w gosbi, ond chwip François a darodd yn gyntaf.

Le voleur blanc hurla et Buck récupéra l'os volé.
Gwaeddodd y lleidr gwyn, ac adennillodd Buck yr asgwrn a gafodd ei ddwyn.

Cette équité impressionna Buck, et François gagna son respect.
Gwnaeth y tegwch hwnnw argraff ar Buck, ac enillodd François ei barch.

L'autre chien ne lui a pas adressé de salut et n'en a pas voulu en retour.
Ni roddodd y ci arall unrhyw gyfarchiad, ac nid oedd eisiau dim yn ôl.

Il ne volait pas de nourriture et ne reniflait pas les nouveaux arrivants avec intérêt.
Ni wnaeth ddwyn bwyd, nac arogli ar y newydd-ddyfodiaid â diddordeb.

Ce chien était sinistre et calme, sombre et lent.

Roedd y ci hwn yn llwm ac yn dawel, yn dywyll ac yn araf ei symudiad.

Il a averti Curly de rester à l'écart en la regardant simplement.

Rhybuddiodd Curly i gadw draw trwy syllu arni yn unig.

Son message était clair : laissez-moi tranquille ou il y aura des problèmes.

Roedd ei neges yn glir; gadewch fi ar fy mhen fy hun neu bydd trafferth.

Il s'appelait Dave et il remarquait à peine son environnement.

Dave oedd ei enw, ac prin y sylwodd ar ei amgylchoedd.

Il dormait souvent, mangeait tranquillement et bâillait de temps en temps.

Roedd yn cysgu'n aml, yn bwyta'n dawel, ac yn agor ei geg o bryd i'w gilydd.

Le navire ronronnait constamment avec le battement de l'hélice en dessous.

Roedd y llong yn hwmio'n gyson gyda'r propelor yn curo islaw.

Les jours passèrent sans grand changement, mais le temps devint plus froid.

Aeth y dyddiau heibio heb fawr o newid, ond aeth y tywydd yn oerach.

Buck pouvait le sentir dans ses os et remarqua que les autres le faisaient aussi.

Gallai Buck ei deimlo yn ei esgyrn, a sylwi bod y lleill yn ei deimlo hefyd.

Puis un matin, l'hélice s'est arrêtée et tout est redevenu calme.

Yna un bore, stopiodd y propelor ac roedd popeth yn llonydd.

Une énergie parcourut le vaisseau ; quelque chose avait changé.

Ysgubodd egni drwy'r llong; roedd rhywbeth wedi newid.

François est descendu, les a attachés en laisse et les a remontés.

Daeth François i lawr, eu clipio ar denynnau, a'u dwyn i fyny.
Buck sortit et trouva le sol doux, blanc et froid.
Camodd Buck allan a chanfod bod y ddaear yn feddal, yn wyn, ac yn oer.
Il sursauta en arrière, alarmé, et renifla, totalement confus.
Neidiodd yn ôl mewn braw a ffroenodd mewn dryswch llwyr.
Une étrange substance blanche tombait du ciel gris.
Roedd pethau gwyn rhyfedd yn disgyn o'r awyr lwyd.
Il se secoua, mais les flocons blancs continuaient à atterrir sur lui.
Ysgwydodd ei hun, ond roedd y naddion gwyn yn dal i lanio arno.
Il renifla soigneusement la substance blanche et lécha quelques morceaux glacés.
Aroglodd y peth gwyn yn ofalus a llyfu ychydig o ddarnau rhewllyd.
La poudre brûla comme du feu, puis disparut de sa langue.
Llosgodd y powdr fel tân, yna diflannodd yn syth oddi ar ei dafod.
Buck essaya à nouveau, intrigué par l'étrange froideur qui disparaissait.
Ceisiodd Buck eto, wedi'i ddrysu gan yr oerfel rhyfedd a oedd yn diflannu.
Les hommes autour de lui rirent et Buck se sentit gêné.
Chwarddodd y dynion o'i gwmpas, a theimlodd Buck gywilydd.
Il ne savait pas pourquoi, mais il avait honte de sa réaction.
Doedd e ddim yn gwybod pam, ond roedd e'n teimlo cywilydd am ei ymateb.
C'était sa première expérience avec la neige, et cela le dérouta.
Dyma oedd ei brofiad cyntaf gydag eira, ac fe'i drysodd.

La loi du gourdin et des crocs
Cyfraith y Clwb a'r Fang

Le premier jour de Buck sur la plage de Dyea ressemblait à un terrible cauchemar.
Roedd diwrnod cyntaf Buck ar draeth Dyea yn teimlo fel hunllef ofnadwy.

Chaque heure apportait de nouveaux chocs et des changements inattendus pour Buck.
Daeth pob awr â siociau newydd a newidiadau annisgwyl i Buck.

Il avait été arraché à la civilisation et jeté dans un chaos sauvage.
Roedd wedi cael ei dynnu o wareiddiad a'i daflu i anhrefn gwyllt.

Ce n'était pas une vie ensoleillée et paresseuse, faite d'ennui et de repos.
Nid bywyd heulog, diog gyda diflastod a gorffwys oedd hwn.

Il n'y avait pas de paix, pas de repos, et pas un instant sans danger.
Nid oedd heddwch, dim gorffwys, nac eiliad heb berygl.

La confusion régnait sur tout et le danger était toujours proche.
Roedd dryswch yn rheoli popeth, ac roedd perygl bob amser yn agos.

Buck devait rester vigilant car ces hommes et ces chiens étaient différents.
Roedd rhaid i Buck aros yn effro oherwydd bod y dynion a'r cŵn hyn yn wahanol.

Ils n'étaient pas originaires des villes ; ils étaient sauvages et sans pitié.
Nid oeddent o drefi; roeddent yn wyllt a heb drugaredd.

Ces hommes et ces chiens ne connaissaient que la loi du gourdin et des crocs.
Dim ond cyfraith clwb a fang oedd y dynion a'r cŵn hyn yn ei wybod.

Buck n'avait jamais vu de chiens se battre comme ces huskies sauvages.
Nid oedd Buck erioed wedi gweld cŵn yn ymladd fel yr husgïau gwyllt hyn.
Sa première expérience lui a appris une leçon qu'il n'oublierait jamais.
Dysgodd ei brofiad cyntaf wers iddo na fyddai byth yn ei hanghofio.
Il a eu de la chance que ce ne soit pas lui, sinon il serait mort aussi.
Roedd yn lwcus nad ef oedd o, neu byddai ef wedi marw hefyd.
Curly était celui qui souffrait tandis que Buck regardait et apprenait.
Curly oedd yr un a ddioddefodd tra bod Buck yn gwylio ac yn dysgu.
Ils avaient installé leur campement près d'un magasin construit en rondins.
Roedden nhw wedi gwneud gwersyll ger siop wedi'i hadeiladu o foncyffion.
Curly a essayé d'être amical avec un grand husky ressemblant à un loup.
Ceisiodd Curly fod yn gyfeillgar â husky mawr, tebyg i flaidd.
Le husky était plus petit que Curly, mais avait l'air sauvage et méchant.
Roedd yr husky yn llai na Curly, ond yn edrych yn wyllt ac yn gas.
Sans prévenir, il a sauté et lui a ouvert le visage.
Heb rybudd, neidiodd a thorri ei hwyneb ar agor.
Ses dents lui coupèrent l'œil jusqu'à sa mâchoire en un seul mouvement.
Torrodd ei ddannedd o'i llygad i lawr i'w gên mewn un symudiad.
C'est ainsi que les loups se battaient : ils frappaient vite et sautaient loin.
Dyma sut roedd bleiddiaid yn ymladd—taro'n gyflym a neidio i ffwrdd.

Mais il y avait plus à apprendre que de cette seule attaque.
Ond roedd mwy i'w ddysgu nag o'r un ymosodiad hwnnw.
Des dizaines de huskies se sont précipités et ont formé un cercle silencieux.
Rhuthrodd dwsinau o husgïau i mewn a gwneud cylch tawel.
Ils regardaient attentivement et se léchaient les lèvres avec faim.
Fe wnaethon nhw wylio'n ofalus a llyfu eu gwefusau gyda newyn.
Buck ne comprenait pas leur silence ni leurs regards avides.
Doedd Buck ddim yn deall eu distawrwydd na'u llygaid awyddus.
Curly s'est précipité pour attaquer le husky une deuxième fois.
Brysiodd Curly i ymosod ar yr husky am yr ail dro.
Il a utilisé sa poitrine pour la renverser avec un mouvement puissant.
Defnyddiodd ei frest i'w tharo drosodd gyda symudiad cryf.
Elle est tombée sur le côté et n'a pas pu se relever.
Syrthiodd ar ei hochr ac ni allai godi'n ôl i fyny.
C'est ce que les autres attendaient depuis le début.
Dyna oedd yr hyn yr oedd y lleill wedi bod yn aros amdano drwy'r amser.
Les huskies ont sauté sur elle, hurlant et grognant avec frénésie.
Neidiodd yr huskies arni, gan weiddi a chwyrnu mewn cynddaredd.
Elle a crié alors qu'ils l'enterraient sous un tas de chiens.
Sgrechiodd wrth iddyn nhw ei chladdu o dan bentwr o gŵn.
L'attaque fut si rapide que Buck resta figé sur place sous le choc.
Roedd yr ymosodiad mor gyflym nes i Buck rewi yn ei le gyda sioc.
Il vit Spitz tirer la langue d'une manière qui ressemblait à un rire.
Gwelodd Spitz yn rhoi ei dafod allan mewn ffordd a oedd yn edrych fel chwerthin.

François a attrapé une hache et a couru droit vers le groupe de chiens.
Gafaelodd François mewn bwyell a rhedeg yn syth i mewn i'r grŵp o gŵn.

Trois autres hommes ont utilisé des gourdins pour aider à repousser les huskies.
Defnyddiodd tri dyn arall glybiau i helpu i guro'r huskies i ffwrdd.

En seulement deux minutes, le combat était terminé et les chiens avaient disparu.
Mewn dim ond dwy funud, roedd yr ymladd drosodd a'r cŵn wedi mynd.

Curly gisait morte dans la neige rouge et piétinée, son corps déchiré.
Roedd Curly yn gorwedd yn farw yn yr eira coch, wedi'i sathru, ei chorff wedi'i rhwygo'n ddarnau.

Un homme à la peau sombre se tenait au-dessus d'elle, maudissant la scène brutale.
Safodd dyn croen tywyll uwch ei phen, yn melltithio'r olygfa greulon.

Le souvenir est resté avec Buck et a hanté ses rêves la nuit.
Arhosodd yr atgof gyda Buck ac roedd yn aflonyddu ar ei freuddwydion yn y nos.

C'était comme ça ici : pas d'équité, pas de seconde chance.
Dyna oedd y ffordd yma; dim tegwch, dim ail gyfle.

Une fois qu'un chien tombait, les autres le tuaient sans pitié.
Unwaith y byddai ci yn cwympo, byddai'r lleill yn lladd heb drugaredd.

Buck décida alors qu'il ne se permettrait jamais de tomber.
Penderfynodd Buck bryd hynny na fyddai byth yn caniatáu iddo'i hun syrthio.

Spitz tira à nouveau la langue et rit du sang.
Styngodd Spitz ei dafod allan eto a chwarddodd am y gwaed.

À partir de ce moment-là, Buck détesta Spitz de tout son cœur.
O'r foment honno ymlaen, roedd Buck yn casáu Spitz â'i holl galon.

Avant que Buck ne puisse se remettre de la mort de Curly, quelque chose de nouveau s'est produit.
Cyn i Buck allu gwella o farwolaeth Curly, digwyddodd rhywbeth newydd.
François s'est approché et a attaché quelque chose autour du corps de Buck.
Daeth François draw a rhwymo rhywbeth o amgylch corff Buck.
C'était un harnais comme ceux utilisés sur les chevaux du ranch.
Harnais ydoedd fel y rhai a ddefnyddir ar geffylau ar y ransh.
Comme Buck avait vu les chevaux travailler, il devait maintenant travailler aussi.
Gan fod Buck wedi gweld ceffylau'n gweithio, nawr roedd yn rhaid iddo weithio hefyd.
Il a dû tirer François sur un traîneau dans la forêt voisine.
Roedd rhaid iddo dynnu François ar sled i'r goedwig gerllaw.
Il a ensuite dû ramener une lourde charge de bois de chauffage.
Yna bu'n rhaid iddo dynnu llwyth o goed tân trwm yn ôl.
Buck était fier, donc cela lui faisait mal d'être traité comme un animal de travail.
Roedd Buck yn falch, felly roedd yn brifo iddo gael ei drin fel anifail gwaith.
Mais il était sage et n'a pas essayé de lutter contre la nouvelle situation.
Ond roedd yn ddoeth ac ni cheisiodd ymladd yn erbyn y sefyllfa newydd.
Il a accepté sa nouvelle vie et a donné le meilleur de lui-même dans chaque tâche.
Derbyniodd ei fywyd newydd a rhoddodd ei orau ym mhob tasg.
Tout ce qui concernait ce travail lui était étrange et inconnu.
Roedd popeth am y gwaith yn rhyfedd ac yn anghyfarwydd iddo.
François était strict et exigeait l'obéissance sans délai.

Roedd François yn llym ac yn mynnu ufudd-dod heb oedi.
Son fouet garantissait que chaque ordre soit exécuté immédiatement.
Gwnaeth ei chwip yn siŵr bod pob gorchymyn yn cael ei ddilyn ar unwaith.
Dave était le conducteur du traîneau, le chien le plus proche du traîneau derrière Buck.
Dave oedd y gyrrwr olwyn, y ci agosaf at y sled y tu ôl i Buck.
Dave mordait Buck sur les pattes arrière s'il faisait une erreur.
Byddai Dave yn brathu Buck ar ei goesau ôl pe bai'n gwneud camgymeriad.
Spitz était le chien de tête, compétent et expérimenté dans ce rôle.
Spitz oedd y ci arweiniol, yn fedrus ac yn brofiadol yn y rôl.
Spitz ne pouvait pas atteindre Buck facilement, mais il le corrigea quand même.
Ni allai Spitz gyrraedd Buck yn hawdd, ond fe'i cywirodd o hyd.
Il grognait durement ou tirait le traîneau d'une manière qui enseignait à Buck.
Roedd yn grwgnach yn llym neu'n tynnu'r sled mewn ffyrdd a ddysgodd i Buck.
Grâce à cette formation, Buck a appris plus vite que ce qu'ils avaient imaginé.
O dan yr hyfforddiant hwn, dysgodd Buck yn gyflymach nag yr oedd yr un ohonyn nhw'n ei ddisgwyl.
Il a travaillé dur et a appris de François et des autres chiens.
Gweithiodd yn galed a dysgodd gan François a'r cŵn eraill.
À leur retour, Buck connaissait déjà les commandes clés.
Erbyn iddyn nhw ddychwelyd, roedd Buck eisoes yn gwybod y gorchmynion allweddol.
Il a appris à s'arrêter au son « ho » de François.
Dysgodd stopio wrth sŵn "ho" gan François.
Il a appris quand il a dû tirer le traîneau et courir.
Dysgodd pan oedd yn rhaid iddo dynnu'r sled a rhedeg.

Il a appris à tourner largement dans les virages du sentier sans difficulté.
Dysgodd droi'n llydan ar droeon yn y llwybr heb drafferth.
Il a également appris à éviter Dave lorsque le traîneau descendait rapidement.
Dysgodd hefyd osgoi Dave pan fyddai'r sled yn mynd i lawr yr allt yn gyflym.
« Ce sont de très bons chiens », dit fièrement François à Perrault.
"Maen nhw'n gŵn da iawn," meddai François wrth Perrault yn falch.
« Ce Buck tire comme un dingue, je lui apprends vite fait. »
"Mae'r Buck yna'n tynnu fel uffern—dw i'n ei ddysgu mor gyflym â dim."

Plus tard dans la journée, Perrault est revenu avec deux autres chiens husky.
Yn ddiweddarach y diwrnod hwnnw, daeth Perrault yn ôl gyda dau gi husky arall.
Ils s'appelaient Billee et Joe, et ils étaient frères.
Billee a Joe oedd eu henwau, ac roedden nhw'n frodyr.
Ils venaient de la même mère, mais ne se ressemblaient pas du tout.
Daethant o'r un fam, ond nid oeddent yn debyg o gwbl.
Billee était de nature douce et très amicale avec tout le monde.
Roedd Billee yn garedig ac yn rhy gyfeillgar gyda phawb.
Joe était tout le contraire : calme, en colère et toujours en train de grogner.
Roedd Joe yn groes i hynny—tawel, yn ddig, a bob amser yn chwyrnu.
Buck les a accueillis de manière amicale et s'est montré calme avec eux deux.
Cyfarchodd Buck nhw mewn ffordd gyfeillgar ac roedd yn dawel gyda'r ddau.
Dave ne leur prêta aucune attention et resta silencieux comme d'habitude.

Ni roddodd Dave unrhyw sylw iddynt ac arhosodd yn dawel fel arfer.

Spitz a attaqué d'abord Billee, puis Joe, pour montrer sa domination.

Ymosododd Spitz ar Billee yn gyntaf, yna Joe, i ddangos ei oruchafiaeth.

Billee remua la queue et essaya d'être amical avec Spitz.

Ysgwydodd Billee ei gynffon a cheisiodd fod yn gyfeillgar â Spitz.

Lorsque cela n'a pas fonctionné, il a essayé de s'enfuir à la place.

Pan nad oedd hynny'n gweithio, ceisiodd redeg i ffwrdd yn lle hynny.

Il a pleuré tristement lorsque Spitz l'a mordu fort sur le côté.

Criodd yn drist pan frathodd Spitz ef yn galed ar yr ochr.

Mais Joe était très différent et refusait d'être intimidé.

Ond roedd Joe yn wahanol iawn ac yn gwrthod cael ei fwlio.

Chaque fois que Spitz s'approchait, Joe se retournait pour lui faire face rapidement.

Bob tro y byddai Spitz yn agosáu, byddai Joe yn troi i'w wynebu'n gyflym.

Sa fourrure se hérissa, ses lèvres se retroussèrent et ses dents claquèrent sauvagement.

Roedd ei ffwr yn blewog, ei wefusau'n cyrlio, a'i ddannedd yn cracio'n wyllt.

Les yeux de Joe brillaient de peur et de rage, défiant Spitz de frapper.

Disgleiriodd llygaid Joe gydag ofn a chynddaredd, gan herio Spitz i ymosod.

Spitz abandonna le combat et se détourna, humilié et en colère.

Rhoddodd Spitz y gorau i'r frwydr a throdd i ffwrdd, wedi'i gywilyddio a'i ddig.

Il a déversé sa frustration sur le pauvre Billee et l'a chassé.

Tynnodd ei rwystredigaeth allan ar Billee druan a'i yrru i ffwrdd.

Ce soir-là, Perrault ajouta un chien de plus à l'équipe.

Y noson honno, ychwanegodd Perrault un ci arall at y tîm.
Ce chien était vieux, maigre et couvert de cicatrices de guerre.
Roedd y ci hwn yn hen, yn fain, ac wedi'i orchuddio â chreithiau brwydr.
L'un de ses yeux manquait, mais l'autre brillait de puissance.
Roedd un o'i lygaid ar goll, ond roedd y llall yn fflachio â nerth.
Le nom du nouveau chien était Solleks, ce qui signifiait « celui qui est en colère ».
Enw'r ci newydd oedd Solleks, sy'n golygu'r Un Ddig.
Comme Dave, Solleks ne demandait rien aux autres et ne donnait rien en retour.
Fel Dave, ni ofynnodd Solleks ddim gan eraill, ac ni roddodd ddim yn ôl.
Lorsque Solleks entra lentement dans le camp, même Spitz resta à l'écart.
Pan gerddodd Solleks yn araf i mewn i'r gwersyll, arhosodd hyd yn oed Spitz i ffwrdd.
Il avait une étrange habitude que Buck a eu la malchance de découvrir.
Roedd ganddo arferiad rhyfedd na chafodd Buck ddigon o lwc i'w ddarganfod.
Solleks détestait qu'on l'approche du côté où il était aveugle.
Roedd Solleks yn casáu cael ei gysylltu ar yr ochr lle'r oedd yn ddall.
Buck ne le savait pas et a fait cette erreur par accident.
Doedd Buck ddim yn gwybod hyn a gwnaeth y camgymeriad hwnnw ar ddamwain.
Solleks se retourna et frappa l'épaule de Buck profondément et rapidement.
Trodd Solleks o gwmpas a sgrapio ysgwydd Buck yn ddwfn ac yn gyflym.
À partir de ce moment, Buck ne s'est plus jamais approché du côté aveugle de Solleks.

O'r foment honno ymlaen, ni ddaeth Buck byth yn agos at ochr dall Solleks.

Ils n'ont plus jamais eu de problèmes pendant le reste de leur temps ensemble.

Ni chawsant drafferth eto am weddill eu hamser gyda'i gilydd.

Solleks voulait seulement être laissé seul, comme le calme Dave.

Dim ond cael ei adael ar ei ben ei hun oedd Solleks eisiau, fel Dave tawel.

Mais Buck apprendra plus tard qu'ils avaient chacun un autre objectif secret.

Ond byddai Buck yn dysgu yn ddiweddarach fod gan bob un ohonyn nhw nod cyfrinachol arall.

Cette nuit-là, Buck a dû faire face à un nouveau défi troublant : comment dormir.

Y noson honno wynebodd Buck her newydd a thrafferthus — sut i gysgu.

La tente brillait chaleureusement à la lumière des bougies dans le champ enneigé.

Roedd y babell yn tywynnu'n gynnes gyda golau cannwyll yn y cae eiraog.

Buck entra, pensant qu'il pourrait se reposer là comme avant.

Cerddodd Buck i mewn, gan feddwl y gallai orffwys yno fel o'r blaen.

Mais Perrault et François lui criaient dessus et lui jetaient des casseroles.

Ond gwaeddodd Perrault a François arno a thaflu sosbenni.

Choqué et confus, Buck s'est enfui dans le froid glacial.

Wedi synnu ac yn ddryslyd, rhedodd Buck allan i'r oerfel rhewllyd.

Un vent glacial piquait son épaule blessée et lui gelait les pattes.

Pigodd gwynt chwerw ei ysgwydd clwyfedig a rhewi ei bawennau.

Il s'est allongé dans la neige et a essayé de dormir à la belle étoile.
Gorweddodd i lawr yn yr eira a cheisiodd gysgu allan yn yr awyr agored.
Mais le froid l'obligea bientôt à se relever, tremblant terriblement.
Ond yn fuan fe'i gorfododd i godi'n ôl i fyny, gan grynu'n ofnadwy.
Il erra dans le camp, essayant de trouver un endroit plus chaud.
Crwydrodd drwy'r gwersyll, gan geisio dod o hyd i fan cynhesach.
Mais chaque coin était aussi froid que le précédent.
Ond roedd pob cornel yr un mor oer â'r un o'i flaen.
Parfois, des chiens sauvages sautaient sur lui dans l'obscurité.
Weithiau byddai cŵn gwyllt yn neidio ato o'r tywyllwch.
Buck hérissa sa fourrure, montra ses dents et grogna en signe d'avertissement.
Cododd Buck ei ffwr, dangosodd ei ddannedd, a chwyrnodd yn rhybuddiol.
Il apprenait vite et les autres chiens reculaient rapidement.
Roedd yn dysgu'n gyflym, ac fe giliai'r cŵn eraill yn ôl yn gyflym.
Il n'avait toujours pas d'endroit où dormir et ne savait pas quoi faire.
Eto i gyd, nid oedd ganddo le i gysgu, a dim syniad beth i'w wneud.
Finalement, une pensée lui vint : aller voir ses coéquipiers.
O'r diwedd, daeth syniad iddo — edrych ar ei gyd-chwaraewyr.
Il est retourné dans leur région et a été surpris de les trouver partis.
Dychwelodd i'w hardal ac fe'i synnwyd o'u gweld nhw wedi mynd.
Il chercha à nouveau dans le camp, mais ne parvint toujours pas à les trouver.

Chwiliodd y gwersyll eto, ond methodd â'u canfod o hyd.
Il savait qu'ils ne pouvaient pas être dans la tente, sinon il le serait aussi.
Roedd e'n gwybod na allent fod yn y babell, neu byddai yntau hefyd.
Alors, où étaient passés tous les chiens dans ce camp gelé ?
Felly ble roedd yr holl gŵn wedi mynd yn y gwersyll rhewllyd hwn?
Buck, froid et misérable, tournait lentement autour de la tente.
Cylchodd Buck, yn oer ac yn drist, yn araf o amgylch y babell.
Soudain, ses pattes avant s'enfoncèrent dans la neige molle et le surprit.
Yn sydyn, suddodd ei goesau blaen i mewn i eira meddal a'i ddychryn.
Quelque chose se tortilla sous ses pieds et il sursauta en arrière, effrayé.
Symudodd rhywbeth o dan ei draed, a neidiodd yn ôl mewn ofn.
Il grogna et grogna, ne sachant pas ce qui se cachait sous la neige.
Grwgnachodd a chwyrnodd, heb wybod beth oedd o dan yr eira.
Puis il entendit un petit aboiement amical qui apaisa sa peur.
Yna clywodd gyfarth bach cyfeillgar a leddfu ei ofn.
Il renifla l'air et s'approcha pour voir ce qui était caché.
Aroglodd yr awyr a daeth yn agosach i weld beth oedd wedi'i guddio.
Sous la neige, recroquevillée en boule chaude, se trouvait la petite Billee.
O dan yr eira, wedi'i gyrlio'n bêl gynnes, roedd Billee bach.
Billee remua la queue et lécha le visage de Buck pour le saluer.
Ysgwydodd Billee ei gynffon a llyfu wyneb Buck i'w gyfarch.
Buck a vu comment Billee avait fabriqué un endroit pour dormir dans la neige.

Gwelodd Buck sut roedd Billee wedi gwneud lle cysgu yn yr eira.

Il avait creusé et utilisé sa propre chaleur pour rester au chaud.

Roedd wedi cloddio i lawr ac wedi defnyddio ei wres ei hun i gadw'n gynnes.

Buck avait appris une autre leçon : c'est ainsi que les chiens dormaient.

Roedd Buck wedi dysgu gwers arall—dyma sut roedd y cŵn yn cysgu.

Il a choisi un endroit et a commencé à creuser son propre trou dans la neige.

Dewisodd fan a dechrau cloddio ei dwll ei hun yn yr eira.

Au début, il bougeait trop et gaspillait de l'énergie.

Ar y dechrau, roedd yn symud o gwmpas gormod ac yn gwastraffu egni.

Mais bientôt son corps réchauffa l'espace et il se sentit en sécurité.

Ond yn fuan cynhesodd ei gorff y gofod, ac roedd yn teimlo'n ddiogel.

Il se recroquevilla étroitement et, peu de temps après, il s'endormit profondément.

Cyrliodd i fyny'n dynn, a chyn bo hir roedd yn cysgu'n drwm.

La journée avait été longue et dure, et Buck était épuisé.

Roedd y diwrnod wedi bod yn hir ac yn galed, ac roedd Buck wedi blino'n lân.

Il dormait profondément et confortablement, même si ses rêves étaient fous.

Cysgodd yn ddwfn ac yn gyfforddus, er bod ei freuddwydion yn wyllt.

Il grognait et aboyait dans son sommeil, se tordant pendant qu'il rêvait.

Grwgnachodd a chyfarthodd yn ei gwsg, gan droelli wrth iddo freuddwydio.

Buck ne s'est réveillé que lorsque le camp était déjà en train de prendre vie.

Ni ddeffrodd Buck nes bod y gwersyll eisoes yn dod yn fyw.
Au début, il ne savait pas où il était ni ce qui s'était passé.
Ar y dechrau, doedd e ddim yn gwybod ble roedd e na beth oedd wedi digwydd.
La neige était tombée pendant la nuit et avait complètement enseveli son corps.
Roedd eira wedi disgyn dros nos ac wedi claddu ei gorff yn llwyr.
La neige se pressait autour de lui, serrée de tous côtés.
Gwasgodd yr eira o'i gwmpas, yn dynn ar bob ochr.
Soudain, une vague de peur traversa tout le corps de Buck.
Yn sydyn rhuthrodd ton o ofn trwy gorff cyfan Buck.
C'était la peur d'être piégé, une peur venue d'instincts profonds.
Yr ofn o gael eich dal ydoedd, ofn o reddfau dwfn.
Bien qu'il n'ait jamais vu de piège, la peur vivait en lui.
Er nad oedd erioed wedi gweld trap, roedd yr ofn yn byw y tu mewn iddo.
C'était un chien apprivoisé, mais maintenant ses vieux instincts sauvages se réveillaient.
Ci dof oedd e, ond nawr roedd ei hen reddfau gwyllt yn deffro.
Les muscles de Buck se tendirent et sa fourrure se dressa sur tout son dos.
Tynhaodd cyhyrau Buck, a safodd ei ffwr i fyny dros ei gefn i gyd.
Il grogna férocement et bondit droit dans la neige.
Chwyrnodd yn ffyrnig a neidiodd yn syth i fyny drwy'r eira.
La neige volait dans toutes les directions alors qu'il faisait irruption dans la lumière du jour.
Hedfanodd eira i bob cyfeiriad wrth iddo ffrwydro i olau dydd.
Avant même d'atterrir, Buck vit le camp s'étendre devant lui.
Hyd yn oed cyn glanio, gwelodd Buck y gwersyll wedi'i ledaenu o'i flaen.
Il se souvenait de tout ce qui s'était passé la veille, d'un seul coup.

Cofiodd bopeth o'r diwrnod cynt, i gyd ar unwaith.
Il se souvenait d'avoir flâné avec Manuel et d'avoir fini à cet endroit.
Roedd yn cofio crwydro gyda Manuel a gorffen yn y lle hwn.
Il se souvenait avoir creusé le trou et s'être endormi dans le froid.
Roedd yn cofio cloddio'r twll a syrthio i gysgu yn yr oerfel.
Maintenant, il était réveillé et le monde sauvage qui l'entourait était clair.
Nawr roedd yn effro, a'r byd gwyllt o'i gwmpas yn glir.
Un cri de François salua l'apparition soudaine de Buck.
Daeth gweiddi gan François yn cyhoeddi ymddangosiad sydyn Buck.
« Qu'est-ce que j'ai dit ? » cria le conducteur du chien à Perrault.
"Beth ddywedais i?" gwaeddodd y gyrrwr ci yn uchel wrth Perrault.
« Ce Buck apprend vraiment très vite », a ajouté François.
"Mae'r Buck yna'n dysgu mor gyflym â dim byd yn sicr," ychwanegodd François.
Perrault hocha gravement la tête, visiblement satisfait du résultat.
Nodiodd Perrault yn ddifrifol, yn amlwg yn falch o'r canlyniad.
En tant que courrier pour le gouvernement canadien, il transportait des dépêches.
Fel negesydd i Lywodraeth Canada, roedd yn cludo anfonebau.
Il était impatient de trouver les meilleurs chiens pour son importante mission.
Roedd yn awyddus i ddod o hyd i'r cŵn gorau ar gyfer ei genhadaeth bwysig.
Il se sentait particulièrement heureux maintenant que Buck faisait partie de l'équipe.
Roedd yn teimlo'n arbennig o falch nawr bod Buck yn rhan o'r tîm.
Trois autres huskies ont été ajoutés à l'équipe en une heure.

Ychwanegwyd tri huski arall at y tîm o fewn awr.
Cela porte le nombre total de chiens dans l'équipe à neuf.
Daeth hynny â chyfanswm y cŵn yn y tîm i naw.
En quinze minutes, tous les chiens étaient dans leurs harnais.
O fewn pymtheg munud roedd yr holl gŵn yn eu harneisiau.
L'équipe de traîneaux remontait le sentier en direction du canyon de Dyea.
Roedd y tîm sled yn siglo i fyny'r llwybr tuag at Dyea Cañon.
Buck était heureux de partir, même si le travail à venir était difficile.
Roedd Buck yn teimlo'n falch o fod yn gadael, hyd yn oed os oedd y gwaith o'i flaen yn galed.
Il s'est rendu compte qu'il ne détestait pas particulièrement le travail ou le froid.
Canfu nad oedd yn arbennig o ddirmygu'r llafur na'r oerfel.
Il a été surpris par l'empressement qui a rempli toute l'équipe.
Cafodd ei synnu gan yr awydd a lenwid y tîm cyfan.
Encore plus surprenant fut le changement qui s'était produit chez Dave et Solleks.
Yn fwy syndod fyth oedd y newid a oedd wedi dod dros Dave a Solleks.
Ces deux chiens étaient complètement différents lorsqu'ils étaient attelés.
Roedd y ddau gi hyn yn hollol wahanol pan oeddent wedi'u harneisio.
Leur passivité et leur manque d'intérêt avaient complètement disparu.
Roedd eu goddefgarwch a'u diffyg pryder wedi diflannu'n llwyr.
Ils étaient alertes et actifs, et désireux de bien faire leur travail.
Roeddent yn effro ac yn egnïol, ac yn awyddus i wneud eu gwaith yn dda.
Ils s'irritaient violemment à tout ce qui pouvait provoquer un retard ou une confusion.

Fe wnaethon nhw fynd yn flin iawn at unrhyw beth a achosodd oedi neu ddryswch.

Le travail acharné sur les rênes était le centre de tout leur être.

Y gwaith caled ar yr awenau oedd canolbwynt eu bodolaeth gyfan.

Tirer un traîneau semblait être la seule chose qu'ils appréciaient vraiment.

Tynnu sled oedd yr unig beth roedden nhw wir yn ei fwynhau, i bob golwg.

Dave était à l'arrière du groupe, le plus proche du traîneau lui-même.

Roedd Dave yng nghefn y grŵp, agosaf at y sled ei hun.

Buck a été placé devant Dave, et Solleks a dépassé Buck.

Gosodwyd Buck o flaen Dave, a thynnodd Solleks o flaen Buck.

Le reste des chiens était aligné devant eux en file indienne.

Roedd gweddill y cŵn wedi'u hymestyn o'u blaenau mewn un rhes.

La position de tête à l'avant était occupée par Spitz.

Llenwyd y safle blaenllaw yn y blaen gan Spitz.

Buck avait été placé entre Dave et Solleks pour l'instruction.

Roedd Buck wedi cael ei osod rhwng Dave a Solleks i gael cyfarwyddyd.

Il apprenait vite et ils étaient des professeurs fermes et compétents.

Roedd yn ddysgwr cyflym, ac roedden nhw'n athrawon cadarn a galluog.

Ils n'ont jamais permis à Buck de rester longtemps dans l'erreur.

Ni wnaethant byth adael i Buck aros mewn camgymeriad am hir.

Ils ont enseigné leurs leçons avec des dents acérées quand c'était nécessaire.

Roedden nhw'n dysgu eu gwersi â dannedd miniog pan oedd angen.

Dave était juste et faisait preuve d'une sagesse calme et sérieuse.
Roedd Dave yn deg ac yn dangos math tawel, difrifol o ddoethineb.
Il n'a jamais mordu Buck sans une bonne raison de le faire.
Ni frathodd Buck erioed heb reswm da dros wneud hynny.
Mais il n'a jamais manqué de mordre lorsque Buck avait besoin d'être corrigé.
Ond ni fethodd byth â brathu pan oedd angen cywiriad ar Buck.
Le fouet de François était toujours prêt et soutenait leur autorité.
Roedd chwip François bob amser yn barod ac yn cefnogi eu hawdurdod.
Buck a vite compris qu'il valait mieux obéir que riposter.
Yn fuan, darganfu Buck ei bod hi'n well ufuddhau na ymladd yn ôl.
Un jour, lors d'un court repos, Buck s'est emmêlé dans les rênes.
Unwaith, yn ystod gorffwys byr, aeth Buck yn sownd yn yr awenau.
Il a retardé le départ et a perturbé le mouvement de l'équipe.
Gohiriodd y dechrau a drysu symudiad y tîm.
Dave et Solleks se sont jetés sur lui et lui ont donné une raclée.
Hedfanodd Dave a Solleks ato a rhoi curiad garw iddo.
L'enchevêtrement n'a fait qu'empirer, mais Buck a bien appris sa leçon.
Dim ond gwaethygu wnaeth y dryswch, ond dysgodd Buck ei wers yn dda.
Dès lors, il garda les rênes tendues et travailla avec soin.
O hynny ymlaen, cadwodd yr awenau'n dynn, a gweithiodd yn ofalus.
Avant la fin de la journée, Buck avait maîtrisé une grande partie de sa tâche.
Cyn i'r diwrnod ddod i ben, roedd Buck wedi meistroli llawer o'i dasg.

Ses coéquipiers ont presque arrêté de le corriger ou de le mordre.
Bu bron i'w gyd-chwaraewyr roi'r gorau i'w gywiro na'i frathu.
Le fouet de François claquait de moins en moins souvent dans l'air.
Roedd chwip François yn cracio drwy'r awyr yn llai ac yn llai aml.
Perrault a même soulevé les pieds de Buck et a soigneusement examiné chaque patte.
Cododd Perrault draed Buck hyd yn oed ac archwiliodd bob pawen yn ofalus.
Cela avait été une journée de course difficile, longue et épuisante pour eux tous.
Roedd wedi bod yn ddiwrnod caled o redeg, yn hir ac yn flinedig iddyn nhw i gyd.
Ils remontèrent le Cañon, traversèrent Sheep Camp et passèrent devant les Scales.
Teithiasant i fyny'r Cañon, trwy Wersyll y Defaid, a heibio'r Scales.
Ils ont traversé la limite des forêts, puis des glaciers et des congères de plusieurs mètres de profondeur.
Fe wnaethon nhw groesi'r llinell goed, yna rhewlifoedd a lluwchfeydd eira lawer troedfedd o ddyfnder.
Ils ont escaladé la grande et froide chaîne de montagnes Chilkoot Divide.
Dringon nhw'r Rhaniad Chilkoot mawr, oer a gwaharddedig.
Cette haute crête se dressait entre l'eau salée et l'intérieur gelé.
Roedd y grib uchel honno'n sefyll rhwng dŵr hallt a'r tu mewn rhewllyd.
Les montagnes protégeaient le Nord triste et solitaire avec de la glace et des montées abruptes.
Roedd y mynyddoedd yn gwarchod y Gogledd trist ac unig gyda rhew a dringfeydd serth.
Ils ont parcouru à bon rythme une longue chaîne de lacs en aval de la ligne de partage des eaux.

Fe wnaethon nhw amser da i lawr cadwyn hir o lynnoedd islaw'r rhaniad.

Ces lacs remplissaient les anciens cratères de volcans éteints.

Llenwodd y llynnoedd hynny graterau hynafol llosgfynyddoedd diflanedig.

Tard dans la nuit, ils atteignirent un grand camp au bord du lac Bennett.

Yn hwyr y noson honno, cyrhaeddon nhw wersyll mawr yn Llyn Bennett.

Des milliers de chercheurs d'or étaient là, construisant des bateaux pour le printemps.

Roedd miloedd o geiswyr aur yno, yn adeiladu cychod ar gyfer y gwanwyn.

La glace allait bientôt se briser et ils devaient être prêts.

Roedd yr iâ yn mynd i dorri'n fuan, ac roedd yn rhaid iddyn nhw fod yn barod.

Buck creusa son trou dans la neige et tomba dans un profond sommeil.

Cloddiodd Buck ei dwll yn yr eira a syrthiodd i gwsg dwfn.

Il dormait comme un ouvrier, épuisé par une dure journée de travail.

Cysgodd fel dyn gweithiol, wedi blino'n lân ar ôl diwrnod caled o lafur.

Mais trop tôt dans l'obscurité, il fut tiré de son sommeil.

Ond yn rhy gynnar yn y tywyllwch, cafodd ei lusgo o gwsg.

Il fut à nouveau attelé avec ses compagnons et attaché au traîneau.

Cafodd ei harneisio gyda'i ffrindiau eto a'i gysylltu â'r sled.

Ce jour-là, ils ont parcouru quarante milles, car la neige était bien battue.

Y diwrnod hwnnw fe wnaethon nhw ddeugain milltir, oherwydd bod yr eira wedi'i sathru'n dda.

Le lendemain, et pendant plusieurs jours après, la neige était molle.

Y diwrnod canlynol, ac am lawer o ddyddiau wedyn, roedd yr eira'n feddal.

Ils ont dû faire le chemin eux-mêmes, en travaillant plus dur et en avançant plus lentement.
Roedd yn rhaid iddyn nhw wneud y llwybr eu hunain, gan weithio'n galetach a symud yn arafach.
Habituellement, Perrault marchait devant l'équipe avec des raquettes palmées.
Fel arfer, byddai Perrault yn cerdded o flaen y tîm gydag esgidiau eira gweog.
Ses pas ont compacté la neige, facilitant ainsi le déplacement du traîneau.
Paciodd ei gamau'r eira, gan ei gwneud hi'n haws i'r sled symud.
François, qui dirigeait depuis le mât, prenait parfois le relais.
Weithiau byddai François, a lywiodd o'r polyn gee, yn cymryd yr awenau.
Mais il était rare que François prenne les devants
Ond prin oedd y byddai François yn cymryd yr awenau.
parce que Perrault était pressé de livrer les lettres et les colis.
oherwydd bod Perrault ar frys i ddosbarthu'r llythyrau a'r parseli.
Perrault était fier de sa connaissance de la neige, et surtout de la glace.
Roedd Perrault yn falch o'i wybodaeth am eira, ac yn enwedig iâ.
Cette connaissance était essentielle, car la glace d'automne était dangereusement mince.
Roedd y wybodaeth honno'n hanfodol, oherwydd roedd iâ'r hydref yn beryglus o denau.
Là où l'eau coulait rapidement sous la surface, il n'y avait pas du tout de glace.
Lle roedd dŵr yn llifo'n gyflym o dan yr wyneb, nid oedd unrhyw iâ o gwbl.

Jour après jour, la même routine se répétait sans fin.
Ddydd ar ôl dydd, yr un drefn yn ailadrodd heb ddiwedd.
Buck travaillait sans relâche sur les rênes, de l'aube jusqu'à la nuit.

Llafuriodd Buck yn ddiddiwedd yn yr awenau o wawr hyd nos.

Ils quittèrent le camp dans l'obscurité, bien avant le lever du soleil.

Gadawon nhw'r gwersyll yn y tywyllwch, ymhell cyn i'r haul godi.

Au moment où le jour se leva, ils avaient déjà parcouru de nombreux kilomètres.

Erbyn i olau dydd ddod, roedd milltiroedd lawer eisoes y tu ôl iddyn nhw.

Ils ont installé leur campement après la tombée de la nuit, mangeant du poisson et creusant dans la neige.

Fe wnaethon nhw wersylla ar ôl iddi nosi, gan fwyta pysgod a chloddio i mewn i'r eira.

Buck avait toujours faim et n'était jamais vraiment satisfait de sa ration.

Roedd Buck bob amser yn llwglyd ac ni fyddai byth yn wirioneddol fodlon â'i ddogn.

Il recevait une livre et demie de saumon séché chaque jour.

Roedd yn derbyn punt a hanner o eog sych bob dydd.

Mais la nourriture semblait disparaître en lui, laissant la faim derrière elle.

Ond roedd yn ymddangos bod y bwyd yn diflannu y tu mewn iddo, gan adael newyn ar ôl.

Il souffrait constamment de la faim et rêvait de plus de nourriture.

Roedd yn dioddef o newyn cyson, ac yn breuddwydio am fwy o fwyd.

Les autres chiens n'ont pris qu'une livre, mais ils sont restés forts.

Dim ond pwys o fwyd a gafodd y cŵn eraill, ond fe arhoson nhw'n gryf.

Ils étaient plus petits et étaient nés dans le mode de vie du Nord.

Roedden nhw'n llai, ac wedi cael eu geni i fywyd y gogledd.

Il perdit rapidement la méticulosité qui avait marqué son ancienne vie.

Collodd yn gyflym y manylder a nodweddai ei hen fywyd.
Il avait été un mangeur délicat, mais maintenant ce n'était plus possible.
Roedd wedi bod yn fwytäwr blasus, ond nawr nid oedd hynny'n bosibl mwyach.
Ses camarades ont terminé premiers et lui ont volé sa ration inachevée.
Gorffennodd ei ffrindiau yn gyntaf a dwyn ei ddogn heb ei orffen oddi arno.
Une fois qu'ils ont commencé, il n'y avait aucun moyen de défendre sa nourriture contre eux.
Unwaith iddyn nhw ddechrau doedd dim ffordd o amddiffyn ei fwyd rhagddyn nhw.
Pendant qu'il combattait deux ou trois chiens, les autres volaient le reste.
Tra roedd e'n ymladd yn erbyn dau neu dri o gi, roedd y lleill yn dwyn y gweddill.
Pour résoudre ce problème, il a commencé à manger aussi vite que les autres.
I drwsio hyn, dechreuodd fwyta mor gyflym ag yr oedd y lleill yn bwyta.
La faim le poussait tellement qu'il prenait même de la nourriture qui n'était pas la sienne.
Roedd newyn yn ei wthio gymaint nes iddo hyd yn oed gymryd bwyd nad oedd yn eiddo iddo'i hun.
Il observait les autres et apprenait rapidement de leurs actions.
Gwyliodd y lleill a dysgodd yn gyflym o'u gweithredoedd.
Il a vu Pike, un nouveau chien, voler une tranche de bacon à Perrault.
Gwelodd Pike, ci newydd, yn dwyn sleisen o facwn gan Perrault.
Pike avait attendu que Perrault ait le dos tourné pour voler le bacon.
Roedd Pike wedi aros nes bod cefn Perrault wedi'i droi i ddwyn y bacwn.
Le lendemain, Buck a copié Pike et a volé tout le morceau.

Y diwrnod canlynol, copïodd Buck Pike a dwyn y darn cyfan.
Un grand tumulte s'ensuivit, mais Buck ne fut pas suspecté.
Dilynodd cynnwrf mawr, ond ni amheuwyd Buck.
Dub, un chien maladroit qui se faisait toujours prendre, a été puni à la place.
Cafodd Dub, ci lletchwith a oedd bob amser yn cael ei ddal, ei gosbi yn lle hynny.
Ce premier vol a fait de Buck un chien apte à survivre dans le Nord.
Roedd y lladrad cyntaf hwnnw'n nodi Buck fel ci addas i oroesi'r Gogledd.
Il a montré qu'il pouvait s'adapter à de nouvelles conditions et apprendre rapidement.
Dangosodd ei fod yn gallu addasu i amodau newydd a dysgu'n gyflym.
Sans une telle adaptabilité, il serait mort rapidement et gravement.
Heb addasrwydd o'r fath, byddai wedi marw'n gyflym ac yn ddrwg.
Cela a également marqué l'effondrement de sa nature morale et de ses valeurs passées.
Roedd hefyd yn nodi chwalfa ei natur foesol a'i werthoedd yn y gorffennol.
Dans le Southland, il avait vécu sous la loi de l'amour et de la bonté.
Yn y Deheudir, roedd wedi byw o dan gyfraith cariad a charedigrwydd.
Là, il était logique de respecter la propriété et les sentiments des autres chiens.
Yno roedd yn gwneud synnwyr parchu eiddo a theimladau cŵn eraill.
Mais le Northland suivait la loi du gourdin et la loi du croc.
Ond dilynodd y Northland gyfraith y clwb a chyfraith y fang.
Quiconque respectait les anciennes valeurs ici était stupide et échouerait.
Pwy bynnag a barchai hen werthoedd yma oedd yn ffôl a byddai'n methu.

Buck n'a pas réfléchi à tout cela dans son esprit.
Ni resymodd Buck hyn i gyd yn ei feddwl.
Il était en forme et s'est donc adapté sans avoir besoin de réfléchir.
Roedd yn ffit, ac felly addasodd heb orfod meddwl.
De toute sa vie, il n'avait jamais fui un combat.
Drwy gydol ei oes, nid oedd erioed wedi rhedeg i ffwrdd o ymladd.
Mais la massue en bois de l'homme au pull rouge a changé cette règle.
Ond newidiodd clwb pren y dyn yn y siwmper goch y rheol honno.
Il suivait désormais un code plus profond et plus ancien, inscrit dans son être.
Nawr roedd yn dilyn cod dyfnach, hŷn wedi'i ysgrifennu yn ei fodolaeth.
Il ne volait pas par plaisir, mais par faim.
Nid oedd yn lladrata allan o bleser, ond o boen newyn.
Il n'a jamais volé ouvertement, mais il a volé avec ruse et prudence.
Ni ladratodd erioed yn agored, ond lladratodd gyda chyfrwystra a gofal.
Il a agi par respect pour la massue en bois et par peur du croc.
Gweithredodd allan o barch at y clwb pren ac ofn y fang.
En bref, il a fait ce qui était plus facile et plus sûr que de ne pas le faire.
Yn fyr, fe wnaeth yr hyn oedd yn haws ac yn fwy diogel na pheidio â'i wneud.
Son développement – ou peut-être son retour à ses anciens instincts – fut rapide.
Roedd ei ddatblygiad—neu efallai ei ddychweliad at hen reddfau—yn gyflym.
Ses muscles se durcirent jusqu'à devenir aussi forts que du fer.
Caledodd ei gyhyrau nes eu bod yn teimlo mor gryf â haearn.

Il ne se souciait plus de la douleur, à moins qu'elle ne soit grave.
Nid oedd yn poeni mwyach am boen, oni bai ei fod yn ddifrifol.
Il est devenu efficace à l'intérieur comme à l'extérieur, ne gaspillant rien du tout.
Daeth yn effeithlon y tu mewn a'r tu allan, heb wastraffu dim o gwbl.
Il pouvait manger des choses viles, pourries ou difficiles à digérer.
Gallai fwyta pethau ffiaidd, pydredig, neu anodd eu treulio.
Quoi qu'il mange, son estomac utilisait jusqu'au dernier morceau de valeur.
Beth bynnag a fwytaodd, defnyddiodd ei stumog bob darn olaf o werth.
Son sang transportait les nutriments loin dans son corps puissant.
Roedd ei waed yn cludo'r maetholion ymhell trwy ei gorff pwerus.
Cela a créé des tissus solides qui lui ont donné une endurance incroyable.
Adeiladodd hyn feinweoedd cryf a roddodd ddygnwch anhygoel iddo.
Sa vue et son odorat sont devenus beaucoup plus sensibles qu'avant.
Daeth ei olwg a'i arogl yn llawer mwy sensitif nag o'r blaen.
Son ouïe est devenue si fine qu'il pouvait détecter des sons faibles pendant son sommeil.
Tyfodd ei glyw mor finiog nes iddo allu canfod synau gwan yn ei gwsg.
Il savait dans ses rêves si les sons signifiaient sécurité ou danger.
Roedd yn gwybod yn ei freuddwydion a oedd y synau'n golygu diogelwch neu berygl.
Il a appris à mordre la glace entre ses orteils avec ses dents.
Dysgodd frathu'r iâ rhwng ei fysedd traed â'i ddannedd.
Si un point d'eau gelait, il brisait la glace avec ses jambes.

Pe bai twll dŵr yn rhewi, byddai'n torri'r iâ â'i goesau.
Il se cabra et frappa violemment la glace avec ses membres antérieurs raides.
Cododd i fyny a tharo'r iâ yn galed â'i goesau blaen anystwyth.
Sa capacité la plus frappante était de prédire les changements de vent pendant la nuit.
Ei allu mwyaf trawiadol oedd rhagweld newidiadau yn y gwynt dros nos.
Même lorsque l'air était calme, il choisissait des endroits abrités du vent.
Hyd yn oed pan oedd yr awyr yn llonydd, dewisodd fannau wedi'u cysgodi rhag y gwynt.
Partout où il creusait son nid, le vent du lendemain le passait à côté de lui.
Lle bynnag y cloddiodd ei nyth, byddai gwynt y diwrnod canlynol yn mynd heibio iddo.
Il finissait toujours par se blottir et se protéger, sous le vent.
Byddai bob amser yn gorffen yn glyd ac yn amddiffynnol, i ochr gysgodol y gwynt.
Buck n'a pas seulement appris par l'expérience : son instinct est également revenu.
Nid trwy brofiad yn unig y dysgodd Buck—dychwelodd ei reddfau hefyd.
Les habitudes des générations domestiquées ont commencé à disparaître.
Dechreuodd arferion cenedlaethau dof ddirywio.
De manière vague, il se souvenait des temps anciens de sa race.
Mewn ffyrdd amwys, cofiai hen amseroedd ei frîd.
Il repensa à l'époque où les chiens sauvages couraient en meute dans les forêts.
Meddyliodd yn ôl i'r adeg pan oedd cŵn gwyllt yn rhedeg mewn heidiau trwy goedwigoedd.
Ils avaient poursuivi et tué leur proie en la poursuivant.
Roedden nhw wedi erlid a lladd eu hysglyfaeth wrth ei rhedeg i lawr.

Il était facile pour Buck d'apprendre à se battre avec force et rapidité.
Roedd hi'n hawdd i Buck ddysgu sut i ymladd â dannedd a chyflymder.
Il utilisait des coupures, des entailles et des coups rapides, tout comme ses ancêtres.
Defnyddiodd doriadau, slaesau, a snapiau cyflym yn union fel ei hynafiaid.
Ces ancêtres se sont réveillés en lui et ont réveillé sa nature sauvage.
Deffrodd yr hynafiaid hynny ynddo a deffrodd ei natur wyllt.
Leurs anciennes compétences lui avaient été transmises par le sang.
Roedd eu hen sgiliau wedi trosglwyddo iddo trwy'r llinach.
Leurs tours étaient désormais à lui, sans besoin de pratique ni d'effort.
Ei eiddo ef oedd eu triciau nawr, heb unrhyw angen ymarfer na ymdrech.

Lors des nuits calmes et froides, Buck levait le nez et hurlait.
Ar nosweithiau llonydd, oer, cododd Buck ei drwyn ac udo.
Il hurla longuement et profondément, comme le faisaient les loups autrefois.
Udodd yn hir ac yn ddwfn, fel yr oedd bleiddiaid wedi gwneud amser maith yn ôl.
À travers lui, ses ancêtres morts pointaient leur nez et hurlaient.
Trwyddo ef, roedd ei hynafiaid marw yn pwyntio eu trwynau ac yn udo.
Ils ont hurlé à travers les siècles avec sa voix et sa forme.
Roedden nhw'n udo i lawr trwy'r canrifoedd yn ei lais a'i siâp.
Ses cadences étaient les leurs, de vieux cris qui parlaient de chagrin et de froid.
Ei gadensau oedd yn eiddo iddynt, hen gri a adroddai alar ac oerfel.
Ils chantaient l'obscurité, la faim et le sens de l'hiver.
Canon nhw am dywyllwch, am newyn, ac ystyr y gaeaf.

Buck a prouvé que la vie est façonnée par des forces qui nous dépassent.
Profodd Buck sut mae bywyd yn cael ei siapio gan rymoedd y tu hwnt i'r unigolyn,
L'ancienne chanson s'éleva à travers Buck et s'empara de son âme.
cododd y gân hynafol trwy Buck a chymryd gafael yn ei enaid.
Il s'est retrouvé parce que les hommes avaient trouvé de l'or dans le Nord.
Daeth o hyd iddo'i hun oherwydd bod dynion wedi dod o hyd i aur yn y Gogledd.
Et il s'est retrouvé parce que Manuel, l'aide du jardinier, avait besoin d'argent.
Ac fe'i cafodd ei hun oherwydd bod angen arian ar Manuel, cynorthwyydd y garddwr.

La Bête Primordiale Dominante
Y Bwystfil Cyntefig Trechol

La bête primordiale dominante était aussi forte que jamais en Buck.
Roedd y bwystfil cyntefig dominyddol mor gryf ag erioed yn Buck.

Mais la bête primordiale dominante sommeillait en lui.
Ond roedd y bwystfil cyntefig dominyddol wedi gorwedd yn segur ynddo.

La vie sur le sentier était dure, mais elle renforçait la bête qui sommeillait en Buck.
Roedd bywyd ar y llwybr yn galed, ond fe gryfhaodd yr anifail y tu mewn i Buck.

Secrètement, la bête devenait de plus en plus forte chaque jour.
Yn gyfrinachol, tyfodd y bwystfil yn gryfach ac yn gryfach bob dydd.

Mais cette croissance intérieure est restée cachée au monde extérieur.
Ond arhosodd y twf mewnol hwnnw'n gudd i'r byd y tu allan.

Une force primordiale, calme et tranquille, se construisait à l'intérieur de Buck.
Roedd grym cyntefig tawel a thawel yn adeiladu y tu mewn i Buck.

Une nouvelle ruse a donné à Buck l'équilibre, le calme, le contrôle et l'équilibre.
Rhoddodd cyfrwystra newydd gydbwysedd, rheolaeth dawel, a hunanbwysedd i Buck.

Buck s'est concentré sur son adaptation, sans jamais se sentir complètement détendu.
Canolbwyntiodd Buck yn galed ar addasu, heb deimlo byth yn gwbl ymlacio.

Il évitait les conflits, ne déclenchait jamais de bagarres et ne cherchait jamais les ennuis.
Roedd yn osgoi gwrthdaro, heb byth ddechrau ymladd, na cheisio trafferth.

Une réflexion lente et constante façonnait chaque mouvement de Buck.
Roedd meddylgarwch araf, cyson yn llywio pob symudiad gan Buck.
Il évitait les choix irréfléchis et les décisions soudaines et imprudentes.
Osgoodd ddewisiadau brysiog a phenderfyniadau sydyn, di-hid.
Bien que Buck détestait profondément Spitz, il ne lui montrait aucune agressivité.
Er bod Buck yn casáu Spitz yn fawr, ni ddangosodd unrhyw ymddygiad ymosodol iddo.
Buck n'a jamais provoqué Spitz et a gardé ses actions contenues.
Ni wnaeth Buck byth gythruddo Spitz, a chadwodd ei weithredoedd yn gyfyngedig.
Spitz, de son côté, sentait le danger grandissant chez Buck.
Ar y llaw arall, roedd Spitz yn teimlo'r perygl cynyddol yn Buck.
Il considérait Buck comme une menace et un sérieux défi à son pouvoir.
Roedd yn gweld Buck fel bygythiad ac yn her ddifrifol i'w bŵer.
Il profitait de chaque occasion pour grogner et montrer ses dents acérées.
Defnyddiodd bob cyfle i gwingo a dangos ei ddannedd miniog.
Il essayait de déclencher le combat mortel qui devait avoir lieu.
Roedd yn ceisio cychwyn yr ymladd angheuol a oedd yn rhaid iddo ddod.
Au début du voyage, une bagarre a failli éclater entre eux.
Yn gynnar yn y daith, bu bron i ymladd ddechrau rhyngddynt.
Mais un accident inattendu a empêché le combat d'avoir lieu.

Ond fe wnaeth damwain annisgwyl atal y frwydr rhag digwydd.

Ce soir-là, ils installèrent leur campement sur le lac Le Barge, extrêmement froid.

Y noson honno fe wnaethon nhw sefydlu gwersyll ar Lyn Le Barge, sy'n chwerw o oer.

La neige tombait fort et le vent soufflait comme un couteau.

Roedd yr eira'n disgyn yn galed, a'r gwynt yn torri fel cyllell.

La nuit était venue trop vite et l'obscurité les entourait.

Roedd y nos wedi dod yn rhy gyflym, ac roedd tywyllwch yn eu hamgylchynu.

Ils n'auraient pas pu choisir un pire endroit pour se reposer.

Prin y gallent fod wedi dewis lle gwaeth i orffwys.

Les chiens cherchaient désespérément un endroit où se coucher.

Chwiliodd y cŵn yn daer am le i orwedd.

Un haut mur de roche s'élevait abruptement derrière le petit groupe.

Cododd wal graig dal yn serth y tu ôl i'r grŵp bach.

La tente avait été laissée à Dyea pour alléger la charge.

Roedd y babell wedi cael ei gadael ar ôl yn Dyea i ysgafnhau'r baich.

Ils n'avaient pas d'autre choix que d'allumer le feu sur la glace elle-même.

Nid oedd ganddyn nhw ddewis ond gwneud y tân ar y rhew ei hun.

Ils étendent leurs robes de nuit directement sur le lac gelé.

Fe wnaethon nhw ledaenu eu gwisgoedd cysgu yn uniongyrchol ar y llyn wedi rhewi.

Quelques bâtons de bois flotté leur ont donné un peu de feu.

Rhoddodd ychydig o ffyn o goed drifft ychydig o dân iddyn nhw.

Mais le feu s'est allumé sur la glace et a fondu à travers elle.

Ond cafodd y tân ei gynnau ar y rhew, a dadmer drwyddo.

Finalement, ils mangeaient leur dîner dans l'obscurité.

Yn y diwedd roedden nhw'n bwyta eu swper yn y tywyllwch.

Buck s'est recroquevillé près du rocher, à l'abri du vent froid.

Cyrlodd Buck i fyny wrth ymyl y graig, wedi'i gysgodi rhag y gwynt oer.
L'endroit était si chaud et sûr que Buck détestait déménager.
Roedd y fan mor gynnes a diogel nes bod Buck yn casáu symud i ffwrdd.
Mais François avait réchauffé le poisson et distribuait les rations.
Ond roedd François wedi cynhesu'r pysgod ac yn dosbarthu bwyd.
Buck finit de manger rapidement et retourna dans son lit.
Gorffennodd Buck fwyta'n gyflym, a dychwelodd i'w wely.
Mais Spitz était maintenant allongé là où Buck avait fait son lit.
Ond roedd Spitz bellach yn gorwedd lle roedd Buck wedi gwneud ei wely.
Un grognement sourd avertit Buck que Spitz refusait de bouger.
Rhybuddiodd grwgnach isel Buck fod Spitz yn gwrthod symud.
Jusqu'à présent, Buck avait évité ce combat avec Spitz.
Hyd yn hyn, roedd Buck wedi osgoi'r frwydr hon gyda Spitz.
Mais au plus profond de Buck, la bête s'est finalement libérée.
Ond yn ddwfn y tu mewn i Buck torrodd y bwystfil yn rhydd o'r diwedd.
Le vol de son lieu de couchage était trop difficile à tolérer.
Roedd lladrad ei le cysgu yn ormod i'w oddef.
Buck se lança sur Spitz, plein de colère et de rage.
Taflodd Buck ei hun at Spitz, yn llawn dicter a chynddaredd.
Jusqu'à présent, Spitz pensait que Buck n'était qu'un gros chien.
Hyd at hyn roedd Spitz wedi meddwl mai dim ond ci mawr oedd Buck.
Il ne pensait pas que Buck avait survécu grâce à son esprit.
Doedd e ddim yn meddwl bod Buck wedi goroesi trwy ei ysbryd.

Il s'attendait à la peur et à la lâcheté, pas à la fureur et à la vengeance.
Roedd yn disgwyl ofn a llwfrgi, nid cynddaredd a dial.
François regarda les deux chiens sortir du nid en ruine.
Syllodd François wrth i'r ddau gi ffrwydro o'r nyth adfeiliedig.
Il comprit immédiatement ce qui avait déclenché cette lutte sauvage.
Deallodd ar unwaith beth oedd wedi cychwyn yr frwydr wyllt.
« Aa-ah ! » s'écria François en soutien au chien brun.
"Aa-ah!" gwaeddodd François i gefnogi'r ci brown.
« Frappez-le ! Par Dieu, punissez ce voleur sournois ! »
"Rhowch guro iddo! Wrth Dduw, cosbwch y lleidr cyfrwys yna!"
Spitz a montré une volonté égale et une impatience folle de se battre.
Dangosodd Spitz yr un parodrwydd ac awydd gwyllt i ymladd.
Il cria de rage tout en tournant rapidement en rond, cherchant une ouverture.
Gwaeddodd mewn cynddaredd wrth gylchu'n gyflym, yn chwilio am agoriad.
Buck a montré la même soif de combat et la même prudence.
Dangosodd Buck yr un awydd i ymladd, a'r un gofal.
Il a également encerclé son adversaire, essayant de prendre le dessus dans la bataille.
Cylchodd ei wrthwynebydd hefyd, gan geisio cael y llaw uchaf yn y frwydr.
Puis quelque chose d'inattendu s'est produit et a tout changé.
Yna digwyddodd rhywbeth annisgwyl a newidiodd bopeth.
Ce moment a retardé l'éventuelle lutte pour le leadership.
Gohiriodd y foment honno'r frwydr yn y pen draw am yr arweinyddiaeth.
De nombreux kilomètres de piste et de lutte attendaient encore avant la fin.

Roedd milltiroedd lawer o lwybr a brwydr yn dal i aros cyn y diwedd.

Perrault cria un juron tandis qu'une massue frappait un os.

Gwaeddodd Perrault lw wrth i glwb daro yn erbyn asgwrn.

Un cri aigu de douleur suivit, puis le chaos explosa tout autour.

Dilynodd sgrech miniog o boen, yna ffrwydrodd anhrefn o gwmpas.

Des formes sombres se déplaçaient dans le camp ; des huskies sauvages, affamés et féroces.

Symudodd siapiau tywyll yn y gwersyll; husgïau gwyllt, llwglyd a ffyrnig.

Quatre ou cinq douzaines de huskies avaient reniflé le camp de loin.

Roedd pedwar neu bum dwsin o husgiaid wedi arogli'r gwersyll o bell.

Ils s'étaient glissés discrètement pendant que les deux chiens se battaient à proximité.

Roedden nhw wedi sleifio i mewn yn dawel tra bod y ddau gi yn ymladd gerllaw.

François et Perrault chargèrent en brandissant des massues sur les envahisseurs.

Ymosododd François a Perrault, gan chwifio clybiau at y goresgynwyr.

Les huskies affamés ont montré les dents et ont riposté avec frénésie.

Dangosodd yr hyscis newynog ddannedd ac ymladd yn ôl mewn cynddaredd.

L'odeur de la viande et du pain les avait chassés de toute peur.

Roedd arogl cig a bara wedi eu gyrru heibio i bob ofn.

Perrault battait un chien qui avait enfoui sa tête dans la boîte à nourriture.

Curodd Perrault gi a oedd wedi claddu ei ben yn y blwch bwyd.

Le coup a été violent et la boîte s'est retournée, la nourriture s'est répandue.

Tarodd yr ergyd yn galed, a throwyd y blwch, gan ollwng bwyd allan.

En quelques secondes, une vingtaine de bêtes sauvages déchirèrent le pain et la viande.

Mewn eiliadau, rhwygodd sgôr o fwystfilod gwyllt y bara a'r cig.

Les gourdin masculins ont porté coup sur coup, mais aucun chien ne s'est détourné.

Glaniodd clybiau'r dynion ergyd ar ôl ergyd, ond ni throdd yr un ci i ffwrdd.

Ils hurlaient de douleur, mais se battaient jusqu'à ce qu'il ne reste plus de nourriture.

Uddon nhw mewn poen, ond ymladdon nhw nes nad oedd bwyd ar ôl.

Pendant ce temps, les chiens de traîneau avaient sauté de leurs lits enneigés.

Yn y cyfamser, roedd y cŵn sled wedi neidio o'u gwelyau eiraog.

Ils ont été immédiatement attaqués par les huskies vicieux et affamés.

Ymosodwyd arnyn nhw ar unwaith gan yr huskies llwglyd creulon.

Buck n'avait jamais vu de créatures aussi sauvages et affamées auparavant.

Nid oedd Buck erioed wedi gweld creaduriaid mor wyllt a newynog o'r blaen.

Leur peau pendait librement, cachant à peine leur squelette.

Roedd eu croen yn hongian yn llac, prin yn cuddio eu sgerbydau.

Il y avait un feu dans leurs yeux, de faim et de folie

Roedd tân yn eu llygaid, o newyn a gwallgofrwydd

Il n'y avait aucun moyen de les arrêter, aucune résistance à leur ruée sauvage.

Doedd dim modd eu hatal; dim modd gwrthsefyll eu rhuthr gwyllt.

Les chiens de traîneau furent repoussés, pressés contre la paroi de la falaise.

Gwthiwyd y cŵn sled yn ôl, wedi'u gwasgu yn erbyn wal y clogwyn.
Trois huskies ont attaqué Buck en même temps, déchirant sa chair.
Ymosododd tri husg ar Buck ar unwaith, gan rwygo i'w gnawd.
Du sang coulait de sa tête et de ses épaules, là où il avait été coupé.
Llifodd gwaed o'i ben a'i ysgwyddau, lle'r oedd wedi cael ei dorri.
Le bruit remplissait le camp : grognements, cris et cris de douleur.
Llenwodd y sŵn y gwersyll; grwgnach, gweiddi, a llefain o boen.
Billee pleurait fort, comme d'habitude, prise dans la mêlée et la panique.
Gwaeddodd Billee yn uchel, fel arfer, wedi'i dal yn y ffrae a'r panig.
Dave et Solleks se tenaient côte à côte, saignant mais provocants.
Safodd Dave a Solleks ochr yn ochr, yn gwaedu ond yn herfeiddiol.
Joe s'est battu comme un démon, mordant tout ce qui s'approchait.
Ymladdodd Joe fel cythraul, gan frathu unrhyw beth a ddaeth yn agos.
Il a écrasé la jambe d'un husky d'un claquement brutal de ses mâchoires.
Malodd goes huski gydag un snap creulon o'i ên.
Pike a sauté sur le husky blessé et lui a brisé le cou instantanément.
Neidiodd Pike ar yr husky clwyfedig a thorri ei wddf ar unwaith.
Buck a attrapé un husky par la gorge et lui a déchiré la veine.
Gafaelodd Buck mewn ci bach wrth ei wddf a rhwygo drwyddo.

Le sang gicla et le goût chaud poussa Buck dans une frénésie.
Taflodd gwaed, a gyrrodd y blas cynnes Buck i wallgofrwydd.
Il s'est jeté sur un autre agresseur sans hésitation.
Taflodd ei hun at ymosodwr arall heb betruso.
Au même moment, des dents acérées s'enfoncèrent dans la gorge de Buck.
Ar yr un foment, cloddiodd dannedd miniog i wddf Buck ei hun.
Spitz avait frappé de côté, attaquant sans avertissement.
Roedd Spitz wedi taro o'r ochr, gan ymosod heb rybudd.
Perrault et François avaient vaincu les chiens en volant la nourriture.
Roedd Perrault a François wedi trechu'r cŵn oedd yn dwyn y bwyd.
Ils se sont alors précipités pour aider leurs chiens à repousser les attaquants.
Nawr fe wnaethon nhw ruthro i helpu eu cŵn i ymladd yn ôl yr ymosodwyr.
Les chiens affamés se retirèrent tandis que les hommes brandissaient leurs gourdins.
Ciliodd y cŵn llwglyd wrth i'r dynion siglo eu clybiau.
Buck s'est libéré de l'attaque, mais l'évasion a été brève.
Torrodd Buck yn rhydd o'r ymosodiad, ond byr oedd y dihangfa.
Les hommes ont couru pour sauver leurs chiens, et les huskies ont de nouveau afflué.
Rhedodd y dynion i achub eu cŵn, a heidiodd yr hysgis eto.
Billee, effrayé et courageux, sauta dans la meute de chiens.
Neidiodd Billee, wedi'i ddychryn nes iddo ddangos dewrder, i mewn i'r haid o gŵn.
Mais il s'est alors enfui sur la glace, saisi de terreur et de panique.
Ond yna ffodd ar draws yr iâ, mewn braw a phanig crai.
Pike et Dub suivaient de près, courant pour sauver leur vie.
Dilynodd Pike a Dub yn agos ar eu hôl, gan redeg am eu bywydau.

Le reste de l'équipe s'est séparé et dispersé, les suivant.
Torrodd a gwasgarodd gweddill y tîm, gan eu dilyn ar eu hôl.
Buck rassembla ses forces pour courir, mais vit alors un éclair.
Casglodd Buck ei nerth i redeg, ond yna gwelodd fflach.
Spitz s'est jeté sur le côté de Buck, essayant de le faire tomber au sol.
Neidiodd Spitz at ochr Buck, gan geisio ei daro i'r llawr.
Sous cette foule de huskies, Buck n'aurait eu aucune échappatoire.
O dan y dorf honno o huskies, ni fyddai gan Buck unrhyw ddihangfa.
Mais Buck est resté ferme et s'est préparé au coup de Spitz.
Ond safodd Buck yn gadarn ac yn paratoi am yr ergyd gan Spitz.
Puis il s'est retourné et a couru sur la glace avec l'équipe en fuite.
Yna trodd a rhedeg allan ar y rhew gyda'r tîm oedd yn ffoi.

Plus tard, les neuf chiens de traîneau se sont rassemblés à l'abri des bois.
Yn ddiweddarach, ymgasglodd y naw ci sled yng nghysgod y coed.
Personne ne les poursuivait plus, mais ils étaient battus et blessés.
Doedd neb yn eu hymlid mwyach, ond cawsant eu curo a'u hanafu.
Chaque chien avait des blessures ; quatre ou cinq coupures profondes sur chaque corps.
Roedd gan bob ci glwyfau; pedwar neu bum toriad dwfn ar bob corff.
Dub avait une patte arrière blessée et avait du mal à marcher maintenant.
Roedd gan Dub goes ôl wedi'i hanafu ac roedd yn ei chael hi'n anodd cerdded nawr.
Dolly, le nouveau chien de Dyea, avait la gorge tranchée.
Roedd gan Dolly, y ci newydd o Dyea, wddf wedi'i dorri.

Joe avait perdu un œil et l'oreille de Billee était coupée en morceaux
Roedd Joe wedi colli llygad, ac roedd clust Billee wedi'i thorri'n ddarnau.

Tous les chiens ont crié de douleur et de défaite toute la nuit.
Gwaeddodd yr holl gŵn mewn poen a threchu drwy gydol y nos.

À l'aube, ils retournèrent au camp, endoloris et brisés.
Gyda'r wawr fe sleifiasant yn ôl i'r gwersyll, yn ddolurus ac wedi torri.

Les huskies avaient disparu, mais le mal était fait.
Roedd yr hysgi wedi diflannu, ond roedd y difrod wedi'i wneud.

Perrault et François étaient de mauvaise humeur à cause de la ruine.
Safai Perrault a François mewn hwyliau drwg dros yr adfail.

La moitié de la nourriture avait disparu, volée par les voleurs affamés.
Roedd hanner y bwyd wedi mynd, wedi'i gipio gan y lladron newynog.

Les huskies avaient déchiré les fixations et la toile du traîneau.
Roedd yr hyscis wedi rhwygo trwy rwymiadau sled a chynfas.

Tout ce qui avait une odeur de nourriture avait été complètement dévoré.
Roedd unrhyw beth ag arogl bwyd wedi'i ddifa'n llwyr.

Ils ont mangé une paire de bottes de voyage en peau d'élan de Perrault.
Fe wnaethon nhw fwyta pâr o esgidiau teithio croen elc Perrault.

Ils ont mâché des reis en cuir et ruiné des sangles au point de les rendre inutilisables.
Fe wnaethon nhw gnoi reisiau lledr a difetha strapiau y tu hwnt i ddefnydd.

François cessa de fixer le fouet déchiré pour vérifier les chiens.

Stopiodd François syllu ar yr amrant wedi'i rhwygo i wirio'r cŵn.

« **Ah, mes amis** », **dit-il d'une voix basse et pleine d'inquiétude.**

"A, fy ffrindiau," meddai, ei lais yn isel ac yn llawn pryder.

« **Peut-être que toutes ces morsures vous transformeront en bêtes folles.** »

"Efallai y bydd yr holl frathiadau hyn yn eich troi'n fwystfilod gwallgof."

« **Peut-être que ce sont tous des chiens enragés, sacredam ! Qu'en penses-tu, Perrault ?** »

"Efallai pob cŵn gwallgof, cysegredig! Beth wyt ti'n ei feddwl, Perrault?"

Perrault secoua la tête, les yeux sombres d'inquiétude et de peur.

Ysgwydodd Perrault ei ben, ei lygaid yn dywyll gyda phryder ac ofn.

Il y avait encore quatre cents milles entre eux et Dawson.

Roedd pedwar cant milltir yn dal i fod rhyngddynt a Dawson.

La folie canine pourrait désormais détruire toute chance de survie.

Gallai gwallgofrwydd cŵn nawr ddinistrio unrhyw siawns o oroesi.

Ils ont passé deux heures à jurer et à essayer de réparer le matériel.

Treulion nhw ddwy awr yn rhegi ac yn ceisio trwsio'r offer.

L'équipe blessée a finalement quitté le camp, brisée et vaincue.

Gadawodd y tîm clwyfedig y gwersyll o'r diwedd, wedi torri ac wedi'u trechu.

C'était le sentier le plus difficile jusqu'à présent, et chaque pas était douloureux.

Dyma oedd y llwybr anoddaf eto, ac roedd pob cam yn boenus.

La rivière Thirty Mile n'était pas gelée et coulait à flots.

Nid oedd Afon Trideg Milltir wedi rhewi, ac roedd yn rhuthro'n wyllt.

Ce n'est que dans les endroits calmes et les tourbillons que la glace parvenait à tenir.
Dim ond mewn mannau tawel a throbyllau troellog y llwyddodd iâ i ddal.

Six jours de dur labeur se sont écoulés jusqu'à ce que les trente milles soient parcourus.
Aeth chwe diwrnod o lafur caled heibio nes cwblhau'r tri deg milltir.

Chaque kilomètre parcouru sur le sentier apportait du danger et une menace de mort.
Roedd pob milltir o'r llwybr yn dod â pherygl a bygythiad marwolaeth.

Les hommes et les chiens risquaient leur vie à chaque pas douloureux.
Risgiodd y dynion a'r cŵn eu bywydau gyda phob cam poenus.

Perrault a franchi des ponts de glace minces à une douzaine de reprises.
Torrodd Perrault trwy bontydd iâ tenau dwsin o weithiau gwahanol.

Il portait une perche et la laissait tomber sur le trou que son corps avait fait.
Cariodd bolyn a'i adael i ddisgyn ar draws y twll a wnaeth ei gorff.

Plus d'une fois, ce poteau a sauvé Perrault de la noyade.
Mwy nag unwaith y gwnaeth y polyn hwnnw achub Perrault rhag boddi.

La vague de froid persistait, l'air était à cinquante degrés en dessous de zéro.
Parhaodd y cyfnod oer yn gadarn, roedd yr awyr yn hanner cant gradd islaw sero.

Chaque fois qu'il tombait, Perrault devait allumer un feu pour survivre.
Bob tro y byddai'n syrthio i mewn, roedd rhaid i Perrault gynnau tân i oroesi.

Les vêtements mouillés gelaient rapidement, alors il les séchait près d'une source de chaleur intense.

Roedd dillad gwlyb yn rhewi'n gyflym, felly fe'u sychodd ger gwres poeth.

Aucune peur n'a jamais touché Perrault, et cela a fait de lui un courrier.

Ni chyffyrddodd unrhyw ofn â Perrault erioed, a dyna a'i gwnaeth yn negesydd.

Il a été choisi pour le danger, et il l'a affronté avec une résolution tranquille.

Fe'i dewiswyd ar gyfer perygl, ac fe'i cyfarfu â phenderfyniad tawel.

Il s'avança face au vent, son visage ratatiné et gelé.

Gwthiodd ymlaen i'r gwynt, ei wyneb crebachlyd wedi'i rewi.

De l'aube naissante à la tombée de la nuit, Perrault les mena en avant.

O wawr wan hyd fachlud nos, arweiniodd Perrault nhw ymlaen.

Il marchait sur une étroite bordure de glace qui se fissurait à chaque pas.

Cerddodd ar rew ymyl cul a oedd yn cracio gyda phob cam.

Ils n'osaient pas s'arrêter : chaque pause risquait de provoquer un effondrement mortel.

Ni feiddiodd y ddau stopio—roedd pob saib yn peryglu cwymp angheuol.

Un jour, le traîneau s'est brisé, entraînant Dave et Buck à l'intérieur.

Un tro torrodd y sled drwodd, gan dynnu Dave a Buck i mewn.

Au moment où ils ont été libérés, tous deux étaient presque gelés.

Erbyn iddyn nhw gael eu llusgo'n rhydd, roedd y ddau bron wedi rhewi.

Les hommes ont rapidement allumé un feu pour garder Buck et Dave en vie.

Cynhyrchodd y dynion dân yn gyflym i gadw Buck a Dave yn fyw.

Les chiens étaient recouverts de glace du nez à la queue, raides comme du bois sculpté.

Roedd y cŵn wedi'u gorchuddio â iâ o'u trwyn i'w gynffon, mor stiff â phren cerfiedig.

Les hommes les faisaient courir en rond près du feu pour décongeler leurs corps.

Rhedodd y dynion nhw mewn cylchoedd ger y tân i ddadmer eu cyrff.

Ils se sont approchés si près des flammes que leur fourrure a été brûlée.

Daethant mor agos at y fflamau nes i'w ffwr llosgi.

Spitz a ensuite brisé la glace, entraînant l'équipe derrière lui.

Torrodd Spitz drwy'r iâ nesaf, gan lusgo'r tîm y tu ôl iddo.

La cassure s'est étendue jusqu'à l'endroit où Buck tirait.

Cyrhaeddodd y toriad yr holl ffordd i fyny at ble roedd Buck yn tynnu.

Buck se pencha en arrière, ses pattes glissant et tremblant sur le bord.

Pwysodd Buck yn ôl yn galed, ei bawennau'n llithro ac yn crynu ar yr ymyl.

Dave a également tendu vers l'arrière, juste derrière Buck sur la ligne.

Straeniodd Dave yn ôl hefyd, ychydig y tu ôl i Buck ar y llinell.

François tirait sur le traîneau, ses muscles craquant sous l'effort.

Tynnodd François ar y sled, ei gyhyrau'n cracio gydag ymdrech.

Une autre fois, la glace du bord s'est fissurée devant et derrière le traîneau.

Tro arall, craciodd iâ ar yr ymyl o flaen ac y tu ôl i'r sled.

Ils n'avaient d'autre issue que d'escalader une paroi rocheuse gelée.

Doedd ganddyn nhw ddim ffordd allan heblaw dringo wal clogwyn wedi rhewi.

Perrault a réussi à escalader le mur, mais un miracle l'a maintenu en vie.

Rywsut fe ddringodd Perrault y wal; cadwodd gwyrth ef yn fyw.

François resta en bas, priant pour avoir le même genre de chance.
Arhosodd François isod, gan weddïo am yr un math o lwc.
Ils ont attaché chaque sangle, chaque amarrage et chaque traçage en une seule longue corde.
Fe wnaethon nhw glymu pob strap, clymu, ac ôl yn un rhaff hir.
Les hommes ont hissé chaque chien, un par un, jusqu'au sommet.
Llusgodd y dynion bob ci i fyny, un ar y tro i'r copa.
François est monté en dernier, après le traîneau et toute la charge.
Dringodd François olaf, ar ôl y sled a'r llwyth cyfan.
Commença alors une longue recherche d'un chemin pour descendre des falaises.
Yna dechreuodd chwiliad hir am lwybr i lawr o'r clogwyni.
Ils sont finalement descendus en utilisant la même corde qu'ils avaient fabriquée.
Fe wnaethon nhw ddisgyn yn y diwedd gan ddefnyddio'r un rhaff yr oeddent wedi'i gwneud.
La nuit tombait alors qu'ils retournaient au lit de la rivière, épuisés et endoloris.
Syrthiodd y nos wrth iddynt ddychwelyd i wely'r afon, wedi blino'n lân ac yn ddolurus.
La journée entière ne leur avait permis de gagner qu'un quart de mile.
Dim ond chwarter milltir o enillion yr oedd y diwrnod cyfan wedi'u hennill iddynt.
Au moment où ils atteignirent le Hootalinqua, Buck était épuisé.
Erbyn iddyn nhw gyrraedd yr Hootalinqua, roedd Buck wedi blino'n lân.
Les autres chiens ont tout autant souffert des conditions du sentier.
Dioddefodd y cŵn eraill yr un mor ddrwg o ganlyniad i amodau'r llwybr.

Mais Perrault avait besoin de récupérer du temps et les poussait chaque jour.
Ond roedd angen i Perrault adennill amser, a'u gwthio ymlaen bob dydd.

Le premier jour, ils ont parcouru trente miles jusqu'à Big Salmon.
Y diwrnod cyntaf fe deithiasant ddeg ar hugain milltir i Big Salmon.

Le lendemain, ils parcoururent trente-cinq milles jusqu'à Little Salmon.
Y diwrnod canlynol teithion nhw bum milltir ar hugain i Little Salmon.

Le troisième jour, ils ont parcouru quarante longs kilomètres gelés.
Ar y trydydd diwrnod fe wthiasant trwy ddeugain milltir hir wedi rhewi.

À ce moment-là, ils approchaient de la colonie de Five Fingers.
Erbyn hynny, roedden nhw'n agosáu at anheddiad Five Fingers.

Les pieds de Buck étaient plus doux que les pieds durs des huskies indigènes.
Roedd traed Buck yn feddalach na thraed caled yr huskïau brodorol.

Ses pattes étaient devenues plus fragiles au fil des générations civilisées.
Roedd ei bawennau wedi tyfu'n dyner dros lawer o genedlaethau gwaraidd.

Il y a longtemps, ses ancêtres avaient été apprivoisés par des hommes de la rivière ou des chasseurs.
Amser maith yn ôl, roedd ei hynafiaid wedi cael eu dofi gan ddynion afonydd neu helwyr.

Chaque jour, Buck boitait de douleur, marchant sur des pattes à vif et douloureuses.
Bob dydd roedd Buck yn cloffi mewn poen, gan gerdded ar bawennau crai, dolurus.

Au camp, Buck tomba comme une forme sans vie sur la neige.
Yn y gwersyll, syrthiodd Buck fel ffurf ddifywyd ar yr eira.
Bien qu'affamé, Buck ne s'est pas levé pour manger son repas du soir.
Er ei fod yn llwgu, ni chododd Buck i fwyta ei bryd nos.
François apporta sa ration à Buck, en déposant du poisson près de son museau.
Daeth François â'i ddogn i Buck, gan osod pysgod wrth ei drwyn.
Chaque nuit, le chauffeur frottait les pieds de Buck pendant une demi-heure.
Bob nos byddai'r gyrrwr yn rhwbio traed Buck am hanner awr.
François a même découpé ses propres mocassins pour en faire des chaussures pour chiens.
Roedd François hyd yn oed yn torri ei foccasinau ei hun i wneud esgidiau cŵn.
Quatre chaussures chaudes ont apporté à Buck un grand et bienvenu soulagement.
Rhoddodd pedwar esgid gynnes ryddhad mawr a chroesawgar i Buck.
Un matin, François oublia ses chaussures et Buck refusa de se lever.
Un bore, anghofiodd François yr esgidiau, a gwrthododd Buck godi.
Buck était allongé sur le dos, les pieds en l'air, les agitant pitoyablement.
Gorweddodd Buck ar ei gefn, ei draed yn yr awyr, yn eu chwifio'n druenus.
Même Perrault sourit à la vue de l'appel dramatique de Buck.
Gwenodd hyd yn oed Perrault wrth weld deisyfiad dramatig Buck.
Bientôt, les pieds de Buck devinrent durs et les chaussures purent être jetées.
Yn fuan caledodd traed Buck, a gellid taflu'r esgidiau.

À Pelly, pendant le temps du harnais, Dolly laissait échapper un hurlement épouvantable.

Yn Pelly, yn ystod amser harnais, gollyngodd Dolly udo ofnadwy.

Le cri était long et rempli de folie, secouant chaque chien.

Roedd y crio yn hir ac yn llawn gwallgofrwydd, gan ysgwyd pob ci.

Chaque chien se hérissait de peur sans en connaître la raison.

Roedd pob ci yn byrlymu mewn ofn heb wybod y rheswm.

Dolly était devenue folle et s'était jetée directement sur Buck.

Roedd Dolly wedi mynd yn wallgof ac wedi taflu ei hun yn syth at Buck.

Buck n'avait jamais vu la folie, mais l'horreur remplissait son cœur.

Nid oedd Buck erioed wedi gweld gwallgofrwydd, ond roedd arswyd yn llenwi ei galon.

Sans réfléchir, il se retourna et s'enfuit, complètement paniqué.

Heb unrhyw feddwl, trodd a ffodd mewn panig llwyr.

Dolly le poursuivit, les yeux fous, la salive s'échappant de ses mâchoires.

Roedd Dolly yn ei erlid, ei llygaid yn wyllt, poer yn hedfan o'i genau.

Elle est restée juste derrière Buck, sans jamais gagner ni reculer.

Cadwodd yn union y tu ôl i Buck, heb byth ennill a heb byth syrthio yn ôl.

Buck courut à travers les bois, le long de l'île, sur de la glace déchiquetée.

Rhedodd Buck drwy goedwigoedd, i lawr yr ynys, ar draws iâ garw.

Il traversa vers une île, puis une autre, revenant vers la rivière.

Croesodd i ynys, yna un arall, gan gylchu yn ôl at yr afon.

Dolly le poursuivait toujours, son grognement le suivant de près à chaque pas.
Roedd Dolly yn dal i'w erlid, ei grwgnach yn agos y tu ôl iddi ar bob cam.
Buck pouvait entendre son souffle et sa rage, même s'il n'osait pas regarder en arrière.
Gallai Buck glywed ei hanadl a'i chynddaredd, er na feiddiodd edrych yn ôl.
François cria de loin, et Buck se tourna vers la voix.
Gwaeddodd François o bell, a throdd Buck tuag at y llais.
Encore à bout de souffle, Buck courut, plaçant tout espoir en François.
Yn dal i anadlu'n galed, rhedodd Buck heibio, gan roi pob gobaith yn François.
Le conducteur du chien leva une hache et attendit que Buck passe à toute vitesse.
Cododd y gyrrwr ci fwyell ac aros wrth i Buck hedfan heibio.
La hache s'abattit rapidement et frappa la tête de Dolly avec une force mortelle.
Daeth y fwyell i lawr yn gyflym a tharo pen Dolly gyda grym angheuol.
Buck s'est effondré près du traîneau, essoufflé et incapable de bouger.
Cwympodd Buck ger y sled, yn gwichian ac yn methu symud.
Ce moment a donné à Spitz l'occasion de frapper un ennemi épuisé.
Rhoddodd y foment honno gyfle i Spitz daro gelyn blinedig.
Il a mordu Buck à deux reprises, déchirant la chair jusqu'à l'os blanc.
Brathodd Buck ddwywaith, gan rwygo cnawd i lawr hyd at yr asgwrn gwyn.
Le fouet de François claqua, frappant Spitz avec toute sa force et sa fureur.
Craciodd chwip François, gan daro Spitz â nerth llawn, cynddeiriog.
Buck regarda avec joie Spitz recevoir sa raclée la plus dure jusqu'à présent.

Gwyliodd Buck gyda llawenydd wrth i Spitz dderbyn ei guro mwyaf llym eto.

« C'est un diable, ce Spitz », murmura sombrement Perrault pour lui-même.

"Mae e'n ddiawl, y Spitz yna," sibrydodd Perrault yn dywyll wrtho'i hun.

« Un jour prochain, ce maudit chien tuera Buck, je le jure. »

"Rhyw ddiwrnod yn fuan, bydd y ci melltigedig hwnnw'n lladd Buck — dw i'n addo hynny."

« Ce Buck a deux démons en lui », répondit François en hochant la tête.

"Mae gan y Buck yna ddau ddiawl ynddo," atebodd François gan nodio.

« Quand je regarde Buck, je sais que quelque chose de féroce l'attend. »

"Pan fydda i'n gwylio Buck, dwi'n gwybod bod rhywbeth ffyrnig yn aros ynddo."

« Un jour, il deviendra fou comme le feu et mettra Spitz en pièces. »

"Rhyw ddiwrnod, bydd yn mynd yn wallgof fel tân ac yn rhwygo Spitz yn ddarnau."

« Il va mâcher ce chien et le recracher sur la neige gelée. »

"Bydd e'n cnoi'r ci yna i fyny ac yn ei boeri ar yr eira wedi rhewi."

« Bien sûr que non, je le sais au plus profond de moi. »

"Yn sicr fel unrhyw beth, rwy'n gwybod hyn yn ddwfn yn fy esgyrn."

À partir de ce moment-là, les deux chiens étaient engagés dans une guerre.

O'r foment honno ymlaen, roedd y ddau gi wedi'u clymu mewn rhyfel.

Spitz a dirigé l'équipe et a conservé le pouvoir, mais Buck a contesté cela.

Spitz oedd arweinydd y tîm ac yn dal y grym, ond heriodd Buck hynny.

Spitz a vu son rang menacé par cet étrange étranger du Sud.

Gwelodd Spitz ei reng yn cael ei bygwth gan y dieithryn rhyfedd hwn o'r De.

Buck ne ressemblait à aucun autre chien du sud que Spitz avait connu auparavant.

Roedd Buck yn wahanol i unrhyw gi deheuol yr oedd Spitz wedi'i adnabod o'r blaen.

La plupart d'entre eux ont échoué, trop faibles pour survivre au froid et à la faim.

Methodd y rhan fwyaf ohonyn nhw—rhy wan i oroesi trwy oerfel a newyn.

Ils sont morts rapidement à cause du travail, du gel et de la lenteur de la famine.

Buont farw'n gyflym dan lafur, rhew, a llosgiad araf newyn.

Buck se démarquait : plus fort, plus intelligent et plus sauvage chaque jour.

Safodd Buck ar wahân—yn gryfach, yn ddoethach, ac yn fwy gwyllt bob dydd.

Il a prospéré dans les difficultés, grandissant jusqu'à égaler les huskies du Nord.

Ffynnodd ar galedi, gan dyfu i gyd-fynd â'r huskies gogleddol.

Buck avait de la force, une habileté sauvage et un instinct patient et mortel.

Roedd gan Buck gryfder, sgil gwyllt, a greddf amyneddgar, farwol.

L'homme avec la massue avait fait perdre à Buck toute témérité.

Roedd y dyn gyda'r clwb wedi curo brysgrwydd allan o Buck.

La fureur aveugle avait disparu, remplacée par une ruse silencieuse et un contrôle.

Roedd cynddaredd dall wedi diflannu, wedi'i ddisodli gan gyfrwystra tawel a rheolaeth.

Il attendait, calme et primitif, guettant le bon moment.

Arhosodd, yn dawel ac yn gyntefig, yn gwylio am yr eiliad iawn.

Leur lutte pour le commandement est devenue inévitable et claire.

Daeth eu brwydr am orchymyn yn anochel ac yn glir.
Buck désirait être un leader parce que son esprit l'exigeait.
Roedd Buck yn dymuno arweinyddiaeth oherwydd bod ei ysbryd yn mynnu hynny.
Il était poussé par l'étrange fierté née du sentier et du harnais.
Cafodd ei yrru gan y balchder rhyfedd a aned o lwybr a harnais.
Cette fierté a poussé les chiens à tirer jusqu'à ce qu'ils s'effondrent sur la neige.
Roedd y balchder hwnnw'n gwneud i gŵn dynnu nes iddyn nhw gwympo ar yr eira.
L'orgueil les a poussés à donner toute la force qu'ils avaient.
Roedd balchder yn eu denu i roi'r holl nerth oedd ganddyn nhw.
L'orgueil peut attirer un chien de traîneau jusqu'à la mort.
Gall balchder ddenu ci sled hyd yn oed i'r pwynt o farwolaeth.
La perte du harnais a laissé les chiens brisés et sans but.
Gadawodd colli'r harnais gŵn wedi torri a heb bwrpas.
Le cœur d'un chien de traîneau peut être brisé par la honte lorsqu'il prend sa retraite.
Gall calon ci sled gael ei falu gan gywilydd pan fyddant yn ymddeol.
Dave vivait avec cette fierté alors qu'il tirait le traîneau par derrière.
Roedd Dave yn byw yn ôl y balchder hwnnw wrth iddo lusgo'r sled o'r tu ôl.
Solleks, lui aussi, a tout donné avec une force et une loyauté redoutables.
Rhoddodd Solleks, hefyd, ei bopeth gyda chryfder a theyrngarwch llwm.
Chaque matin, l'orgueil les faisait passer de l'amertume à la détermination.
Bob bore, byddai balchder yn eu troi o chwerw i benderfynol.
Ils ont poussé toute la journée, puis sont restés silencieux à la fin du camp.

Fe wnaethon nhw wthio drwy'r dydd, yna mynd yn dawel ar ben y gwersyll.

Cette fierté a donné à Spitz la force de battre les tire-au-flanc.

Rhoddodd y balchder hwnnw'r nerth i Spitz guro'r rhai oedd yn osgoi talu'r gorau i'r llinell.

Spitz craignait Buck parce que Buck portait cette même fierté profonde.

Roedd Spitz yn ofni Buck oherwydd bod Buck yn cario'r un balchder dwfn hwnnw.

L'orgueil de Buck s'est alors retourné contre Spitz, et il ne s'est pas arrêté.

Cyffroodd balchder Buck yn erbyn Spitz nawr, ac ni pheidiodd.

Buck a défié le pouvoir de Spitz et l'a empêché de punir les chiens.

Heriodd Buck bŵer Spitz a'i rwystro rhag cosbi cŵn.

Lorsque les autres échouaient, Buck s'interposait entre eux et leur chef.

Pan fethodd eraill, camodd Buck rhyngddynt a'u harweinydd.

Il l'a fait intentionnellement, en rendant son défi ouvert et clair.

Gwnaeth hyn gyda bwriad, gan wneud ei her yn agored ac yn glir.

Une nuit, une forte neige a recouvert le monde d'un profond silence.

Un noson roedd eira trwm yn gorchuddio'r byd mewn distawrwydd dwfn.

Le lendemain matin, Pike, paresseux comme toujours, ne se leva pas pour aller travailler.

Y bore wedyn, ni chododd Pike, mor ddiog ag erioed, i fynd i weithio.

Il est resté caché dans son nid sous une épaisse couche de neige.

Arhosodd wedi'i guddio yn ei nyth o dan haen drwchus o eira.

François a appelé et cherché, mais n'a pas pu trouver le chien.
Galwodd François allan a chwilio, ond methodd â dod o hyd i'r ci.
Spitz devint furieux et se précipita à travers le camp couvert de neige.
Cynddeiriogodd Spitz a rhuthrodd drwy'r gwersyll oedd wedi'i orchuddio ag eira.
Il grogna et renifla, creusant frénétiquement avec des yeux flamboyants.
Grwgnachodd a sniffian, gan gloddio'n wallgof â llygaid llachar.
Sa rage était si féroce que Pike tremblait sous la neige de peur.
Roedd ei gynddaredd mor ffyrnig nes i Pike grynu o dan yr eira mewn ofn.
Lorsque Pike fut finalement retrouvé, Spitz se précipita pour punir le chien qui se cachait.
Pan gafodd Pike ei ddarganfod o'r diwedd, rhuthrodd Spitz i gosbi'r ci oedd yn cuddio.
Mais Buck s'est précipité entre eux avec une fureur égale à celle de Spitz.
Ond neidiodd Buck rhyngddynt â chynddaredd cyfartal â chynddaredd Spitz ei hun.
L'attaque fut si soudaine et intelligente que Spitz tomba.
Roedd yr ymosodiad mor sydyn a chlyfar nes i Spitz syrthio oddi ar ei draed.
Pike, qui tremblait, puisa du courage dans ce défi.
Cymerodd Pike, a oedd wedi bod yn crynu, ddewrder o'r herfeiddiad hwn.
Il sauta sur le Spitz tombé, suivant l'exemple audacieux de Buck.
Neidiodd ar y Spitz a syrthiodd, gan ddilyn esiampl feiddgar Buck.
Buck, n'étant plus tenu par l'équité, a rejoint la grève contre Spitz.

Ymunodd Buck, heb fod yn rhwym i degwch mwyach, â'r streic ar Spitz.

François, amusé mais ferme dans sa discipline, balançait son lourd fouet.

François, wedi'i ddiddanu ond yn gadarn ei ddisgyblaeth, siglodd ei chwipiad trwm.

Il frappa Buck de toutes ses forces pour mettre fin au combat.

Trawodd Buck â'i holl nerth i dorri'r frwydr i fyny.

Buck a refusé de bouger et est resté au sommet du chef tombé.

Gwrthododd Buck symud ac arhosodd ar ben yr arweinydd a syrthiodd.

François a ensuite utilisé le manche du fouet, frappant Buck durement.

Yna defnyddiodd François handlen y chwip, gan daro Buck yn galed.

Titubant sous le coup, Buck recula sous l'assaut.

Gan syfrdanu o'r ergyd, syrthiodd Buck yn ôl o dan yr ymosodiad.

François frappait encore et encore tandis que Spitz punissait Pike.

Tarodd François dro ar ôl tro tra bod Spitz yn cosbi Pike.

Les jours passèrent et Dawson City se rapprocha de plus en plus.

Aeth dyddiau heibio, a daeth Dinas Dawson yn agosach ac yn agosach.

Buck n'arrêtait pas d'intervenir, se glissant entre le Spitz et les autres chiens.

Daliodd Buck i ymyrryd, gan lithro rhwng Spitz a chŵn eraill.

Il choisissait bien ses moments, attendant toujours que François parte.

Dewisodd ei fomentiau'n ddoeth, gan aros bob amser i François adael.

La rébellion silencieuse de Buck s'est propagée et le désordre a pris racine dans l'équipe.

Lledaenodd gwrthryfel tawel Buck, a gwreiddiodd anhrefn yn y tîm.

Dave et Solleks sont restés fidèles, mais d'autres sont devenus indisciplinés.

Arhosodd Dave a Solleks yn ffyddlon, ond daeth eraill yn afreolus.

L'équipe est devenue de plus en plus agitée, querelleuse et hors de propos.

Aeth y tîm yn waeth—yn aflonydd, yn ffraeo, ac allan o drefn.

Plus rien ne fonctionnait correctement et les bagarres devenaient courantes.

Doedd dim byd yn gweithio'n esmwyth mwyach, a daeth ymladd yn gyffredin.

Buck est resté au cœur des troubles, provoquant toujours des troubles.

Arhosodd Buck yng nghanol y drafferth, gan ysgogi aflonyddwch bob amser.

François restait vigilant, effrayé par le combat entre Buck et Spitz.

Arhosodd François yn effro, yn ofni'r frwydr rhwng Buck a Spitz.

Chaque nuit, des bagarres le réveillaient, craignant que le commencement n'arrive enfin.

Bob nos, byddai ffraeo yn ei ddeffro, gan ofni bod y dechrau o'r diwedd wedi cyrraedd.

Il sauta de sa robe, prêt à mettre fin au combat.

Neidiodd o'i wisg, yn barod i dorri'r frwydr i ben.

Mais le moment n'arriva jamais et ils atteignirent finalement Dawson.

Ond ni ddaeth yr eiliad, ac fe gyrhaeddon nhw Dawson o'r diwedd.

L'équipe est entrée dans la ville un après-midi sombre, tendu et calme.

Daeth y tîm i mewn i'r dref un prynhawn llwm, yn llawn tyndra ac yn dawel.

La grande bataille pour le leadership était encore en suspens dans l'air glacial.

Roedd y frwydr fawr am arweinyddiaeth yn dal i hongian yn yr awyr wedi rhewi.

Dawson était rempli d'hommes et de chiens de traîneau, tous occupés à travailler.

Roedd Dawson yn llawn dynion a chŵn sled, pob un yn brysur gyda gwaith.

Buck regardait les chiens tirer des charges du matin au soir.

Gwyliodd Buck y cŵn yn tynnu llwythi o'r bore tan y nos.

Ils transportaient des bûches et du bois de chauffage et acheminaient des fournitures vers les mines.

Roedden nhw'n cludo boncyffion a choed tân, ac yn cludo cyflenwadau i'r mwyngloddiau.

Là où les chevaux travaillaient autrefois dans le Southland, les chiens travaillent désormais.

Lle roedd ceffylau ar un adeg yn gweithio yn y De, roedd cŵn bellach yn llafurio.

Buck a vu quelques chiens du Sud, mais la plupart étaient des huskies ressemblant à des loups.

Gwelodd Buck rai cŵn o'r De, ond roedd y rhan fwyaf yn husgïau tebyg i fleiddiaid.

La nuit, comme une horloge, les chiens élevaient la voix pour chanter.

Yn y nos, fel clocwaith, cododd y cŵn eu lleisiau mewn cân.

À neuf heures, à minuit et à nouveau à trois heures, les chants ont commencé.

Am naw, am hanner nos, ac eto am dri, dechreuodd y canu.

Buck aimait se joindre à leur chant étrange, au son sauvage et ancien.

Roedd Buck wrth ei fodd yn ymuno â'u siant brawychus, yn wyllt ac yn hynafol o ran sain.

Les aurores boréales flamboyaient, les étoiles dansaient et la neige recouvrait le pays.

Fflamiodd yr awrora, dawnsiodd y sêr, ac roedd eira yn gorchuddio'r tir.

Le chant des chiens s'éleva comme un cri contre le silence et le froid glacial.

Cododd cân y cŵn fel cri yn erbyn distawrwydd ac oerfel chwerw.

Mais leur hurlement contenait de la tristesse, et non du défi, dans chaque longue note.

Ond roedd eu udo yn cynnwys tristwch, nid herfeiddiad, ym mhob nodyn hir.

Chaque cri plaintif était plein de supplications, le fardeau de la vie elle-même.

Roedd pob llefain yn llawn erfyn; baich bywyd ei hun.

Cette chanson était vieille, plus vieille que les villes et plus vieille que les incendies.

Roedd y gân honno'n hen—yn hŷn na threfi, ac yn hŷn na thanau

Cette chanson était encore plus ancienne que les voix des hommes.

Roedd y gân honno'n hynafol hyd yn oed na lleisiau dynion.

C'était une chanson du monde des jeunes, quand toutes les chansons étaient tristes.

Cân o'r byd ifanc ydoedd, pan oedd pob cân yn drist.

La chanson portait la tristesse d'innombrables générations de chiens.

Roedd y gân yn cario tristwch gan genedlaethau di-rif o gŵn.

Buck ressentait profondément la mélodie, gémissant de douleur enracinée dans les âges.

Teimlodd Buck y alaw yn ddwfn, gan ochain o boen sydd â gwreiddiau yn yr oesoedd.

Il sanglotait d'un chagrin aussi vieux que le sang sauvage dans ses veines.

Wynodd o alar mor hen â'r gwaed gwyllt yn ei wythiennau.

Le froid, l'obscurité et le mystère ont touché l'âme de Buck.

Cyffyrddodd yr oerfel, y tywyllwch, a'r dirgelwch ag enaid Buck.

Cette chanson prouvait à quel point Buck était revenu à ses origines.

Profodd y gân honno pa mor bell yr oedd Buck wedi dychwelyd at ei wreiddiau.

À travers la neige et les hurlements, il avait trouvé le début de sa propre vie.

Drwy eira ac udo roedd wedi dod o hyd i ddechrau ei fywyd ei hun.

Sept jours après leur arrivée à Dawson, ils repartent.

Saith diwrnod ar ôl cyrraedd Dawson, fe gychwynnon nhw unwaith eto.

L'équipe est descendue de la caserne jusqu'au sentier du Yukon.

Gollyngodd y tîm o'r Barics i lawr i Lwybr Yukon.

Ils ont commencé le voyage de retour vers Dyea et Salt Water.

Dechreuon nhw'r daith yn ôl tuag at Dyea a Dŵr Halen.

Perrault portait des dépêches encore plus urgentes qu'auparavant.

Cludodd Perrault anfonebau hyd yn oed yn fwy brys nag o'r blaen.

Il était également saisi par la fierté du sentier et avait pour objectif d'établir un record.

Cafodd ei gipio gan falchder llwybr hefyd a'i anelu at osod record.

Cette fois, plusieurs avantages étaient du côté de Perrault.

Y tro hwn, roedd sawl mantais ar ochr Perrault.

Les chiens s'étaient reposés pendant une semaine entière et avaient repris des forces.

Roedd y cŵn wedi gorffwys am wythnos gyfan ac wedi adennill eu cryfder.

Le sentier qu'ils avaient ouvert était maintenant damé par d'autres.

Roedd y llwybr yr oeddent wedi'i dorri bellach wedi'i bacio'n galed gan eraill.

À certains endroits, la police avait stocké de la nourriture pour les chiens et les hommes.

Mewn mannau, roedd yr heddlu wedi storio bwyd i gŵn a dynion fel ei gilydd.

Perrault voyageait léger, se déplaçait rapidement et n'avait pas grand-chose pour l'alourdir.
Teithiodd Perrault yn ysgafn, gan symud yn gyflym heb fawr ddim i'w bwyso i lawr.
Ils ont atteint Sixty-Mile, une course de cinquante milles, dès la première nuit.
Cyrhaeddon nhw Sixty-Mile, rhediad o bum deg milltir, erbyn y noson gyntaf.
Le deuxième jour, ils se sont précipités sur le Yukon en direction de Pelly.
Ar yr ail ddiwrnod, fe wnaethon nhw ruthro i fyny afon Yukon tuag at Pelly.
Mais ces beaux progrès ont été accompagnés de beaucoup de difficultés pour François.
Ond daeth cynnydd mor dda â llawer o straen i François.
La rébellion silencieuse de Buck avait brisé la discipline de l'équipe.
Roedd gwrthryfel tawel Buck wedi chwalu disgyblaeth y tîm.
Ils ne se rassemblaient plus comme une seule bête dans les rênes.
Nid oeddent bellach yn tynnu at ei gilydd fel un bwystfil yn yr awenau.
Buck avait conduit d'autres personnes à la défiance par son exemple audacieux.
Roedd Buck wedi arwain eraill i herfeiddiad trwy ei esiampl feiddgar.
L'ordre de Spitz n'a plus été accueilli avec crainte ou respect.
Ni chafodd gorchymyn Spitz ei gyfarfod â ofn na pharch mwyach.
Les autres ont perdu leur respect pour lui et ont osé résister à son règne.
Collodd y lleill eu parch tuag ato a meiddiodd wrthsefyll ei reolaeth.
Une nuit, Pike a volé la moitié d'un poisson et l'a mangé sous les yeux de Buck.
Un noson, lladratodd Pike hanner pysgodyn a'i fwyta o dan lygad Buck.

Une autre nuit, Dub et Joe se sont battus contre Spitz et sont restés impunis.
Noson arall, ymladdodd Dub a Joe â Spitz ac aethant heb eu cosbi.
Même Billee gémissait moins doucement et montrait une nouvelle vivacité.
Roedd hyd yn oed Billee yn cwyno'n llai melys a dangosodd finiogrwydd newydd.
Buck grognait sur Spitz à chaque fois qu'ils se croisaient.
Byddai Buck yn gwingo ar Spitz bob tro bydden nhw'n croesi llwybrau.
L'attitude de Buck devint audacieuse et menaçante, presque comme celle d'un tyran.
Tyfodd agwedd Buck yn feiddgar ac yn fygythiol, bron fel bwli.
Il marchait devant Spitz avec une démarche assurée, pleine de menace moqueuse.
Cerddodd o flaen Spitz gyda braw, yn llawn bygythiad gwatwarus.
Cet effondrement de l'ordre s'est également propagé parmi les chiens de traîneau.
Lledaenodd y cwymp trefn hwnnw ymhlith y cŵn sled hefyd.
Ils se battaient et se disputaient plus que jamais, remplissant le camp de bruit.
Fe wnaethon nhw ymladd a dadlau mwy nag erioed, gan lenwi'r gwersyll â sŵn.
La vie au camp se transformait chaque nuit en un chaos sauvage et hurlant.
Trodd bywyd y gwersyll yn anhrefn gwyllt, udo bob nos.
Seuls Dave et Solleks sont restés stables et concentrés.
Dim ond Dave a Solleks arhosodd yn gyson ac yn ffocws.
Mais même eux sont devenus colériques à cause des bagarres incessantes.
Ond hyd yn oed nhw a ddaeth yn fyr eu tymer oherwydd yr ymladd cyson.
François jurait dans des langues étranges et piétinait de frustration.

Melltithiodd François mewn ieithoedd dieithr a sathrodd mewn rhwystredigaeth.

Il s'arrachait les cheveux et criait tandis que la neige volait sous ses pieds.

Rhwygodd ei wallt a gweiddi tra bod eira'n hedfan dan draed.

Son fouet claqua sur le groupe, mais parvint à peine à les maintenir en ligne.

Crynhaodd ei chwip ar draws y pecyn ond prin y cadwodd nhw yn y llinell.

Chaque fois qu'il tournait le dos, les combats reprenaient.

Pryd bynnag y trodd ei gefn, byddai'r ymladd yn dechrau eto.

François a utilisé le fouet pour Spitz, tandis que Buck a dirigé les rebelles.

Defnyddiodd François y chwipiad i Spitz, tra bod Buck yn arwain y gwrthryfelwyr.

Chacun connaissait le rôle de l'autre, mais Buck évitait tout blâme.

Roedd pob un yn gwybod rôl y llall, ond roedd Buck yn osgoi unrhyw fai.

François n'a jamais surpris Buck en train de provoquer une bagarre ou de se dérober à son travail.

Ni ddaliodd François Buck erioed yn dechrau ymladd nac yn osgoi ei swydd.

Buck travaillait dur sous le harnais – le travail lui faisait désormais vibrer l'esprit.

Gweithiodd Buck yn galed mewn harnais—roedd y llafur bellach yn cyffroi ei ysbryd.

Mais il trouvait encore plus de joie à provoquer des bagarres et du chaos dans le camp.

Ond cafodd hyd yn oed mwy o lawenydd wrth ysgogi ymladd ac anhrefn yn y gwersyll.

Un soir, à l'embouchure du Tahkeena, Dub fit sursauter un lapin.

Wrth geg y Tahkeena un noson, dychrynodd Dub gwningen.

Il a raté la prise et le lièvre d'Amérique s'est enfui.

Collodd y dalfa, a neidiodd y gwningen esgidiau eira i ffwrdd.

En quelques secondes, toute l'équipe de traîneau s'est lancée à sa poursuite en poussant des cris sauvages.
Mewn eiliadau, rhoddodd y tîm sled cyfan ar eu hôl gyda sgrechiadau gwyllt.
À proximité, un camp de la police du Nord-Ouest abritait une cinquantaine de chiens huskys.
Gerllaw, roedd gwersyll Heddlu'r Gogledd-orllewin yn gartref i hanner cant o gŵn husky.
Ils se sont joints à la chasse, descendant ensemble la rivière gelée.
Ymunon nhw â'r helfa, gan lifo i lawr yr afon rewllyd gyda'i gilydd.
Le lapin a quitté la rivière et s'est enfui dans le lit d'un ruisseau gelé.
Trodd y gwningen oddi ar yr afon, gan ffoi i fyny gwely nant wedi rhewi.
Le lapin sautait légèrement sur la neige tandis que les chiens peinaient à se frayer un chemin.
Neidiodd y gwningen yn ysgafn dros yr eira tra bod y cŵn yn ymdrechu drwodd.
Buck menait l'énorme meute de soixante chiens dans chaque virage sinueux.
Arweiniodd Buck y criw enfawr o drigain o gŵn o amgylch pob tro troellog.
Il avança, bas et impatient, mais ne put gagner du terrain.
Gwthiodd ymlaen, yn isel ac yn awyddus, ond ni allai ennill tir.
Son corps brillait sous la lune pâle à chaque saut puissant.
Fflachiodd ei gorff o dan y lleuad welw gyda phob naid bwerus.
Devant, le lapin se déplaçait comme un fantôme, silencieux et trop rapide pour être attrapé.
O'i flaen, symudodd y gwningen fel ysbryd, yn dawel ac yn rhy gyflym i'w ddal.
Tous ces vieux instincts – la faim, le frisson – envahirent Buck.

Rhuthrodd yr holl hen reddfau hynny — y newyn, y wefr — trwy Buck.

Les humains ressentent parfois cet instinct et sont poussés à chasser avec une arme à feu et des balles.

Mae bodau dynol yn teimlo'r reddf hon ar brydiau, wedi'u gyrru i hela gyda gwn a bwled.

Mais Buck ressentait ce sentiment à un niveau plus profond et plus personnel.

Ond roedd Buck yn teimlo'r teimlad hwn ar lefel ddyfnach a mwy personol.

Ils ne pouvaient pas ressentir la nature sauvage dans leur sang comme Buck pouvait la ressentir.

Ni allent deimlo'r gwyllt yn eu gwaed fel y gallai Buck ei deimlo.

Il chassait la viande vivante, prêt à tuer avec ses dents et à goûter le sang.

Roedd yn erlid cig byw, yn barod i ladd â'i ddannedd a blasu gwaed.

Son corps se tendait de joie, voulant se baigner dans la vie rouge et chaude.

Roedd ei gorff yn straenio gan lawenydd, eisiau ymdrochi mewn bywyd coch cynnes.

Une joie étrange marque le point le plus élevé que la vie puisse atteindre.

Mae llawenydd rhyfedd yn nodi'r pwynt uchaf y gall bywyd ei gyrraedd erioed.

La sensation d'un pic où les vivants oublient même qu'ils sont en vie.

Y teimlad o uchafbwynt lle mae'r byw yn anghofio eu bod nhw hyd yn oed yn fyw.

Cette joie profonde touche l'artiste perdu dans une inspiration fulgurante.

Mae'r llawenydd dwfn hwn yn cyffwrdd â'r artist sydd ar goll mewn ysbrydoliaeth danbaid.

Cette joie saisit le soldat qui se bat avec acharnement et n'épargne aucun ennemi.

Mae'r llawenydd hwn yn gafael yn y milwr sy'n ymladd yn wyllt ac nad yw'n arbed unrhyw elyn.

Cette joie s'empara alors de Buck alors qu'il menait la meute dans une faim primitive.

Hawliodd y llawenydd hwn Buck nawr wrth iddo arwain y pecyn mewn newyn cyntefig.

Il hurla avec le cri ancien du loup, ravi par la chasse vivante.

Udodd gyda chri'r blaidd hynafol, wedi'i gyffroi gan yr helfa fyw.

Buck a puisé dans la partie la plus ancienne de lui-même, perdue dans la nature.

Tapiodd Buck i mewn i'r rhan hynaf ohono'i hun, ar goll yn y gwyllt.

Il a puisé au plus profond de lui-même, au-delà de la mémoire, dans le temps brut et ancien.

Cyrhaeddodd yn ddwfn i'w fewn, atgofion y gorffennol, i amser crai, hynafol.

Une vague de vie pure a traversé chaque muscle et chaque tendon.

Llifodd ton o fywyd pur trwy bob cyhyr a thendon.

Chaque saut criait qu'il vivait, qu'il traversait la mort.

Gwaeddodd pob naid ei fod wedi byw, ei fod wedi symud trwy farwolaeth.

Son corps s'élevait joyeusement au-dessus d'une terre calme et froide qui ne bougeait jamais.

Hedfanodd ei gorff yn llawen dros dir llonydd, oer nad oedd byth yn symud.

Spitz est resté froid et rusé, même dans ses moments les plus fous.

Arhosodd Spitz yn oer ac yn gyfrwys, hyd yn oed yn ei eiliadau mwyaf gwyllt.

Il quitta le sentier et traversa un terrain où le ruisseau formait une large courbe.

Gadawodd y llwybr a chroesi tir lle'r oedd y nant yn troi'n llydan.

Buck, inconscient de cela, resta sur le chemin sinueux du lapin.

Arhosodd Buck, heb fod yn ymwybodol o hyn, ar lwybr troellog y gwningen.

Puis, alors que Buck tournait un virage, le lapin fantomatique était devant lui.

Yna, wrth i Buck droi tro, roedd y gwningen debyg i ysbryd o'i flaen.

Il vit une deuxième silhouette sauter de la berge devant la proie.

Gwelodd ail ffigur yn neidio o'r lan o flaen yr ysglyfaeth.

La silhouette était celle d'un Spitz, atterrissant juste sur le chemin du lapin en fuite.

Spitz oedd y ffigur, yn glanio yn union yn llwybr y gwningen oedd yn ffoi.

Le lapin ne pouvait pas se retourner et a rencontré les mâchoires de Spitz en plein vol.

Ni allai'r gwningen droi a chyfarfu â genau Spitz yng nghanol yr awyr.

La colonne vertébrale du lapin se brisa avec un cri aussi aigu que le cri d'un humain mourant.

Torrodd asgwrn cefn y gwningen gyda sgrech mor finiog â chri bod dynol yn marw.

À ce bruit – la chute de la vie à la mort – la meute hurla fort.

Wrth y sŵn hwnnw —y cwymp o fywyd i farwolaeth— udodd y pecyn yn uchel.

Un chœur sauvage s'éleva derrière Buck, plein de joie sombre.

Cododd côr gwyllt o y tu ôl i Buck, yn llawn hyfrydwch tywyll.

Buck n'a émis aucun cri, aucun son, et a chargé directement Spitz.

Ni roddodd Buck unrhyw waedd, dim sain, a rhuthrodd yn syth i Spitz.

Il a visé la gorge, mais a touché l'épaule à la place.

Anelodd at y gwddf, ond trawodd yr ysgwydd yn lle hynny.

Ils dégringolèrent dans la neige molle, leurs corps bloqués dans le combat.

Fe syrthiasant drwy eira meddal; eu cyrff wedi'u cloi mewn brwydr.

Spitz se releva rapidement, comme s'il n'avait jamais été renversé.

Neidiodd Spitz i fyny'n gyflym, fel pe na bai erioed wedi'i daro i lawr o gwbl.

Il a entaillé l'épaule de Buck, puis s'est éloigné du combat.

Torrodd ysgwydd Buck, yna neidiodd i ffwrdd o'r frwydr.

À deux reprises, ses dents claquèrent comme des pièges en acier, ses lèvres se retroussèrent et devinrent féroces.

Ddwywaith torrodd ei ddannedd fel trapiau dur, ei wefusau'n cyrliog ac yn ffyrnig.

Il recula lentement, cherchant un sol ferme sous ses pieds.

Ciliodd yn araf, gan chwilio am dir cadarn dan ei draed.

Buck a compris le moment instantanément et pleinement.

Deallodd Buck y foment ar unwaith ac yn llwyr.

Le moment était venu ; le combat allait être un combat à mort.

Roedd yr amser wedi dod; roedd yr ymladd yn mynd i fod yn ymladd hyd at farwolaeth.

Les deux chiens tournaient en rond, grognant, les oreilles plates, les yeux plissés.

Cylchodd y ddau gi, yn grwgnach, clustiau'n fflat, llygaid wedi'u culhau.

Chaque chien attendait que l'autre montre une faiblesse ou fasse un faux pas.

Roedd pob ci yn aros i'r llall ddangos gwendid neu gamgymeriad.

Pour Buck, la scène semblait étrangement connue et profondément ancrée dans ses souvenirs.

I Buck, roedd yr olygfa'n teimlo'n adnabyddus yn rhyfeddol ac yn cael ei chofio'n ddwfn.

Les bois blancs, la terre froide, la bataille au clair de lune.

Y coed gwyn, y ddaear oer, y frwydr dan y lleuad.

Un silence pesant emplissait le pays, profond et contre nature.

Llenwodd distawrwydd trwm y tir, yn ddwfn ac yn annaturiol.

Aucun vent ne soufflait, aucune feuille ne bougeait, aucun bruit ne brisait le silence.

Ni chyffroodd gwynt, ni symudodd dail, ni thorrodd sŵn y llonyddwch.

Le souffle des chiens s'élevait comme de la fumée dans l'air glacial et calme.

Cododd anadliadau'r cŵn fel mwg yn yr awyr rewedig, dawel.

Le lapin a été depuis longtemps oublié par la meute de bêtes sauvages.

Anghofiwyd y gwningen ers tro gan y haid o anifeiliaid gwyllt.

Ces loups à moitié apprivoisés se tenaient maintenant immobiles dans un large cercle.

Roedd y bleiddiaid hanner-dof hyn bellach yn sefyll yn llonydd mewn cylch eang.

Ils étaient silencieux, seuls leurs yeux brillants révélaient leur faim.

Roedden nhw'n dawel, dim ond eu llygaid disglair a ddatgelodd eu newyn.

Leur souffle s'éleva, regardant le combat final commencer.

Drifftiodd eu hanadl i fyny, gan wylio'r frwydr olaf yn dechrau.

Pour Buck, cette bataille était ancienne et attendue, pas du tout étrange.

I Buck, roedd y frwydr hon yn hen ac yn ddisgwyliedig, ddim yn rhyfedd o gwbl.

C'était comme un souvenir de quelque chose qui devait arriver depuis toujours.

Roedd yn teimlo fel atgof o rywbeth a oedd i fod i ddigwydd erioed.

Le Spitz était un chien de combat entraîné, affiné par d'innombrables bagarres sauvages.

Ci ymladd hyfforddedig oedd Spitz, wedi'i hogi gan ymladdfeydd gwyllt dirifedi.

Du Spitzberg au Canada, il a vaincu de nombreux ennemis.
O Spitzbergen i Ganada, roedd wedi gorchfygu llawer o elynion.
Il était rempli de fureur, mais n'a jamais cédé au contrôle de la rage.
Roedd yn llawn cynddaredd, ond ni roddodd reolaeth erioed i'w gynddaredd.
Sa passion était vive, mais toujours tempérée par un instinct dur.
Roedd ei angerdd yn finiog, ond bob amser wedi'i dymheru gan reddf galed.
Il n'a jamais attaqué jusqu'à ce que sa propre défense soit en place.
Ni ymosododd erioed nes bod ei amddiffyniad ei hun yn ei le.
Buck a essayé encore et encore d'atteindre le cou vulnérable de Spitz.
Ceisiodd Buck dro ar ôl tro gyrraedd gwddf bregus Spitz.
Mais chaque coup était accueilli par un coup des dents acérées de Spitz.
Ond cafodd pob ergyd ei hatal gan ddannedd miniog Spitz.
Leurs crocs se sont heurtés et les deux chiens ont saigné de leurs lèvres déchirées.
Gwrthdarodd eu dannedd, a gwaedodd y ddau gi o wefusau wedi'u rhwygo.
Peu importe comment Buck s'est lancé, il n'a pas pu briser la défense.
Ni waeth faint y rhuthrodd Buck, ni allai dorri'r amddiffyniad.
Il devint de plus en plus furieux, se précipitant avec des explosions de puissance sauvages.
Tyfodd yn fwy cynddeiriog, gan ruthro i mewn gyda ffrwydradau gwyllt o rym.
À maintes reprises, Buck frappait la gorge blanche du Spitz.
Dro ar ôl tro, trawodd Buck am wddf gwyn Spitz.
À chaque fois, Spitz esquivait et riposta avec une morsure tranchante.
Bob tro roedd Spitz yn osgoi ac yn taro'n ôl gyda brathiad sleisio.

Buck changea alors de tactique, se précipitant à nouveau comme pour atteindre la gorge.
Yna newidiodd Buck ei dactegau, gan ruthro fel pe bai am y gwddf eto.
Mais il s'est retiré au milieu de l'attaque, se tournant pour frapper sur le côté.
Ond fe dynnodd yn ôl yng nghanol ymosodiad, gan droi i ymosod o'r ochr.
Il a lancé son épaule sur Spitz, dans le but de le faire tomber.
Taflodd ei ysgwydd i Spitz, gan anelu at ei daro i lawr.
À chaque fois qu'il essayait, Spitz esquivait et ripostait avec une frappe.
Bob tro y ceisiodd, byddai Spitz yn osgoi ac yn gwrthweithio gyda slaes.
L'épaule de Buck était à vif alors que Spitz s'écartait après chaque coup.
Aeth ysgwydd Buck yn amrwd wrth i Spitz neidio'n glir ar ôl pob ergyd.
Spitz n'avait pas été touché, tandis que Buck saignait de nombreuses blessures.
Nid oedd Spitz wedi cael ei gyffwrdd, tra bod Buck yn gwaedu o lawer o glwyfau.
La respiration de Buck était rapide et lourde, son corps était couvert de sang.
Daeth anadl Buck yn gyflym ac yn drwm, ei gorff yn llithrig â gwaed.
Le combat devenait plus brutal à chaque morsure et à chaque charge.
Trodd yr ymladd yn fwy creulon gyda phob brathiad a gwefr.
Autour d'eux, soixante chiens silencieux attendaient le premier à tomber.
O'u cwmpas, roedd chwe deg o gŵn tawel yn aros i'r cyntaf syrthio.
Si un chien tombait, la meute allait mettre fin au combat.
Pe bai un ci yn cwympo, byddai'r heid yn gorffen yr ymladd.
Spitz vit Buck faiblir et commença à attaquer.

Gwelodd Spitz Buck yn gwanhau, a dechreuodd bwyso ar yr ymosodiad.

Il a maintenu Buck en déséquilibre, le forçant à lutter pour garder pied.

Cadwodd Buck allan o gydbwysedd, gan ei orfodi i ymladd am ei droedle.

Un jour, Buck trébucha et tomba, et tous les chiens se relevèrent.

Unwaith, baglodd Buck a syrthiodd, a chododd yr holl gŵn i fyny.

Mais Buck s'est redressé au milieu de sa chute, et tout le monde s'est affalé.

Ond unionodd Buck ei hun yng nghanol y cwymp, a suddodd pawb yn ôl i lawr.

Buck avait quelque chose de rare : une imagination née d'un instinct profond.

Roedd gan Buck rywbeth prin—dychymyg wedi'i eni o reddf ddofn.

Il combattait par instinct naturel, mais aussi par ruse.

Ymladdodd trwy ysgogiad naturiol, ond ymladdodd hefyd â chyfrwystra.

Il chargea à nouveau comme s'il répétait son tour d'attaque à l'épaule.

Ymosododd eto fel pe bai'n ailadrodd ei dric ymosod ar ei ysgwydd.

Mais à la dernière seconde, il s'est laissé tomber et a balayé Spitz.

Ond ar yr eiliad olaf, gostyngodd yn isel a sgubo o dan Spitz.

Ses dents se sont bloquées sur la patte avant gauche de Spitz avec un claquement.

Clodd ei ddannedd ar goes chwith flaen Spitz gyda chlec.

Spitz était maintenant instable, son poids reposant sur seulement trois pattes.

Safodd Spitz yn ansicr nawr, ei bwysau ar dair coes yn unig.

Buck frappa à nouveau, essaya trois fois de le faire tomber.

Tarodd Buck eto, a cheisiodd dair gwaith ei daflu i lawr.

À la quatrième tentative, il a utilisé le même mouvement avec succès.
Ar y bedwaredd ymgais defnyddiodd yr un symudiad yn llwyddiannus.
Cette fois, Buck a réussi à mordre la jambe droite du Spitz.
Y tro hwn llwyddodd Buck i frathu coes dde Spitz.
Spitz, bien que paralysé et souffrant, continuait à lutter pour survivre.
Er ei fod yn anabl ac mewn poen ofnadwy, parhaodd Spitz i frwydro i oroesi.
Il vit le cercle de huskies se resserrer, la langue tirée, les yeux brillants.
Gwelodd gylch yr hysgi yn tynhau, eu tafodau allan, eu llygaid yn tywynnu.
Ils attendaient de le dévorer, comme ils l'avaient fait pour les autres.
Fe wnaethon nhw aros i'w ddifa, yn union fel yr oedden nhw wedi'i wneud i eraill.
Cette fois, il se tenait au centre, vaincu et condamné.
Y tro hwn, safodd yn y canol; wedi'i drechu a'i dynghedu.
Le chien blanc n'avait désormais plus aucune possibilité de s'échapper.
Doedd dim opsiwn i'r ci gwyn ddianc nawr.
Buck n'a montré aucune pitié, car la pitié n'avait pas sa place dans la nature.
Ni ddangosodd Buck unrhyw drugaredd, oherwydd nid oedd trugaredd yn perthyn i'r gwyllt.
Buck se déplaçait prudemment, se préparant à la charge finale.
Symudodd Buck yn ofalus, gan baratoi ar gyfer yr ymosodiad olaf.
Le cercle des huskies se referma ; il sentit leur souffle chaud.
Caeodd cylch y cŵn husg i mewn; teimlodd eu hanadl gynnes.
Ils s'accroupirent, prêts à bondir lorsque le moment viendrait.
Plygasant yn isel, yn barod i neidio pan ddeuai'r foment.

Spitz tremblait dans la neige, grognant et changeant de position.
Crynodd Spitz yn yr eira, gan grwgnach a newid ei ystum.
Ses yeux brillaient, ses lèvres se courbaient, ses dents brillaient dans une menace désespérée.
Roedd ei lygaid yn disgleirio, ei wefusau'n cyrlio, ei ddannedd yn fflachio mewn bygythiad anobeithiol.
Il tituba, essayant toujours de résister à la morsure froide de la mort.
Stagiodd, yn dal i geisio atal brathiad oer marwolaeth.
Il avait déjà vu cela auparavant, mais toujours du côté des gagnants.
Roedd wedi gweld hyn o'r blaen, ond bob amser o'r ochr fuddugol.
Il était désormais du côté des perdants, des vaincus, de la proie, de la mort.
Nawr roedd ar yr ochr goll; y trechedig; yr ysglyfaeth; marwolaeth.
Buck tourna en rond pour porter le coup final, le cercle de chiens se rapprochant.
Cylchodd Buck am yr ergyd olaf, a gwasgodd y cylch o gŵn yn nes.
Il pouvait sentir leur souffle chaud, prêt à tuer.
Gallai deimlo eu hanadl boeth; yn barod i'w lladd.
Un silence s'installa ; tout était à sa place ; le temps s'était arrêté.
Daeth llonyddwch; roedd popeth yn ei le; roedd amser wedi stopio.
Même l'air froid entre eux se figea un dernier instant.
Rhewodd hyd yn oed yr aer oer rhyngddynt am un eiliad olaf.
Seul Spitz bougea, essayant de retenir sa fin amère.
Dim ond Spitz a symudodd, gan geisio atal ei ddiwedd chwerw.
Le cercle des chiens se refermait autour de lui, comme l'était son destin.
Roedd cylch y cŵn yn cau o'i gwmpas, fel yr oedd ei dynged.
Il était désespéré maintenant, sachant ce qui allait se passer.

Roedd mewn anobaith nawr, gan wybod beth oedd ar fin digwydd.

Buck bondit, épaule contre épaule une dernière fois.

Neidiodd Buck i mewn, ysgwydd wrth ysgwydd am y tro olaf.

Les chiens se sont précipités en avant, couvrant Spitz dans l'obscurité neigeuse.

Rhuthrodd y cŵn ymlaen, gan orchuddio Spitz yn y tywyllwch eiraog.

Buck regardait, debout, le vainqueur dans un monde sauvage.

Gwyliodd Buck, yn sefyll yn dal; y buddugwr mewn byd gwyllt.

La bête primordiale dominante avait fait sa proie, et c'était bien.

Roedd y bwystfil cyntefig dominyddol wedi gwneud ei laddfa, ac roedd yn dda.

Celui qui a gagné la maîtrise
Efe, yr hwn sydd wedi ennill i feistrolaeth

« Hein ? Qu'est-ce que j'ai dit ? Je dis vrai quand je dis que Buck est un démon. »
"E? Beth ddywedais i? Rwy'n dweud y gwir pan ddywedaf fod Buck yn ddiawl."

François a dit cela le lendemain matin après avoir constaté la disparition de Spitz.
Dywedodd François hyn y bore canlynol ar ôl canfod Spitz ar goll.

Buck se tenait là, couvert de blessures dues au combat acharné.
Safodd Buck yno, wedi'i orchuddio â chlwyfau o'r frwydr greulon.

François tira Buck près du feu et lui montra les blessures.
Tynnodd François Buck yn agos at y tân a phwyntio at yr anafiadau.

« Ce Spitz s'est battu comme le Devik », dit Perrault en observant les profondes entailles.
"Ymladdodd y Spitz yna fel y Devik," meddai Perrault, gan syllu ar y clwyfau dwfn.

« Et ce Buck s'est battu comme deux diables », répondit aussitôt François.
"Ac ymladdodd Buck fel dau ddiawl," atebodd François ar unwaith.

« Maintenant, nous allons faire du bon temps ; plus de Spitz, plus de problèmes. »
"Nawr byddwn ni'n gwneud amser da; dim mwy o Spitz, dim mwy o drafferth."

Perrault préparait le matériel et chargeait le traîneau avec soin.
Roedd Perrault yn pacio'r offer ac yn llwytho'r sled yn ofalus.

François a attelé les chiens en prévision de la course du jour.
Harneisiodd François y cŵn i baratoi ar gyfer rhediad y dydd.

Buck a trotté directement vers la position de tête autrefois détenue par Spitz.

Trotiodd Buck yn syth i'r safle blaenllaw a oedd unwaith yn nwylo Spitz.

Mais François, sans s'en apercevoir, conduisit Solleks vers l'avant.

Ond François, heb sylwi, arweiniodd Solleks ymlaen i'r blaen.

Aux yeux de François, Solleks était désormais le meilleur chien de tête.

Ym marn François, Solleks oedd y ci arweiniol gorau bellach.

Buck se jeta sur Solleks avec fureur et le repoussa en signe de protestation.

Neidiodd Buck at Solleks mewn cynddaredd a'i yrru'n ôl mewn protest.

Il se tenait là où Spitz s'était autrefois tenu, revendiquant la position de leader.

Safodd lle roedd Spitz wedi sefyll ar un adeg, gan hawlio'r safle blaenllaw.

« Hein ? Hein ? » s'écria François en se frappant les cuisses d'un air amusé.

"E? E?" gwaeddodd François, gan slapio'i gluniau mewn difyrrwch.

« Regardez Buck, il a tué Spitz, et maintenant il veut prendre le poste ! »

"Edrychwch ar Buck—lladdodd Spitz, nawr mae eisiau cymryd y swydd!"

« Va-t'en, Chook ! » cria-t-il, essayant de chasser Buck.

"Dos i ffwrdd, Chook!" gwaeddodd, gan geisio gyrru Buck i ffwrdd.

Mais Buck refusa de bouger et resta ferme dans la neige.

Ond gwrthododd Buck symud a safodd yn gadarn yn yr eira.

François attrapa Buck par la peau du cou et le tira sur le côté.

Gafaelodd François yn ei ysgwydd Buck, gan ei lusgo i'r ochr.

Buck grogna bas et menaçant mais n'attaqua pas.

Grwgnachodd Buck yn isel ac yn fygythiol ond ni ymosododd.

François a remis Solleks en tête, tentant de régler le différend

Rhoddodd François Solleks yn ôl ar y blaen, gan geisio datrys yr anghydfod.

Le vieux chien avait peur de Buck et ne voulait pas rester.

Dangosodd yr hen gi ofn Buck ac nid oedd am aros.

Quand François lui tourna le dos, Buck chassa à nouveau Solleks.

Pan drodd François ei gefn, gyrrodd Buck Solleks allan eto.

Solleks n'a pas résisté et s'est discrètement écarté une fois de plus.

Ni wrthwynebodd Solleks a chamodd o'r neilltu'n dawel unwaith eto.

François s'est mis en colère et a crié : « Par Dieu, je te répare ! »

Daeth François yn flin a gweiddi, "Wrth Dduw, dw i'n dy drwsio di!"

Il s'approcha de Buck en tenant une lourde massue à la main.

Daeth tuag at Buck gan ddal clwb trwm yn ei law.

Buck se souvenait bien de l'homme au pull rouge.

Roedd Buck yn cofio'r dyn yn y siwmper goch yn dda.

Il recula lentement, observant François, mais grognant profondément.

Ciliodd yn araf, gan gwylio François, ond yn grwgnach yn ddwfn.

Il ne s'est pas précipité en arrière, même lorsque Solleks s'est levé à sa place.

Ni frysiodd yn ôl, hyd yn oed pan safodd Solleks yn ei le.

Buck tourna en rond juste hors de portée, grognant de fureur et de protestation.

Cylchodd Buck ychydig y tu hwnt i gyrraedd, gan gwingo mewn cynddaredd a phrotest.

Il gardait les yeux fixés sur le gourdin, prêt à esquiver si François lançait.

Cadwodd ei lygaid ar y clwb, yn barod i osgoi pe bai François yn taflu.

Il était devenu sage et prudent quant aux manières des hommes armés.

Roedd wedi tyfu'n ddoeth ac yn wyliadwrus yn ffyrdd dynion ag arfau.

François abandonna et rappela Buck à son ancienne place.
Rhoddodd François y gorau iddi a galwodd Buck i'w hen le eto.

Mais Buck recula prudemment, refusant d'obéir à l'ordre.
Ond camodd Buck yn ôl yn ofalus, gan wrthod ufuddhau i'r gorchymyn.

François le suivit, mais Buck ne recula que de quelques pas supplémentaires.
Dilynodd François, ond dim ond ychydig gamau pellach a giliai Buck.

Après un certain temps, François jeta l'arme par frustration.
Ar ôl peth amser, taflodd François yr arf i lawr mewn rhwystredigaeth.

Il pensait que Buck craignait d'être battu et qu'il allait venir tranquillement.
Roedd yn meddwl bod Buck yn ofni cael ei guro ac roedd yn mynd i ddod yn dawel.

Mais Buck n'évitait pas la punition : il se battait pour son rang.
Ond nid oedd Buck yn osgoi cosb—roedd yn ymladd am reng.

Il avait gagné la place de chien de tête grâce à un combat à mort.
Roedd wedi ennill y lle fel ci arweiniol trwy ymladd hyd farwolaeth

il n'allait pas se contenter de moins que d'être le leader.
nid oedd yn mynd i setlo am unrhyw beth llai na bod yn arweinydd.

Perrault a participé à la poursuite pour aider à attraper le Buck rebelle.
Cymerodd Perrault ran yn yr helfa i helpu i ddal y Buck gwrthryfelgar.

Ensemble, ils l'ont fait courir dans le camp pendant près d'une heure.

Gyda'i gilydd, fe'i rhedegon nhw o amgylch y gwersyll am bron i awr.

Ils lui lancèrent des coups de massue, mais Buck les esquiva habilement.

Fe wnaethon nhw daflu clybiau ato, ond osgoiodd Buck bob un yn fedrus.

Ils l'ont maudit, lui, ses ancêtres, ses descendants et chaque cheveu de sa personne.

Melltithiasant ef, ei hynafiaid, ei ddisgynyddion, a phob gwallt arno.

Mais Buck se contenta de gronder en retour et resta hors de leur portée.

Ond dim ond gwingo'n ôl a wnaeth Buck ac arhosodd ychydig allan o'u cyrraedd.

Il n'a jamais essayé de s'enfuir mais a délibérément tourné autour du camp.

Ni cheisiodd byth redeg i ffwrdd ond cylchodd y gwersyll yn fwriadol.

Il a clairement fait savoir qu'il obéirait une fois qu'ils lui auraient donné ce qu'il voulait.

Gwnaeth yn glir ei fod yn mynd i ufuddhau unwaith y byddent yn rhoi iddo yr hyn yr oedd ei eisiau.

François s'est finalement assis et s'est gratté la tête avec frustration.

O'r diwedd, eisteddodd François i lawr a chrafu ei ben mewn rhwystredigaeth.

Perrault consulta sa montre, jura et marmonna à propos du temps perdu.

Edrychodd Perrault ar ei oriawr, rhegodd, a sibrydodd am amser coll.

Une heure s'était déjà écoulée alors qu'ils auraient dû être sur la piste.

Roedd awr eisoes wedi mynd heibio pan ddylent fod wedi bod ar y llwybr.

François haussa les épaules d'un air penaud en direction du coursier, qui soupira de défaite.

Cododd François ei ysgwyddau'n swil at y negesydd, a ochneidiodd mewn trechu.

François se dirigea alors vers Solleks et appela Buck une fois de plus.

Yna cerddodd François at Solleks a galwodd ar Buck unwaith eto.

Buck rit comme rit un chien, mais garda une distance prudente.

Chwarddodd Buck fel chwerthin ci, ond cadwodd ei bellter gofalus.

François retira le harnais de Solleks et le remit à sa place.

Tynnodd François harnais Solleks a'i ddychwelyd i'w fan.

L'équipe de traîneau était entièrement harnachée, avec seulement une place libre.

Roedd tîm y slediau yn sefyll wedi'u harneisio'n llawn, gyda dim ond un lle gwag.

La position de tête est restée vide, clairement destinée à Buck seul.

Arhosodd y safle arweiniol yn wag, yn amlwg wedi'i fwriadu ar gyfer Buck yn unig.

François appela à nouveau, et à nouveau Buck rit et tint bon.

Galwodd François eto, ac unwaith eto chwarddodd Buck a dal ei dir.

« Jetez le gourdin », ordonna Perrault sans hésitation.

"Taflwch y clwb i lawr," gorchmynnodd Perrault heb betruso.

François obéit et Buck trotta immédiatement en avant, fièrement.

Ufuddhaodd François, a throtiodd Buck ymlaen yn falch ar unwaith.

Il rit triomphalement et prit la tête.

Chwarddodd yn fuddugoliaethus a chamodd i'r safle arwain.

François a sécurisé ses traces et le traîneau a été détaché.

Sicrhaodd François ei olion, a thorrwyd y sled yn rhydd.

Les deux hommes couraient côte à côte tandis que l'équipe s'engageait sur le sentier de la rivière.

Rhedodd y ddau ddyn ochr yn ochr wrth i'r tîm rasio ar lwybr yr afon.

François avait une haute opinion des « deux diables » de Buck,
Roedd gan François feddwl uchel o "ddau ddiawl" Buck,
mais il s'est vite rendu compte qu'il avait en fait sous-estimé le chien.
ond sylweddolodd yn fuan ei fod wedi tanamcangyfrif y ci mewn gwirionedd.
Buck a rapidement pris le leadership et a fait preuve d'excellence.
Cymerodd Buck arweinyddiaeth yn gyflym a pherfformiodd gyda rhagoriaeth.
En termes de jugement, de réflexion rapide et d'action, Buck a surpassé Spitz.
Mewn barn, meddwl cyflym, a gweithredu cyflym, rhagorodd Buck ar Spitz.
François n'avait jamais vu un chien égal à celui que Buck présentait maintenant.
Nid oedd François erioed wedi gweld ci cystal â'r hyn a ddangosai Buck nawr.
Mais Buck excellait vraiment dans l'art de faire respecter l'ordre et d'imposer le respect.
Ond roedd Buck yn rhagori'n wirioneddol wrth orfodi trefn a hawlio parch.
Dave et Solleks ont accepté le changement sans inquiétude ni protestation.
Derbyniodd Dave a Solleks y newid heb bryder na phrotest.
Ils se concentraient uniquement sur le travail et tiraient fort sur les rênes.
Dim ond ar waith a thynnu'n galed yn yr awenau yr oeddent yn canolbwyntio.
Peu leur importait de savoir qui menait, tant que le traîneau continuait d'avancer.
Doedden nhw ddim yn malio llawer pwy oedd yn arwain, cyn belled â bod y sled yn parhau i symud.
Billee, la joyeuse, aurait pu diriger pour autant qu'ils s'en soucient.

Gallai Billee, yr un llawen, fod wedi arwain er gwaethaf yr hyn a oedd o bwys iddyn nhw.

Ce qui comptait pour eux, c'était la paix et l'ordre dans les rangs.

Yr hyn oedd yn bwysig iddyn nhw oedd heddwch a threfn yn y rhengoedd.

Le reste de l'équipe était devenu indiscipliné pendant le déclin de Spitz.

Roedd gweddill y tîm wedi tyfu'n afreolus yn ystod dirywiad Spitz.

Ils furent choqués lorsque Buck les ramena immédiatement à l'ordre.

Cawsant sioc pan ddaeth Buck â nhw i drefn ar unwaith.

Pike avait toujours été paresseux et traînait les pieds derrière Buck.

Roedd Pike wedi bod yn ddiog erioed ac yn llusgo'i draed ar ôl Buck.

Mais maintenant, il a été sévèrement discipliné par la nouvelle direction.

Ond nawr cafodd ei ddisgyblu'n llym gan yr arweinyddiaeth newydd.

Et il a rapidement appris à faire sa part dans l'équipe.

Ac fe ddysgodd yn gyflym i dynnu ei bwysau yn y tîm.

À la fin de la journée, Pike avait travaillé plus dur que jamais.

Erbyn diwedd y dydd, roedd Pike wedi gweithio'n galetach nag erioed o'r blaen.

Cette nuit-là, au camp, Joe, le chien aigri, fut finalement maîtrisé.

Y noson honno yn y gwersyll, cafodd Joe, y ci sur, ei dawelu o'r diwedd.

Spitz n'avait pas réussi à le discipliner, mais Buck n'avait pas échoué.

Roedd Spitz wedi methu â'i ddisgyblu, ond ni fethodd Buck.

Grâce à son poids plus important, Buck a vaincu Joe en quelques secondes.

Gan ddefnyddio ei bwysau mwy, gorchfygodd Buck Joe mewn eiliadau.

Il a mordu et battu Joe jusqu'à ce qu'il gémisse et cesse de résister.

Brathodd a churo Joe nes iddo griddfan a rhoi'r gorau i wrthsefyll.

Toute l'équipe s'est améliorée à partir de ce moment-là.

Gwellodd y tîm cyfan o'r foment honno ymlaen.

Les chiens ont retrouvé leur ancienne unité et leur discipline.

Adferodd y cŵn eu hen undod a'u disgyblaeth.

À Rink Rapids, deux nouveaux huskies indigènes, Teek et Koona, nous ont rejoint.

Yn Rink Rapids, ymunodd dau huski brodorol newydd, Teek a Koona.

La rapidité avec laquelle Buck les dressa étonna même François.

Synnodd hyfforddiant cyflym Buck ohonyn nhw hyd yn oed François.

« Il n'y a jamais eu de chien comme ce Buck ! » s'écria-t-il avec stupéfaction.

"Ni fu erioed gi fel y Bwch yna!" gwaeddodd mewn syndod.

« Non, jamais ! Il vaut mille dollars, bon sang ! »

"Na, byth! Mae o werth mil o ddoleri, wrth Dduw!"

« Hein ? Qu'en dis-tu, Perrault ? » demanda-t-il avec fierté.

"E? Beth wyt ti'n ei ddweud, Perrault?" gofynnodd gyda balchder.

Perrault hocha la tête en signe d'accord et vérifia ses notes.

Nodiodd Perrault mewn cytundeb a gwiriodd ei nodiadau.

Nous sommes déjà en avance sur le calendrier et gagnons chaque jour davantage.

Rydym eisoes ar y blaen i'r amserlen ac yn ennill mwy bob dydd.

Le sentier était dur et lisse, sans neige fraîche.

Roedd y llwybr yn galed ac yn llyfn, heb unrhyw eira ffres.

Le froid était constant, oscillant autour de cinquante degrés en dessous de zéro.

Roedd yr oerfel yn gyson, yn hofran ar hanner cant islaw sero drwyddo draw.

Les hommes montaient et couraient à tour de rôle pour se réchauffer et gagner du temps.

Roedd y dynion yn marchogaeth ac yn rhedeg yn eu tro i gadw'n gynnes a gwneud amser.

Les chiens couraient vite avec peu d'arrêts, poussant toujours vers l'avant.

Rhedodd y cŵn yn gyflym heb fawr o stopiau, gan wthio ymlaen bob amser.

La rivière Thirty Mile était en grande partie gelée et facile à traverser.

Roedd Afon Thirty Mile wedi rhewi i raddau helaeth ac yn hawdd teithio ar ei chroesi.

Ils sont sortis en un jour, ce qui leur avait pris dix jours pour venir.

Aethant allan mewn un diwrnod yr hyn a gymerodd ddeng diwrnod i ddod i mewn.

Ils ont parcouru une distance de soixante milles du lac Le Barge jusqu'à White Horse.

Gwnaethon nhw ras o chwe deg milltir o Lyn Le Barge i White Horse.

À travers les lacs Marsh, Tagish et Bennett, ils se déplaçaient incroyablement vite.

Ar draws Llynnoedd Marsh, Tagish, a Bennett fe symudon nhw'n anhygoel o gyflym.

L'homme qui courait était tiré derrière le traîneau par une corde.

Roedd y dyn rhedeg yn tynnu y tu ôl i'r sled ar raff.

La dernière nuit de la deuxième semaine, ils sont arrivés à destination.

Ar noson olaf wythnos dau fe gyrhaeddon nhw eu cyrchfan.

Ils avaient atteint ensemble le sommet du col White.

Roedden nhw wedi cyrraedd copa Bwlch Gwyn gyda'i gilydd.

Ils sont descendus au niveau de la mer avec les lumières de Skaguay en dessous d'eux.

Fe wnaethon nhw ddisgyn i lawr i lefel y môr gyda goleuadau Skaguay oddi tanyn nhw.
Il s'agissait d'une course record à travers des kilomètres de nature froide et sauvage.
Roedd wedi bod yn rhediad a dorrodd record ar draws milltiroedd o anialwch oer.
Pendant quatorze jours d'affilée, ils ont parcouru en moyenne quarante miles.
Am bedwar diwrnod ar ddeg yn olynol, fe wnaethon nhw gyfartaledd o ddeugain milltir.
À Skaguay, Perrault et François transportaient des marchandises à travers la ville.
Yn Skaguay, symudodd Perrault a François gargo drwy'r dref.
Ils ont été acclamés et ont reçu de nombreuses boissons de la part d'une foule admirative.
Cawsant eu cymeradwyo a chynigiwyd llawer o ddiodydd iddynt gan dyrfaoedd edmygol.
Les chasseurs de chiens et les ouvriers se sont rassemblés autour du célèbre attelage de chiens.
Ymgasglodd diarddelwyr cŵn a gweithwyr o amgylch y tîm cŵn enwog.
Puis les hors-la-loi de l'Ouest arrivèrent en ville et subirent une violente défaite.
Yna daeth alltudion y gorllewin i'r dref a chael eu trechu'n dreisgar.
Les gens ont vite oublié l'équipe et se sont concentrés sur un nouveau drame.
Yn fuan iawn, anghofiodd y bobl y tîm a chanolbwyntio ar ddrama newydd.
Puis sont arrivées les nouvelles commandes qui ont tout changé d'un coup.
Yna daeth y gorchmynion newydd a newidiodd bopeth ar unwaith.
François appela Buck à lui et le serra dans ses bras avec une fierté larmoyante.
Galwodd François Buck ato a'i gofleidio â balchder dagreuol.
Ce moment fut la dernière fois que Buck revit François.

Dyna oedd y tro olaf i Buck weld François eto.

Comme beaucoup d'hommes avant eux, François et Perrault étaient tous deux partis.

Fel llawer o ddynion o'r blaen, roedd François a Perrault ill dau wedi mynd.

Un métis écossais a pris en charge Buck et ses coéquipiers de chiens de traîneau.

Cymerodd hanner brid Albanaidd reolaeth dros Buck a'i gyd-chwaraewyr cŵn sled.

Avec une douzaine d'autres équipes de chiens, ils sont retournés par le sentier jusqu'à Dawson.

Gyda dwsin o dimau cŵn eraill, dychwelasant ar hyd y llwybr i Dawson.

Ce n'était plus une course rapide, juste un travail pénible avec une lourde charge chaque jour.

Nid rhediad cyflym oedd hi bellach—dim ond llafur trwm gyda llwyth trwm bob dydd.

C'était le train postal qui apportait des nouvelles aux chercheurs d'or près du pôle.

Dyma oedd y trên post, yn dod â gair i helwyr aur ger y Pegwn.

Buck n'aimait pas le travail mais le supportait bien, étant fier de ses efforts.

Nid oedd Buck yn hoffi'r gwaith ond roedd yn ei ddioddef yn dda, gan ymfalchïo yn ei ymdrech.

Comme Dave et Solleks, Buck a fait preuve de dévouement dans chaque tâche quotidienne.

Fel Dave a Solleks, dangosodd Buck ymroddiad i bob tasg ddyddiol.

Il s'est assuré que chacun de ses coéquipiers fasse sa part du travail.

Gwnaeth yn siŵr bod ei gyd-chwaraewyr i gyd yn gwneud eu gorau glas.

La vie sur les sentiers est devenue ennuyeuse, répétée avec la précision d'une machine.

Daeth bywyd y llwybr yn ddiflas, yn cael ei ailadrodd â chywirdeb peiriant.

Chaque jour était le même, un matin se fondant dans le suivant.
Roedd pob diwrnod yn teimlo'r un peth, un bore yn cymysgu i'r nesaf.
À la même heure, les cuisiniers se levèrent pour allumer des feux et préparer la nourriture.
Ar yr un awr, cododd y cogyddion i gynnau tanau a pharatoi bwyd.
Après le petit-déjeuner, certains quittèrent le camp tandis que d'autres attelèrent les chiens.
Ar ôl brecwast, gadawodd rhai y gwersyll tra bod eraill yn harneisio'r cŵn.
Ils ont pris la route avant que le faible avertissement de l'aube ne touche le ciel.
Fe wnaethon nhw gyrraedd y llwybr cyn i rybudd gwan y wawr gyffwrdd â'r awyr.
La nuit, ils s'arrêtaient pour camper, chaque homme ayant une tâche précise.
Yn y nos, fe wnaethon nhw stopio i wersylla, pob dyn â dyletswydd benodol.
Certains ont monté les tentes, d'autres ont coupé du bois de chauffage et ramassé des branches de pin.
Cododd rhai y pebyll, torrodd eraill goed tân a chasglodd ganghennau pinwydd.
De l'eau ou de la glace étaient ramenées aux cuisiniers pour le repas du soir.
Byddai dŵr neu iâ yn cael eu cario yn ôl at y cogyddion ar gyfer y pryd gyda'r nos.
Les chiens ont été nourris et c'était le meilleur moment de la journée pour eux.
Cafodd y cŵn eu bwydo, a dyma oedd rhan orau'r diwrnod iddyn nhw.
Après avoir mangé du poisson, les chiens se sont détendus et se sont allongés près du feu.
Ar ôl bwyta pysgod, ymlaciodd y cŵn a gorwedd ger y tân.
Il y avait une centaine d'autres chiens dans le convoi avec lesquels se mêler.

Roedd cant o gŵn eraill yn y confoi i gymysgu â nhw.
Beaucoup de ces chiens étaient féroces et prompts à se battre sans prévenir.
Roedd llawer o'r cŵn hynny'n ffyrnig ac yn gyflym i ymladd heb rybudd.
Mais après trois victoires, Buck a maîtrisé même les combattants les plus féroces.
Ond ar ôl tair buddugoliaeth, meistrolodd Buck hyd yn oed yr ymladdwyr mwyaf ffyrnig.
Maintenant, quand Buck grogna et montra ses dents, ils s'écartèrent.
Nawr pan grwgnachodd Buck a dangos ei ddannedd, camon nhw o'r neilltu.
Mais le plus beau dans tout ça, c'est que Buck aimait s'allonger près du feu de camp vacillant.
Efallai yn bwysicaf oll, roedd Buck wrth ei fodd yn gorwedd ger y tân gwersyll yn fflachio.
Il s'accroupit, les pattes arrière repliées et les pattes avant tendues vers l'avant.
Plygodd yn sydyn gyda'i goesau ôl wedi'u plygu a'i goesau blaen wedi'u hymestyn ymlaen.
Sa tête était levée tandis qu'il cligna doucement des yeux devant les flammes rougeoyantes.
Codwyd ei ben wrth iddo blincio'n feddal at y fflamau'n tywynnu.
Parfois, il se souvenait de la grande maison du juge Miller à Santa Clara.
Weithiau byddai'n cofio tŷ mawr y Barnwr Miller yn Santa Clara.
Il pensait à la piscine en ciment, à Ysabel et au carlin appelé Toots.
Meddyliodd am y pwll sment, am Ysabel, a'r ci pug o'r enw Toots.
Mais le plus souvent, il se souvenait du gourdin de l'homme au pull rouge.
Ond yn amlach byddai'n cofio clwb y dyn â'r siwmper goch.

Il se souvenait de la mort de Curly et de sa bataille acharnée contre Spitz.
Cofiai farwolaeth Curly a'i frwydr ffyrnig â Spitz.
Il se souvenait aussi des bons plats qu'il avait mangés ou dont il rêvait encore.
Roedd hefyd yn cofio'r bwyd da yr oedd wedi'i fwyta neu'n dal i freuddwydio amdano.
Buck n'avait pas le mal du pays : la vallée chaude était lointaine et irréelle.
Nid oedd Buck yn hiraethu am adref—roedd y dyffryn cynnes yn bell ac yn afreal.
Les souvenirs de Californie n'avaient plus vraiment d'influence sur lui.
Nid oedd atgofion o California yn ei atynnu'n wirioneddol mwyach.
Plus forts que la mémoire étaient les instincts profondément ancrés dans sa lignée.
Yn gryfach na'r cof roedd greddfau yn ddwfn yn ei linach waed.
Les habitudes autrefois perdues étaient revenues, ravivées par le sentier et la nature sauvage.
Roedd arferion a gollwyd unwaith wedi dychwelyd, wedi'u hadfywio gan y llwybr a'r gwyllt.
Tandis que Buck regardait la lumière du feu, cela devenait parfois autre chose.
Wrth i Buck wylio golau'r tân, weithiau byddai'n troi'n rhywbeth arall.
Il vit à la lueur du feu un autre feu, plus vieux et plus profond que celui-ci.
Gwelodd yng ngolau'r tân dân arall, hŷn a dyfnach na'r un presennol.
À côté de cet autre feu se tenait accroupi un homme qui ne ressemblait pas au cuisinier métis.
Wrth ymyl y tân arall hwnnw roedd dyn yn gwrcwd, yn wahanol i'r cogydd hanner brid.
Cette figurine avait des jambes courtes, de longs bras et des muscles durs et noués.

Roedd gan y ffigur hwn goesau byr, breichiau hir, a chyhyrau caled, clymog.
Ses cheveux étaient longs et emmêlés, tombant en arrière à partir des yeux.
Roedd ei wallt yn hir ac yn gleision, yn gogwyddo yn ôl o'r llygaid.
Il émit des sons étranges et regarda l'obscurité avec peur.
Gwnaeth synau rhyfedd a syllu allan mewn ofn ar y tywyllwch.
Il tenait une massue en pierre basse, fermement serrée dans sa longue main rugueuse.
Daliodd glwb carreg yn isel, wedi'i afael yn dynn yn ei law hir, garw.
L'homme portait peu de vêtements ; juste une peau carbonisée qui pendait dans son dos.
Ychydig oedd y dyn yn ei wisgo; dim ond croen wedi'i losgi oedd yn hongian i lawr ei gefn.
Son corps était couvert de poils épais sur les bras, la poitrine et les cuisses.
Roedd ei gorff wedi'i orchuddio â gwallt trwchus ar draws ei freichiau, ei frest a'i gluniau.
Certaines parties des cheveux étaient emmêlées en plaques de fourrure rugueuse.
Roedd rhai rhannau o'r gwallt wedi'u cysylltu'n glytiau o ffwr garw.
Il ne se tenait pas droit mais penché en avant des hanches jusqu'aux genoux.
Ni safodd yn syth ond plygodd ymlaen o'r cluniau i'r pengliniau.
Ses pas étaient élastiques et félins, comme s'il était toujours prêt à bondir.
Roedd ei gamau'n sbringlyd ac fel cath, fel pe bai bob amser yn barod i neidio.
Il y avait une vive vigilance, comme s'il vivait dans une peur constante.
Roedd yna rybudd llym, fel pe bai'n byw mewn ofn cyson.

Cet homme ancien semblait s'attendre au danger, que le danger soit perçu ou non.
Roedd yn ymddangos bod y dyn hynafol hwn yn disgwyl perygl, boed y perygl yn cael ei weld ai peidio.
Parfois, l'homme poilu dormait près du feu, la tête entre les jambes.
Ar adegau byddai'r dyn blewog yn cysgu wrth y tân, a'i ben wedi'i guddio rhwng ei goesau.
Ses coudes reposaient sur ses genoux, ses mains jointes au-dessus de sa tête.
Gorffwysodd ei benelinoedd ar ei ben-gliniau, ei ddwylo wedi'u clymu uwchben ei ben.
Comme un chien, il utilisait ses bras velus pour se débarrasser de la pluie qui tombait.
Fel ci, defnyddiodd ei freichiau blewog i gael gwared â'r glaw oedd yn disgyn.
Au-delà de la lumière du feu, Buck vit deux charbons jumeaux briller dans l'obscurité.
Y tu hwnt i olau'r tân, gwelodd Buck lo deuol yn tywynnu yn y tywyllwch.
Toujours deux par deux, ils étaient les yeux des bêtes de proie traquantes.
Bob amser yn ddau wrth ddau, llygaid anifeiliaid ysglyfaethus yn stelcio oedden nhw.
Il entendit des corps s'écraser à travers les broussailles et des bruits se faire entendre dans la nuit.
Clywodd gyrff yn torri trwy llwyni a synau a wnaed yn y nos.
Allongé sur la rive du Yukon, clignant des yeux, Buck rêvait près du feu.
Yn gorwedd ar lan Yukon, yn blincio, breuddwydiodd Buck wrth y tân.
Les images et les sons de ce monde sauvage lui faisaient dresser les cheveux sur la tête.
Gwnaeth golygfeydd a synau'r byd gwyllt hwnnw i'w wallt sefyll i fyny.
La fourrure s'élevait le long de son dos, de ses épaules et de son cou.

Cododd y ffwr ar hyd ei gefn, ei ysgwyddau, ac i fyny ei wddf.

Il gémissait doucement ou émettait un grognement sourd au plus profond de sa poitrine.

Gwichiodd yn ysgafn neu grwgnachodd yn isel yn ddwfn yn ei frest.

Alors le cuisinier métis cria : « Hé, toi Buck, réveille-toi ! »

Yna gwaeddodd y cogydd hanner brid, "Hei, ti Buck, deffro!"

Le monde des rêves a disparu et la vraie vie est revenue aux yeux de Buck.

Diflannodd byd y breuddwydion, a dychwelodd bywyd go iawn i lygaid Buck.

Il allait se lever, s'étirer et bâiller, comme s'il venait de se réveiller d'une sieste.

Roedd yn mynd i godi, ymestyn, a gwên, fel pe bai wedi deffro o gwsg.

Le voyage était difficile, avec le traîneau postal qui traînait derrière eux.

Roedd y daith yn galed, gyda'r sled post yn llusgo ar eu hôl.

Les lourdes charges et le travail pénible épuisaient les chiens à chaque longue journée.

Roedd llwythi trwm a gwaith caled yn blino'r cŵn bob diwrnod hir.

Ils arrivèrent à Dawson maigres, fatigués et ayant besoin de plus d'une semaine de repos.

Cyrhaeddon nhw Dawson yn denau, yn flinedig, ac angen dros wythnos o orffwys.

Mais seulement deux jours plus tard, ils repartaient sur le Yukon.

Ond dim ond dau ddiwrnod yn ddiweddarach, fe gychwynnon nhw i lawr afon Yukon eto.

Ils étaient chargés de lettres supplémentaires destinées au monde extérieur.

Roedden nhw wedi'u llwytho â mwy o lythyrau yn mynd i'r byd y tu allan.

Les chiens étaient épuisés et les hommes se plaignaient constamment.

Roedd y cŵn wedi blino'n lân ac roedd y dynion yn cwyno'n gyson.

La neige tombait tous les jours, ramollissant le sentier et ralentissant les traîneaux.

Roedd eira'n disgyn bob dydd, gan feddalu'r llwybr ac arafu'r slediau.

Cela a rendu la traction plus difficile et a entraîné plus de traînée sur les patins.

Gwnaeth hyn dynnu'n galetach a mwy o lusgo ar y rhedwyr.

Malgré cela, les pilotes étaient justes et se souciaient de leurs équipes.

Er hynny, roedd y gyrwyr yn deg ac yn gofalu am eu timau.

Chaque nuit, les chiens étaient nourris avant que les hommes ne puissent manger.

Bob nos, byddai'r cŵn yn cael eu bwydo cyn i'r dynion gael bwyta.

Aucun homme ne dormait avant de vérifier les pattes de son propre chien.

Ni chysgodd unrhyw ddyn cyn gwirio traed ei gi ei hun.

Cependant, les chiens s'affaiblissaient à mesure que les kilomètres s'écoulaient sur leur corps.

Serch hynny, gwanhaodd y cŵn wrth i'r milltiroedd wisgo ar eu cyrff.

Ils avaient parcouru mille huit cents kilomètres pendant l'hiver.

Roedden nhw wedi teithio deunaw cant o filltiroedd drwy'r gaeaf.

Ils ont tiré des traîneaux sur chaque kilomètre de cette distance brutale.

Fe wnaethon nhw dynnu slediau ar draws pob milltir o'r pellter creulon hwnnw.

Même les chiens de traîneau les plus robustes ressentent de la tension après tant de kilomètres.

Mae hyd yn oed y cŵn sled caletaf yn teimlo straen ar ôl cymaint o filltiroedd.

Buck a tenu bon, a permis à son équipe de travailler et a maintenu la discipline.

Daliodd Buck ati, cadwodd ei dîm i weithio, a chynnal disgyblaeth.

Mais Buck était fatigué, tout comme les autres pendant le long voyage.

Ond roedd Buck wedi blino, yn union fel y lleill ar y daith hir.

Billee gémissait et pleurait dans son sommeil chaque nuit sans faute.

Roedd Billee yn griddfan ac yn crio yn ei gwsg bob nos yn ddi-ffael.

Joe devint encore plus amer et Solleks resta froid et distant.

Aeth Joe hyd yn oed yn fwy chwerw, ac arhosodd Solleks yn oer ac yn bell.

Mais c'est Dave qui a le plus souffert de toute l'équipe.

Ond Dave a ddioddefodd waethaf o'r tîm cyfan.

Quelque chose n'allait pas en lui, même si personne ne savait quoi.

Roedd rhywbeth wedi mynd o'i le y tu mewn iddo, er nad oedd neb yn gwybod beth.

Il est devenu de plus en plus maussade et s'en est pris aux autres avec une colère croissante.

Aeth yn fwy hwyliaugar a sarhaeddodd eraill gyda dicter cynyddol.

Chaque nuit, il se rendait directement à son nid, attendant d'être nourri.

Bob nos byddai'n mynd yn syth i'w nyth, yn aros i gael ei fwydo.

Une fois tombé, Dave ne s'est pas relevé avant le matin.

Unwaith iddo fod i lawr, ni chododd Dave eto tan y bore.

Sur les rênes, des secousses ou des sursauts brusques le faisaient crier de douleur.

Ar yr awenau, roedd jerciau neu gychwyniadau sydyn yn ei wneud yn gweiddi mewn poen.

Son chauffeur a recherché la cause du sinistre, mais n'a constaté aucune blessure.

Chwiliodd ei yrrwr am yr achos, ond ni chanfuwyd unrhyw anaf iddo.

Tous les conducteurs ont commencé à regarder Dave et ont discuté de son cas.
Dechreuodd yr holl yrwyr wylio Dave a thrafod ei achos.
Ils ont discuté pendant les repas et pendant leur dernière cigarette de la journée.
Buont yn siarad wrth brydau bwyd ac yn ystod eu mwg olaf o'r dydd.
Une nuit, ils ont tenu une réunion et ont amené Dave au feu.
Un noson fe wnaethon nhw gynnal cyfarfod a dod â Dave at y tân.
Ils pressèrent et sondèrent son corps, et il cria souvent.
Fe wnaethon nhw bwyso a phrofi ei gorff, ac fe waeddodd yn aml.
De toute évidence, quelque chose n'allait pas, même si aucun os ne semblait cassé.
Yn amlwg, roedd rhywbeth o'i le, er nad oedd unrhyw esgyrn yn ymddangos wedi torri.
Au moment où ils atteignirent Cassiar Bar, Dave était en train de tomber.
Erbyn iddyn nhw gyrraedd Bar Cassiar, roedd Dave yn cwympo i lawr.
Le métis écossais a appelé à la fin et a retiré Dave de l'équipe.
Rhoddodd yr hanner brid Albanaidd stop a chael gwared ar Dave o'r tîm.
Il a attaché Solleks à la place de Dave, le plus près de l'avant du traîneau.
Clymodd Solleks yn lle Dave, agosaf at flaen y sled.
Il avait l'intention de laisser Dave se reposer et courir librement derrière le traîneau en mouvement.
Roedd e'n bwriadu gadael i Dave orffwys a rhedeg yn rhydd y tu ôl i'r sled oedd yn symud.
Mais même malade, Dave détestait être privé du travail qu'il avait occupé.
Ond hyd yn oed yn sâl, roedd Dave yn casáu cael ei gymryd o'r swydd a fu ganddo.

Il grogna et gémit tandis que les rênes étaient retirées de son corps.
Grwgnachodd a gwynodd wrth i'r awenau gael eu tynnu oddi ar ei gorff.

Quand il vit Solleks à sa place, il pleura de douleur.
Pan welodd Solleks yn ei le, fe wylo gyda phoen calon doredig.

La fierté du travail sur les sentiers était profonde chez Dave, même à l'approche de la mort.
Roedd balchder gwaith llwybrau yn ddwfn yn Dave, hyd yn oed wrth i farwolaeth agosáu.

Alors que le traîneau se déplaçait, Dave pataugeait dans la neige molle près du sentier.
Wrth i'r sled symud, roedd Dave yn gwthio trwy eira meddal ger y llwybr.

Il a attaqué Solleks, le mordant et le poussant du côté du traîneau.
Ymosododd ar Solleks, gan ei frathu a'i wthio o ochr y sled.

Dave a essayé de sauter dans le harnais et de récupérer sa place de travail.
Ceisiodd Dave neidio i'r harnais ac adennill ei fan gweithio.

Il hurlait, gémissait et pleurait, déchiré entre la douleur et la fierté du travail.
Gwaeddodd, cwynodd, a chrio, wedi'i rhwygo rhwng poen a balchder mewn llafur.

Le métis a utilisé son fouet pour essayer de chasser Dave de l'équipe.
Defnyddiodd yr hanner brid ei chwip i geisio gyrru Dave i ffwrdd o'r tîm.

Mais Dave ignora le coup de fouet, et l'homme ne put pas le frapper plus fort.
Ond anwybyddodd Dave y chwipiad, ac ni allai'r dyn ei daro'n galetach.

Dave a refusé le chemin le plus facile derrière le traîneau, où la neige était tassée.
Gwrthododd Dave y llwybr hawsaf y tu ôl i'r sled, lle'r oedd eira wedi'i bacio.

Au lieu de cela, il se débattait dans la neige profonde à côté du sentier, dans la misère.
Yn hytrach, fe frwydrodd yn yr eira dwfn wrth ymyl y llwybr, mewn trallod.
Finalement, Dave s'est effondré, allongé dans la neige et hurlant de douleur.
Yn y diwedd, cwympodd Dave, gan orwedd yn yr eira ac udo mewn poen.
Il cria tandis que le long train de traîneaux le dépassait un par un.
Gwaeddodd wrth i'r trên hir o slediau basio heibio iddo un wrth un.
Pourtant, avec ce qu'il lui restait de force, il se leva et trébucha après eux.
Eto i gyd, gyda pha nerth bynnag a oedd yn weddill, cododd a baglu ar eu hôl.
Il l'a rattrapé lorsque le train s'est arrêté à nouveau et a retrouvé son vieux traîneau.
Daliodd i fyny pan stopiodd y trên eto a dod o hyd i'w hen sled.
Il a dépassé les autres équipes et s'est retrouvé à nouveau aux côtés de Solleks.
Fe wnaeth e flwndro heibio i'r timau eraill a sefyll wrth ymyl Solleks eto.
Alors que le conducteur s'arrêtait pour allumer sa pipe, Dave saisit sa dernière chance.
Wrth i'r gyrrwr oedi i gynnau ei bibell, cymerodd Dave ei gyfle olaf.
Lorsque le chauffeur est revenu et a crié, l'équipe n'a pas avancé.
Pan ddychwelodd y gyrrwr a gweiddi, ni symudodd y tîm ymlaen.
Les chiens avaient tourné la tête, déconcertés par l'arrêt soudain.
Roedd y cŵn wedi troi eu pennau, wedi drysu gan y stop sydyn.

Le conducteur était également choqué : le traîneau n'avait pas avancé d'un pouce.
Cafodd y gyrrwr sioc hefyd—doedd y sled ddim wedi symud modfedd ymlaen.
Il a appelé les autres pour qu'ils viennent voir ce qui s'était passé.
Galwodd ar y lleill i ddod i weld beth oedd wedi digwydd.
Dave avait mâché les rênes de Solleks, les brisant toutes les deux.
Roedd Dave wedi cnoi drwy awenau Solleks, gan dorri'r ddau ar wahân.
Il se tenait maintenant devant le traîneau, de retour à sa position légitime.
Nawr roedd yn sefyll o flaen y sled, yn ôl yn ei safle cywir.
Dave leva les yeux vers le conducteur, le suppliant silencieusement de rester dans les traces.
Edrychodd Dave i fyny at y gyrrwr, gan erfyn yn dawel i aros yn yr olion.
Le conducteur était perplexe, ne sachant pas quoi faire pour le chien en difficulté.
Roedd y gyrrwr yn ddryslyd, yn ansicr beth i'w wneud i'r ci oedd yn ei chael hi'n anodd.
Les autres hommes parlaient de chiens qui étaient morts après avoir été emmenés dehors.
Siaradodd y dynion eraill am gŵn a oedd wedi marw o gael eu cymryd allan.
Ils ont parlé de chiens âgés ou blessés dont le cœur se brisait lorsqu'ils étaient abandonnés.
Roedden nhw'n sôn am gŵn hen neu gŵn sydd wedi'u hanafu a dorrodd eu calonnau pan gawsant eu gadael ar ôl.
Ils ont convenu que c'était une preuve de miséricorde de laisser Dave mourir alors qu'il était encore dans son harnais.
Cytunasant ei bod yn drugaredd gadael i Dave farw tra'n dal yn ei harnais.
Il était attaché au traîneau et Dave tirait avec fierté.
Cafodd ei glymu'n ôl ar y sled, a thynnodd Dave gyda balchder.

Même s'il criait parfois, il travaillait comme si la douleur pouvait être ignorée.
Er iddo weiddi ar brydiau, roedd yn gweithio fel pe bai modd anwybyddu poen.
Plus d'une fois, il est tombé et a été traîné avant de se relever.
Mwy nag unwaith fe syrthiodd a chafodd ei lusgo cyn codi eto.
Un jour, le traîneau l'a écrasé et il a boité à partir de ce moment-là.
Unwaith, rholiodd y sled drosto, ac fe gloffodd o'r foment honno ymlaen.
Il travailla néanmoins jusqu'à ce qu'il atteigne le camp, puis s'allongea près du feu.
Serch hynny, gweithiodd nes cyrraedd y gwersyll, ac yna gorweddodd wrth y tân.
Le matin, Dave était trop faible pour voyager ou même se tenir debout.
Erbyn y bore, roedd Dave yn rhy wan i deithio neu hyd yn oed sefyll yn unionsyth.
Au moment de l'attelage, il essaya d'atteindre son conducteur avec un effort tremblant.
Adeg gwisgo'r harnais, ceisiodd gyrraedd ei yrrwr gyda cryndod.
Il se força à se relever, tituba et s'effondra sur le sol enneigé.
Gorfodwyd ei hun i fyny, siglodd, a chwympodd ar y ddaear eiraog.
À l'aide de ses pattes avant, il a traîné son corps vers la zone de harnais.
Gan ddefnyddio ei goesau blaen, llusgodd ei gorff tuag at yr ardal harneisio.
Il s'avança, pouce par pouce, vers les chiens de travail.
Clymodd ei hun ymlaen, modfedd wrth fodfedd, tuag at y cŵn gwaith.
Ses forces l'abandonnèrent, mais il continua d'avancer dans sa dernière poussée désespérée.

Collodd ei nerth, ond parhaodd i symud yn ei wthiad olaf anobeithiol.

Ses coéquipiers l'ont vu haleter dans la neige, impatients de les rejoindre.

Gwelodd ei gyd-chwaraewyr ef yn anadlu'n drwm yn yr eira, yn dal i hiraethu i ymuno â nhw.

Ils l'entendirent hurler de tristesse alors qu'ils quittaient le camp.

Clywsant ef yn udo gan dristwch wrth iddynt adael y gwersyll ar ôl.

Alors que l'équipe disparaissait dans les arbres, le cri de Dave résonna derrière eux.

Wrth i'r tîm ddiflannu i'r coed, roedd cri Dave yn atseinio y tu ôl iddyn nhw.

Le train de traîneaux s'est brièvement arrêté après avoir traversé un tronçon de forêt fluviale.

Stopiodd y trên sled am gyfnod byr ar ôl croesi darn o goed afon.

Le métis écossais retourna lentement vers le camp situé derrière lui.

Cerddodd yr hanner brid Albanaidd yn araf yn ôl tuag at y gwersyll y tu ôl.

Les hommes ont arrêté de parler quand ils l'ont vu quitter le train de traîneaux.

Stopiodd y dynion siarad pan welsant ef yn gadael y trên sled.

Puis un coup de feu retentit clairement et distinctement de l'autre côté du sentier.

Yna fe atgofiodd un ergyd yn glir ac yn finiog ar draws y llwybr.

L'homme revint rapidement et reprit sa place sans un mot.

Dychwelodd y dyn yn gyflym a chymerodd ei le heb ddweud gair.

Les fouets claquaient, les cloches tintaient et les traîneaux roulaient dans la neige.

Craciodd chwipiau, tinciodd clychau, a rholiodd y slediau ymlaen trwy'r eira.

Mais Buck savait ce qui s'était passé, et tous les autres chiens aussi.
Ond roedd Buck yn gwybod beth oedd wedi digwydd — ac felly roedd pob ci arall.

Le travail des rênes et du sentier
Llafur yr Awenau a'r Llwybr

Trente jours après avoir quitté Dawson, le Salt Water Mail atteignit Skaguay.
Tri deg diwrnod ar ôl gadael Dawson, cyrhaeddodd y Salt Water Mail Skaguay.
Buck et ses coéquipiers ont pris la tête, arrivant dans un état pitoyable.
Buck a'i gyd-chwaraewyr oedd ar y blaen, gan gyrraedd mewn cyflwr truenus.
Buck était passé de cent quarante à cent quinze livres.
Roedd Buck wedi colli pwysau o gant a deugain i gant a phymtheg punt.
Les autres chiens, bien que plus petits, avaient perdu encore plus de poids.
Roedd y cŵn eraill, er eu bod yn llai, wedi colli hyd yn oed mwy o bwysau'r corff.
Pike, autrefois un faux boiteux, traînait désormais derrière lui une jambe véritablement blessée.
Roedd Pike, a oedd unwaith yn limper ffug, bellach yn llusgo coes wirioneddol anafedig y tu ôl iddo.
Solleks boitait beaucoup et Dub avait une omoplate déchirée.
Roedd Solleks yn cloffi'n ofnadwy, ac roedd gan Dub lafar ysgwydd wedi rhwygo.
Tous les chiens de l'équipe avaient mal aux pieds après des semaines passées sur le sentier gelé.
Roedd gan bob ci yn y tîm ddolur traed ar ôl wythnosau ar y llwybr rhewllyd.
Ils n'avaient plus aucun ressort dans leurs pas, seulement un mouvement lent et traînant.
Nid oedd ganddyn nhw unrhyw sbring ar ôl yn eu camau, dim ond symudiad araf, llusgo.
Leurs pieds heurtent durement le sentier, chaque pas ajoutant plus de tension à leur corps.

Mae eu traed yn taro'r llwybr yn galed, pob cam yn ychwanegu mwy o straen i'w cyrff.

Ils n'étaient pas malades, seulement épuisés au-delà de toute guérison naturelle.

Nid oeddent yn sâl, dim ond wedi draenio y tu hwnt i bob adferiad naturiol.

Ce n'était pas la fatigue d'une dure journée, guérie par une nuit de repos.

Nid blinder oedd hyn o un diwrnod caled, wedi'i wella gyda noson o orffwys.

C'était un épuisement qui s'était construit lentement au fil de mois d'efforts épuisants.

Blinder a adeiladwyd yn araf trwy fisoedd o ymdrech galed ydoedd.

Il ne leur restait plus aucune force de réserve : ils avaient épuisé toutes leurs forces.

Doedd dim cryfder wrth gefn ar ôl—roedden nhw wedi defnyddio pob darn oedd ganddyn nhw.

Chaque muscle, chaque fibre et chaque cellule de leur corps étaient épuisés et usés.

Roedd pob cyhyr, ffibr a chell yn eu cyrff wedi treulio a'i dreulio.

Et il y avait une raison : ils avaient parcouru deux mille cinq cents kilomètres.

Ac roedd yna reswm—roedden nhw wedi teithio dau ddeg pump cant o filltiroedd.

Ils ne s'étaient reposés que cinq jours au cours des mille huit cents derniers kilomètres.

Dim ond pum niwrnod yr oeddent wedi gorffwys yn ystod y deunaw cant o filltiroedd olaf.

Lorsqu'ils arrivèrent à Skaguay, ils semblaient à peine capables de se tenir debout.

Pan gyrhaeddon nhw Skaguay, roedden nhw prin yn gallu sefyll yn unionsyth.

Ils ont lutté pour garder les rênes serrées et rester devant le traîneau.

Roedden nhw'n ei chael hi'n anodd cadw'r awenau'n dynn ac aros ar flaen y sled.

Dans les descentes, ils ont tout juste réussi à éviter d'être écrasés.

Ar lethrau i lawr, dim ond osgoi cael eu taro drostynt a lwyddodd.

« Continuez, pauvres pieds endoloris », dit le chauffeur tandis qu'ils boitaient.

"Ewch ymlaen, traed dolurus truan," meddai'r gyrrwr wrth iddyn nhw gloffi ymlaen.

« C'est la dernière ligne droite, après quoi nous aurons tous droit à un long repos, c'est sûr. »

"Dyma'r ymestyn olaf, yna cawn ni i gyd un gorffwys hir, yn sicr."

« Un très long repos », promit-il en les regardant avancer en titubant.

"Un gorffwys hir go iawn," addawodd, gan eu gwylio'n baglu ymlaen.

Les pilotes s'attendaient à bénéficier d'une longue pause bien méritée.

Roedd y gyrwyr yn disgwyl y byddent nawr yn cael seibiant hir, angenrheidiol.

Ils avaient parcouru douze cents milles avec seulement deux jours de repos.

Roedden nhw wedi teithio deuddeg cant o filltiroedd gyda dim ond dau ddiwrnod o orffwys.

Par souci d'équité et de raison, ils estimaient avoir mérité un temps de détente.

Drwy degwch a rheswm, roedden nhw'n teimlo eu bod nhw wedi haeddu amser i ymlacio.

Mais trop de gens étaient venus au Klondike et trop peu étaient restés chez eux.

Ond roedd gormod wedi dod i'r Klondike, a rhy ychydig wedi aros adref.

Les lettres des familles ont afflué, créant des piles de courrier en retard.

Llifodd llythyrau gan deuluoedd i mewn, gan greu pentyrrau o bost wedi'i ohirio.

Les ordres officiels sont arrivés : de nouveaux chiens de la Baie d'Hudson allaient prendre le relais.

Cyrhaeddodd gorchmynion swyddogol—roedd cŵn newydd Bae Hudson yn mynd i gymryd yr awenau.

Les chiens épuisés, désormais considérés comme sans valeur, devaient être éliminés.

Roedd y cŵn blinedig, a elwir bellach yn ddiwerth, i gael eu gwaredu.

Comme l'argent comptait plus que les chiens, ils allaient être vendus à bas prix.

Gan fod arian yn bwysicach na chŵn, roedden nhw'n mynd i gael eu gwerthu'n rhad.

Trois jours supplémentaires passèrent avant que les chiens ne ressentent à quel point ils étaient faibles.

Aeth tri diwrnod arall heibio cyn i'r cŵn deimlo pa mor wan oedden nhw.

Le quatrième matin, deux hommes venus des États-Unis ont acheté toute l'équipe.

Ar y pedwerydd bore, prynodd dau ddyn o'r Unol Daleithiau'r tîm cyfan.

La vente comprenait tous les chiens, ainsi que leur harnais usagé.

Roedd y gwerthiant yn cynnwys yr holl gŵn, ynghyd â'u harnais gwisgo.

Les hommes s'appelaient mutuellement « Hal » et « Charles » lorsqu'ils concluaient l'affaire.

Galwodd y dynion ei gilydd yn "Hal" a "Charles" wrth iddyn nhw gwblhau'r fargen.

Charles était d'âge moyen, pâle, avec des lèvres molles et des pointes de moustache féroces.

Roedd Charles yn ganol oed, yn welw, gyda gwefusau llipa a phennau mwstas ffyrnig.

Hal était un jeune homme, peut-être âgé de dix-neuf ans, portant une ceinture bourrée de cartouches.

Roedd Hal yn ddyn ifanc, efallai bedair ar bymtheg, yn gwisgo gwregys wedi'i stwffio â chetris.

La ceinture contenait un gros revolver et un couteau de chasse, tous deux inutilisés.

Roedd y gwregys yn dal rifolfer mawr a chyllell hela, y ddau heb eu defnyddio.

Cela a montré à quel point il était inexpérimenté et inapte à la vie dans le Nord.

Dangosodd pa mor ddibrofiad ac anaddas oedd o ar gyfer bywyd yn y gogledd.

Aucun des deux hommes n'appartenait à la nature sauvage ; leur présence défiait toute raison.

Nid oedd y naill ddyn na'r llall yn perthyn i'r gwyllt; roedd eu presenoldeb yn herio pob rheswm.

Buck a regardé l'argent échanger des mains entre l'acheteur et l'agent.

Gwyliodd Buck wrth i arian gyfnewid dwylo rhwng y prynwr a'r asiant.

Il savait que les conducteurs du train postal allaient le quitter comme les autres.

Roedd yn gwybod bod gyrwyr y trên post yn gadael ei fywyd fel y gweddill.

Ils suivirent Perrault et François, désormais irrévocables.

Dilynasant Perrault a François, a oedd bellach wedi mynd y tu hwnt i'r cof.

Buck et l'équipe ont été conduits dans le camp négligé de leurs nouveaux propriétaires.

Arweiniwyd Buck a'r tîm i wersyll diofal eu perchnogion newydd.

La tente s'affaissait, la vaisselle était sale et tout était en désordre.

Sugnodd y babell, roedd y llestri'n fudr, ac roedd popeth mewn anhrefn.

Buck remarqua également une femme : Mercedes, la femme de Charles et la sœur de Hal.

Sylwodd Buck ar fenyw yno hefyd—Mercedes, gwraig Charles a chwaer Hal.

Ils formaient une famille complète, bien que loin d'être adaptée au sentier.
Fe wnaethon nhw deulu cyflawn, er eu bod nhw ymhell o fod yn addas ar gyfer y llwybr.
Buck regarda nerveusement le trio commencer à emballer les fournitures.
Gwyliodd Buck yn nerfus wrth i'r triawd ddechrau pacio'r cyflenwadau.
Ils ont travaillé dur mais sans ordre, juste du grabuge et des efforts gaspillés.
Fe wnaethon nhw weithio'n galed ond heb drefn—dim ond ffwdan ac ymdrech wastraff.
La tente a été roulée dans une forme volumineuse, beaucoup trop grande pour le traîneau.
Roedd y babell wedi'i rholio i siâp swmpus, yn llawer rhy fawr ar gyfer y sled.
La vaisselle sale a été emballée sans avoir été nettoyée ni séchée du tout.
Roedd llestri budr wedi'u pacio heb eu glanhau na'u sychu o gwbl.
Mercedes voltigeait, parlant constamment, corrigeant et intervenant.
Roedd Mercedes yn hedfan o gwmpas, yn siarad, yn cywiro ac yn ymyrryd yn gyson.
Lorsqu'un sac était placé à l'avant, elle insistait pour qu'il soit placé à l'arrière.
Pan osodwyd sach ar y blaen, mynnodd ei fod yn mynd ar y cefn.
Elle a mis le sac au fond, et l'instant d'après, elle en avait besoin.
Paciodd y sach yn y gwaelod, a'r funud nesaf roedd ei hangen arni.
Le traîneau a donc été déballé à nouveau pour atteindre le sac spécifique.
Felly dadbacio'r sled eto i gyrraedd yr un bag penodol.
À proximité, trois hommes se tenaient devant une tente, observant la scène se dérouler.

Gerllaw, roedd tri dyn yn sefyll y tu allan i babell, yn gwylio'r olygfa'n datblygu.

Ils souriaient, faisaient des clins d'œil et souriaient à la confusion évidente des nouveaux arrivants.

Fe wnaethon nhw wenu, wincio, a gwenu ar ddryswch amlwg y newydd-ddyfodiaid.

« Vous avez déjà une charge très lourde », dit l'un des hommes.

"Mae gennych chi lwyth trwm iawn yn barod," meddai un o'r dynion.

« Je ne pense pas que tu devrais porter cette tente, mais c'est ton choix. »

"Dydw i ddim yn meddwl y dylech chi gario'r babell honno, ond eich dewis chi yw hi."

« Inimaginable ! » s'écria Mercedes en levant les mains de désespoir.

"Heb freuddwydio amdano!" gwaeddodd Mercedes, gan daflu ei dwylo i fyny mewn anobaith.

« Comment pourrais-je voyager sans une tente sous laquelle dormir ? »

"Sut allwn i deithio heb babell i aros oddi tani?"

« C'est le printemps, vous ne verrez plus jamais de froid », répondit l'homme.

"Mae hi'n wanwyn—fyddwch chi ddim yn gweld tywydd oer eto," atebodd y dyn.

Mais elle secoua la tête et ils continuèrent à empiler des objets sur le traîneau.

Ond ysgwydodd ei phen, ac fe barhaon nhw i bentyrru eitemau ar y sled.

La charge s'élevait dangereusement alors qu'ils ajoutaient les dernières choses.

Cododd y llwyth yn beryglus o uchel wrth iddyn nhw ychwanegu'r pethau olaf.

« Tu penses que le traîneau va rouler ? » demanda l'un des hommes avec un regard sceptique.

"Tybed a fydd y sled yn reidio?" gofynnodd un o'r dynion gyda golwg amheus.

« Pourquoi pas ? » rétorqua Charles, vivement agacé.

"Pam na ddylai?" atebodd Charles yn sydyn gyda dicter llym.

« Oh, ce n'est pas grave », dit rapidement l'homme, s'éloignant de l'offense.

"O, mae hynny'n iawn," meddai'r dyn yn gyflym, gan gilio rhag y sarhad.

« Je me demandais juste – ça me semblait un peu trop lourd. »

"Roeddwn i ond yn meddwl tybed—roedd e'n edrych ychydig yn rhy drwm ar ei ben i mi."

Charles se détourna et attacha la charge du mieux qu'il put.

Trodd Charles i ffwrdd a rhwymo'r llwyth i lawr cyn gynted ag y gallai.

Mais les attaches étaient lâches et l'emballage mal fait dans l'ensemble.

Ond roedd y clymiadau'n llac a'r pacio wedi'i wneud yn wael ar y cyfan.

« Bien sûr, les chiens tireront ça toute la journée », a dit un autre homme avec sarcasme.

"Wrth gwrs, bydd y cŵn yn tynnu hynny drwy'r dydd," meddai dyn arall yn sarkastig.

« Bien sûr », répondit froidement Hal en saisissant le long mât du traîneau.

"Wrth gwrs," atebodd Hal yn oer, gan afael ym polyn hir y sled.

D'une main sur le poteau, il faisait tournoyer le fouet dans l'autre.

Gyda un llaw ar y polyn, siglodd y chwip yn y llall.

« Allons-y ! » cria-t-il. « Allez ! » exhortant les chiens à démarrer.

"Gadewch i ni fynd!" gwaeddodd. "Symudwch hi!" gan annog y cŵn i gychwyn.

Les chiens se sont penchés sur le harnais et ont tendu pendant quelques instants.

Pwysodd y cŵn i'r harnais ac straenio am ychydig eiliadau.

Puis ils s'arrêtèrent, incapables de déplacer d'un pouce le traîneau surchargé.

Yna fe stopion nhw, heb allu symud y sled gorlwythog fodfedd.

« Ces brutes paresseuses ! » hurla Hal en levant le fouet pour les frapper.

"Y creaduriaid diog!" gwaeddodd Hal, gan godi'r chwip i'w taro.

Mais Mercedes s'est précipitée et a saisi le fouet des mains de Hal.

Ond rhuthrodd Mercedes i mewn a chipio'r chwip o ddwylo Hal.

« Oh, Hal, n'ose pas leur faire de mal », s'écria-t-elle, alarmée.

"O, Hal, paid â meiddio eu brifo nhw," gwaeddodd mewn dychryn.

« Promets-moi que tu seras gentil avec eux, sinon je n'irai pas plus loin. »

"Addawa i mi y byddi di'n garedig wrthyn nhw, neu wna i ddim mynd gam arall."

« Tu ne connais rien aux chiens », lança Hal à sa sœur.

"Dwyt ti ddim yn gwybod dim am gŵn," meddai Hal yn sydyn wrth ei chwaer.

« Ils sont paresseux, et la seule façon de les déplacer est de les fouetter. »

"Maen nhw'n ddiog, a'r unig ffordd i'w symud yw eu chwipio."

« Demandez à n'importe qui, demandez à l'un de ces hommes là-bas si vous doutez de moi. »

"Gofynnwch i unrhyw un—gofynnwch i un o'r dynion hynny draw fan'na os ydych chi'n amau fi."

Mercedes regarda les spectateurs avec des yeux suppliants et pleins de larmes.

Edrychodd Mercedes ar y gwylwyr â llygaid erfyniol, dagreuol.

Son visage montrait à quel point elle détestait la vue de la douleur.

Roedd ei hwyneb yn dangos pa mor ddwfn yr oedd hi'n casáu gweld unrhyw boen.

« Ils sont faibles, c'est tout », dit un homme. « Ils sont épuisés. »

"Maen nhw'n wan, dyna'r cyfan," meddai un dyn. "Maen nhw wedi blino'n lân."

« Ils ont besoin de repos, ils ont travaillé trop longtemps sans pause. »

"Mae angen gorffwys arnyn nhw—maen nhw wedi cael eu gweithio'n rhy hir heb seibiant."

« Que le repos soit maudit », murmura Hal, la lèvre retroussée.

"Melltith ar y gweddill," muttered Hal â'i wefus wedi'i chyrlio.

Mercedes haleta, clairement peinée par ce mot grossier de sa part.

Anadlodd Mercedes, yn amlwg wedi'i phoeni gan y gair garw ganddo.

Pourtant, elle est restée loyale et a immédiatement défendu son frère.

Serch hynny, arhosodd yn ffyddlon ac amddiffynnodd ei brawd ar unwaith.

« Ne fais pas attention à cet homme », dit-elle à Hal. « Ce sont nos chiens. »

"Paid â phoeni am y dyn yna," meddai wrth Hal. "Nhw yw ein cŵn ni."

« Vous les conduisez comme bon vous semble, faites ce que vous pensez être juste. »

"Rydych chi'n eu gyrru fel y gwelwch chi'n dda—gwnewch yr hyn sy'n iawn yn eich barn chi."

Hal leva le fouet et frappa à nouveau les chiens sans pitié.

Cododd Hal y chwip a tharo'r cŵn eto heb drugaredd.

Ils se sont précipités en avant, le corps bas, les pieds poussant dans la neige.

Neidion nhw ymlaen, cyrff yn isel, traed yn gwthio i'r eira.

Toutes leurs forces étaient utilisées pour tirer, mais le traîneau ne bougeait pas.

Aeth eu holl nerth i'r tynnu, ond nid oedd y sled yn symud.

Le traîneau est resté coincé, comme une ancre figée dans la neige tassée.
Arhosodd y sled yn sownd, fel angor wedi rhewi i'r eira wedi'i bacio.
Après un deuxième effort, les chiens s'arrêtèrent à nouveau, haletants.
Ar ôl ail ymdrech, stopiodd y cŵn eto, gan anadlu'n drwm.
Hal leva à nouveau le fouet, juste au moment où Mercedes intervenait à nouveau.
Cododd Hal y chwip unwaith eto, wrth i Mercedes ymyrryd eto.
Elle tomba à genoux devant Buck et lui serra le cou.
Syrthiodd ar ei phen-gliniau o flaen Buck a chofleidio ei wddf.
Les larmes lui montèrent aux yeux tandis qu'elle suppliait le chien épuisé.
Llenwodd dagrau ei llygaid wrth iddi erfyn ar y ci blinedig.
« Pauvres chéris », dit-elle, « pourquoi ne tirez-vous pas plus fort ? »
"Chwi annwyliaid tlawd," meddai hi, "pam na wnewch chi dynnu'n galetach?"
« Si tu tires, tu ne seras pas fouetté comme ça. »
"Os wyt ti'n tynnu, yna fyddi di ddim yn cael dy chwipio fel hyn."
Buck n'aimait pas Mercedes, mais il était trop fatigué pour lui résister maintenant.
Nid oedd Buck yn hoffi Mercedes, ond roedd yn rhy flinedig i'w gwrthsefyll nawr.
Il accepta ses larmes comme une simple partie de cette journée misérable.
Derbyniodd ei dagrau fel dim ond rhan arall o'r diwrnod truenus.
L'un des hommes qui regardaient a finalement parlé après avoir retenu sa colère.
Siaradodd un o'r dynion oedd yn gwylio o'r diwedd ar ôl atal ei ddicter.
« Je me fiche de ce qui vous arrive, mais ces chiens comptent. »

"Does dim ots gen i beth sy'n digwydd i chi bobl, ond mae'r cŵn hynny'n bwysig."

« Si vous voulez aider, détachez ce traîneau, il est gelé dans la neige. »

"Os ydych chi eisiau helpu, torrwch y sled yna'n rhydd—mae wedi rhewi i'r eira."

« Appuyez fort sur la perche, à droite et à gauche, et brisez le sceau de glace. »

"Gwthiwch yn galed ar y polyn gee, i'r dde ac i'r chwith, a thorrwch y sêl iâ."

Une troisième tentative a été faite, cette fois-ci suite à la suggestion de l'homme.

Gwnaed trydydd ymgais, y tro hwn yn dilyn awgrym y dyn.

Hal a balancé le traîneau d'un côté à l'autre, libérant les patins.

Ysgwydodd Hal y sled o ochr i ochr, gan ryddhau'r rhedwyr.

Le traîneau, bien que surchargé et maladroit, a finalement fait un bond en avant.

Er bod y sled wedi'i orlwytho ac yn lletchwith, fe syrthiodd ymlaen o'r diwedd.

Buck et les autres tiraient sauvagement, poussés par une tempête de coups de fouet.

Tynnodd Buck a'r lleill yn wyllt, wedi'u gyrru gan storm o chwiplashes.

Une centaine de mètres plus loin, le sentier courbait et descendait en pente dans la rue.

Can llath ymlaen, roedd y llwybr yn troi ac yn llethr i'r stryd.

Il aurait fallu un conducteur expérimenté pour maintenir le traîneau droit.

Byddai wedi cymryd gyrrwr medrus i gadw'r sled yn unionsyth.

Hal n'était pas habile et le traîneau a basculé en tournant dans le virage.

Nid oedd Hal yn fedrus, a throdd y sled wrth iddo siglo o amgylch y tro.

Les sangles lâches ont cédé et la moitié de la charge s'est répandue sur la neige.

Rhoddodd llinynnau rhydd ffordd, a thywalltodd hanner y llwyth ar yr eira.

Les chiens ne s'arrêtèrent pas ; le traîneau le plus léger volait sur le côté.

Ni stopiodd y cŵn; hedfanodd y sled ysgafnach ar ei ochr.

En colère à cause des mauvais traitements et du lourd fardeau, les chiens couraient plus vite.

Yn flin oherwydd y cam-drin a'r baich trwm, rhedodd y cŵn yn gyflymach.

Buck, furieux, s'est mis à courir, suivi par l'équipe.

Mewn cynddaredd, dechreuodd Buck redeg, gyda'r tîm yn dilyn ar ei ôl.

Hal a crié « Whoa ! Whoa ! » mais l'équipe ne lui a pas prêté attention.

Gwaeddodd Hal "Whoa! Whoa!" ond ni roddodd y tîm unrhyw sylw iddo.

Il a trébuché, est tombé et a été traîné au sol par le harnais.

Baglodd, syrthiodd, a chafodd ei lusgo ar hyd y llawr gan yr harnais.

Le traîneau renversé l'a heurté tandis que les chiens couraient devant.

Tarodd y sled oedd wedi troi drosto wrth i'r cŵn rasio ymlaen.

Le reste des fournitures est dispersé dans la rue animée de Skaguay.

Roedd gweddill y cyflenwadau wedi'u gwasgaru ar draws stryd brysur Skaguay.

Des personnes au grand cœur se sont précipitées pour arrêter les chiens et rassembler le matériel.

Rhuthrodd pobl garedig i atal y cŵn a chasglu'r offer.

Ils ont également donné des conseils, directs et pratiques, aux nouveaux voyageurs.

Rhoddasant gyngor, yn blwmp ac yn ymarferol, i'r teithwyr newydd hefyd.

« Si vous voulez atteindre Dawson, prenez la moitié du chargement et doublez les chiens. »

"Os ydych chi eisiau cyrraedd Dawson, cymerwch hanner y llwyth a dyblwch y cŵn."

Hal, Charles et Mercedes écoutaient, mais sans enthousiasme.

Gwrandawodd Hal, Charles, a Mercedes, er nad gyda brwdfrydedd.

Ils ont installé leur tente et ont commencé à trier leurs provisions.

Fe wnaethon nhw godi eu pabell a dechrau didoli eu cyflenwadau.

Des conserves sont sorties, ce qui a fait rire les spectateurs.

Allan daeth nwyddau tun, a wnaeth i'r gwylwyr chwerthin yn uchel.

« Des conserves sur le sentier ? Tu vas mourir de faim avant qu'elles ne fondent », a dit l'un d'eux.

"Stwff tun ar y llwybr? Byddwch chi'n llwgu cyn i hynny doddi," meddai un.

« Des couvertures d'hôtel ? Tu ferais mieux de toutes les jeter. »

"Blancedi gwesty? Mae'n well i chi eu taflu nhw i gyd allan."

« Laissez tomber la tente aussi, et personne ne fait la vaisselle ici. »

"Gadael y babell hefyd, a does neb yn golchi llestri yma."

« Tu crois que tu voyages dans un train Pullman avec des domestiques à bord ? »

"Tybed a ydych chi'n meddwl eich bod chi'n teithio ar drên Pullman gyda gweision ar fwrdd?"

Le processus a commencé : chaque objet inutile a été jeté de côté.

Dechreuodd y broses—cafodd pob eitem ddiwerth ei thaflu i'r ochr.

Mercedes a pleuré lorsque ses sacs ont été vidés sur le sol enneigé.

Criodd Mercedes pan gafodd ei bagiau eu gwagio ar y ddaear eiraog.

Elle sanglotait sur chaque objet jeté, un par un, sans pause.

Wylodd dros bob eitem a daflwyd allan, un wrth un heb oedi.

Elle jura de ne plus faire un pas de plus, même pas pendant dix Charles.
Addawodd na fyddai'n mynd un cam arall—ddim hyd yn oed am ddeg Siarl.
Elle a supplié chaque personne à proximité de la laisser garder ses objets précieux.
Erfyniodd ar bob person gerllaw i adael iddi gadw ei phethau gwerthfawr.
Finalement, elle s'essuya les yeux et commença à jeter même les vêtements essentiels.
O'r diwedd, sychodd ei llygaid a dechrau taflu hyd yn oed dillad hanfodol.
Une fois les siennes terminées, elle commença à vider les provisions des hommes.
Pan oedd hi wedi gorffen gyda'i nwyddau ei hun, dechreuodd wagio cyflenwadau'r dynion.
Comme un tourbillon, elle a déchiré les affaires de Charles et Hal.
Fel corwynt, rhwygodd drwy eiddo Charles a Hal.
Même si la charge était réduite de moitié, elle était encore bien plus lourde que nécessaire.
Er bod y llwyth wedi'i haneru, roedd yn dal i fod yn llawer trymach nag oedd ei angen.
Cette nuit-là, Charles et Hal sont sortis et ont acheté six nouveaux chiens.
Y noson honno, aeth Charles a Hal allan a phrynu chwe chi newydd.
Ces nouveaux chiens ont rejoint les six originaux, plus Teek et Koona.
Ymunodd y cŵn newydd hyn â'r chwech gwreiddiol, ynghyd â Teek a Koona.
Ensemble, ils formaient une équipe de quatorze chiens attelés au traîneau.
Gyda'i gilydd fe wnaethon nhw dîm o bedwar ci ar ddeg wedi'u clymu wrth y sled.
Mais les nouveaux chiens n'étaient pas aptes et mal entraînés au travail en traîneau.

Ond roedd y cŵn newydd yn anaddas ac wedi'u hyfforddi'n wael ar gyfer gwaith sled.

Trois des chiens étaient des pointeurs à poil court et un était un Terre-Neuve.

Roedd tri o'r cŵn yn gŵn pwyntydd blew byr, ac roedd un yn Newfoundland.

Les deux derniers chiens étaient des bâtards sans race ni objectif clairement définis.

Roedd y ddau gi olaf yn gŵn mwt heb unrhyw frid na phwrpas clir o gwbl.

Ils n'ont pas compris le sentier et ne l'ont pas appris rapidement.

Doedden nhw ddim yn deall y llwybr, ac doedden nhw ddim yn ei ddysgu'n gyflym.

Buck et ses compagnons les regardaient avec mépris et une profonde irritation.

Gwyliodd Buck a'i ffrindiau nhw gyda dirmyg a llid dwfn.

Bien que Buck leur ait appris ce qu'il ne fallait pas faire, il ne pouvait pas leur enseigner le devoir.

Er i Buck ddysgu iddyn nhw beth i beidio â'i wneud, ni allai ddysgu iddyn nhw ddyletswydd.

Ils n'ont pas bien supporté la vie sur les sentiers ni la traction des rênes et des traîneaux.

Doedden nhw ddim yn hoffi bywyd ar hyd y llwybr na thynnu awenau a slediau.

Seuls les bâtards essayaient de s'adapter, et même eux manquaient d'esprit combatif.

Dim ond y mongrels a geisiodd addasu, a hyd yn oed nhw oedd yn brin o ysbryd ymladd.

Les autres chiens étaient confus, affaiblis et brisés par leur nouvelle vie.

Roedd y cŵn eraill wedi drysu, wedi gwanhau, ac wedi torri gan eu bywyd newydd.

Les nouveaux chiens étant désemparés et les anciens épuisés, l'espoir était mince.

Gyda'r cŵn newydd yn ddi-glem a'r hen rai wedi blino'n lân, roedd gobaith yn brin.

L'équipe de Buck avait parcouru deux mille cinq cents kilomètres de sentiers difficiles.

Roedd tîm Buck wedi gorchuddio dau ddeg pump cant o filltiroedd o lwybr garw.

Pourtant, les deux hommes étaient joyeux et fiers de leur grande équipe de chiens.

Serch hynny, roedd y ddau ddyn yn llawen ac yn falch o'u tîm cŵn mawr.

Ils pensaient voyager avec style, avec quatorze chiens attelés.

Roedden nhw'n meddwl eu bod nhw'n teithio mewn steil, gyda phedwar ar ddeg o gŵn wedi'u clymu.

Ils avaient vu des traîneaux partir pour Dawson, et d'autres en arriver.

Roedden nhw wedi gweld slediau'n gadael am Dawson, ac eraill yn cyrraedd oddi yno.

Mais ils n'en avaient jamais vu un tiré par quatorze chiens.

Ond ni welsant erioed un yn cael ei dynnu gan gynifer â phedwar ar ddeg o gŵn.

Il y avait une raison pour laquelle de telles équipes étaient rares dans la nature sauvage de l'Arctique.

Roedd yna reswm pam fod timau o'r fath yn brin yn anialwch yr Arctig.

Aucun traîneau ne pouvait transporter suffisamment de nourriture pour nourrir quatorze chiens pendant le voyage.

Ni allai unrhyw sled gario digon o fwyd i fwydo pedwar ar ddeg o gŵn ar gyfer y daith.

Mais Charles et Hal ne le savaient pas : ils avaient fait le calcul.

Ond doedd Charles a Hal ddim yn gwybod hynny—roedden nhw wedi gwneud y mathemateg.

Ils ont planifié la nourriture : tant par chien, tant de jours, et c'est fait.

Fe wnaethon nhw nodi'r bwyd gyda phensil: cymaint i bob ci, cymaint o ddyddiau, wedi'i wneud.

Mercedes regarda leurs chiffres et hocha la tête comme si cela avait du sens.

Edrychodd Mercedes ar eu ffigurau ac amneidiodd fel pe bai'n gwneud synnwyr.
Tout cela lui semblait très simple, du moins sur le papier.
Roedd y cyfan yn ymddangos yn syml iawn iddi, o leiaf ar bapur.

Le lendemain matin, Buck conduisit lentement l'équipe dans la rue enneigée.
Y bore wedyn, arweiniodd Buck y tîm yn araf i fyny'r stryd eiraog.
Il n'y avait aucune énergie ni aucun esprit en lui ou chez les chiens derrière lui.
Nid oedd unrhyw egni nac ysbryd ynddo nac yn y cŵn y tu ôl iddo.
Ils étaient épuisés dès le départ, il n'y avait plus de réserve.
Roedden nhw wedi blino'n lân o'r dechrau—doedd dim arian wrth gefn ar ôl.
Buck avait déjà effectué quatre voyages entre Salt Water et Dawson.
Roedd Buck wedi gwneud pedair taith rhwng Salt Water a Dawson eisoes.
Maintenant, confronté à nouveau à la même épreuve, il ne ressentait que de l'amertume.
Nawr, yn wynebu'r un llwybr eto, nid oedd yn teimlo dim byd ond chwerwder.
Son cœur n'y était pas, ni celui des autres chiens.
Nid oedd ei galon ynddo, nac yr oedd calonnau'r cŵn eraill chwaith.
Les nouveaux chiens étaient timides et les huskies manquaient totalement de confiance.
Roedd y cŵn newydd yn swil, ac roedd yr hyscis yn brin o ymddiriedaeth.
Buck sentait qu'il ne pouvait pas compter sur ces deux hommes ou sur leur sœur.
Teimlai Buck na allai ddibynnu ar y ddau ddyn hyn na'u chwaer.

Ils ne savaient rien et ne montraient aucun signe d'apprentissage sur le sentier.
Doedden nhw ddim yn gwybod dim ac nid oedden nhw'n dangos unrhyw arwyddion o ddysgu ar y llwybr.
Ils étaient désorganisés et manquaient de tout sens de la discipline.
Roeddent yn anhrefnus ac yn brin o unrhyw ymdeimlad o ddisgyblaeth.
Il leur fallait à chaque fois la moitié de la nuit pour monter un campement bâclé.
Cymerodd hanner y nos iddyn nhw sefydlu gwersyll flêr bob tro.
Et ils passèrent la moitié de la matinée suivante à tâtonner à nouveau avec le traîneau.
A hanner y bore canlynol treulion nhw'n ymyrryd â'r sled eto.
À midi, ils s'arrêtaient souvent juste pour réparer la charge inégale.
Erbyn hanner dydd, byddent yn aml yn stopio dim ond i drwsio'r llwyth anwastad.
Certains jours, ils parcouraient moins de dix milles au total.
Ar rai dyddiau, roedden nhw'n teithio llai na deg milltir i gyd.
D'autres jours, ils ne parvenaient pas du tout à quitter le camp.
Dyddiau eraill, ni lwyddodd nhw i adael y gwersyll o gwbl.
Ils n'ont jamais réussi à couvrir la distance alimentaire prévue.
Ni ddaethant byth yn agos at gwmpasu'r pellter bwyd a gynlluniwyd.
Comme prévu, ils ont très vite manqué de nourriture pour les chiens.
Fel y disgwyliwyd, fe wnaethon nhw redeg yn brin o fwyd i'r cŵn yn gyflym iawn.
Ils ont aggravé la situation en les suralimentant au début.
Fe wnaethon nhw waethygu pethau trwy or-fwydo yn y dyddiau cynnar.
À chaque ration négligée, la famine se rapprochait.
Daeth hyn â newyn yn nes gyda phob dogn diofal.

Les nouveaux chiens n'avaient pas appris à survivre avec très peu.
Nid oedd y cŵn newydd wedi dysgu goroesi ar ychydig iawn.
Ils mangeaient avec faim, avec un appétit trop grand pour le sentier.
Bwytasant yn llwglyd, gydag archwaeth yn rhy fawr ar gyfer y llwybr.
Voyant les chiens s'affaiblir, Hal pensait que la nourriture n'était pas suffisante.
Wrth weld y cŵn yn gwanhau, credai Hal nad oedd y bwyd yn ddigon.
Il a doublé les rations, rendant l'erreur encore pire.
Dyblodd y dognau, gan wneud y camgymeriad hyd yn oed yn waeth.
Mercedes a aggravé le problème avec ses larmes et ses douces supplications.
Ychwanegodd Mercedes at y broblem gyda dagrau ac erfyn ysgafn.
Comme elle n'arrivait pas à convaincre Hal, elle nourrissait les chiens en secret.
Pan na allai hi argyhoeddi Hal, bwydodd y cŵn yn gyfrinachol.
Elle a volé des sacs de poissons et les leur a donnés dans son dos.
Lladrataodd o'r sachau pysgod a'i rhoi iddyn nhw y tu ôl i'w gefn.
Mais ce dont les chiens avaient réellement besoin, ce n'était pas de plus de nourriture, mais de repos.
Ond nid mwy o fwyd oedd ei angen ar y cŵn mewn gwirionedd—gorffwys oedd e.
Ils progressaient mal, mais le lourd traîneau continuait à avancer.
Roedden nhw'n gwneud amser gwael, ond roedd y sled trwm yn dal i lusgo ymlaen.
Ce poids à lui seul épuisait chaque jour leurs forces restantes.

Roedd y pwysau hwnnw yn unig yn draenio eu cryfder sy'n weddill bob dydd.

Puis vint l'étape de la sous-alimentation, les réserves s'épuisant.

Yna daeth y cam o danfwydo wrth i'r cyflenwadau redeg yn brin.

Un matin, Hal s'est rendu compte que la moitié de la nourriture pour chien avait déjà disparu.

Sylweddolodd Hal un bore fod hanner bwyd y cŵn eisoes wedi mynd.

Ils n'avaient parcouru qu'un quart de la distance totale du sentier.

Dim ond chwarter o gyfanswm pellter y llwybr yr oeddent wedi teithio.

On ne pouvait plus acheter de nourriture, quel que soit le prix proposé.

Ni ellid prynu mwy o fwyd, ni waeth beth oedd y pris a gynigiwyd.

Il a réduit les portions des chiens en dessous de la ration quotidienne standard.

Gostyngodd ddognau'r cŵn islaw'r dogn dyddiol safonol.

Dans le même temps, il a exigé des voyages plus longs pour compenser la perte.

Ar yr un pryd, mynnodd deithio hirach i wneud iawn am y golled.

Mercedes et Charles ont soutenu ce plan, mais ont échoué dans son exécution.

Cefnogodd Mercedes a Charles y cynllun hwn, ond methodd â'i weithredu.

Leur lourd traîneau et leur manque de compétences rendaient la progression presque impossible.

Roedd eu sled trwm a'u diffyg sgiliau yn gwneud cynnydd bron yn amhosibl.

Il était facile de donner moins de nourriture, mais impossible de forcer plus d'efforts.

Roedd yn hawdd rhoi llai o fwyd, ond yn amhosibl gorfodi mwy o ymdrech.

Ils ne pouvaient pas commencer plus tôt, ni voyager pendant des heures supplémentaires.
Ni allent ddechrau'n gynnar, nac ychwaith deithio am oriau ychwanegol.
Ils ne savaient pas comment travailler les chiens, ni eux-mêmes d'ailleurs.
Doedden nhw ddim yn gwybod sut i weithio'r cŵn, nac ychwaith nhw eu hunain, o ran hynny.
Le premier chien à mourir était Dub, le voleur malchanceux mais travailleur.
Y ci cyntaf i farw oedd Dub, y lleidr anlwcus ond gweithgar.
Bien que souvent puni, Dub avait fait sa part sans se plaindre.
Er ei fod yn aml yn cael ei gosbi, roedd Dub wedi gwneud ei orau heb gwyno.
Son épaule blessée s'est aggravée sans qu'il soit nécessaire de prendre soin de lui et de se reposer.
Gwaethygodd ei ysgwydd anafedig heb ofal nac angen gorffwys.
Finalement, Hal a utilisé le revolver pour mettre fin aux souffrances de Dub.
Yn olaf, defnyddiodd Hal y rifolfer i roi terfyn ar ddioddefaint Dub.
Un dicton courant dit que les chiens normaux meurent à cause des rations de husky.
Dywediad cyffredin oedd bod cŵn normal yn marw ar fwyd husky.
Les six nouveaux compagnons de Buck n'avaient que la moitié de la part de nourriture du husky.
Dim ond hanner cyfran yr husky o fwyd oedd gan chwe chyfaill newydd Buck.
Le Terre-Neuve est mort en premier, puis les trois braques à poil court.
Bu farw'r Newfoundland yn gyntaf, yna'r tri chi pwyntydd gwallt byr.
Les deux bâtards résistèrent plus longtemps mais finirent par périr comme les autres.

Daliodd y ddau gymysgydd ymlaen yn hirach ond bu farw yn y diwedd fel y gweddill.

À cette époque, toutes les commodités et la douceur du Southland avaient disparu.

Erbyn hyn, roedd holl fwynderau a thynerwch y Deheudir wedi diflannu.

Les trois personnes avaient perdu les dernières traces de leur éducation civilisée.

Roedd y tri pherson wedi taflu olion olaf eu magwraeth waraidd.

Dépouillé de glamour et de romantisme, le voyage dans l'Arctique est devenu brutalement réel.

Heb unrhyw hud a lledrith, daeth teithio yn yr Arctig yn gwbl real.

C'était une réalité trop dure pour leur sens de la virilité et de la féminité.

Roedd yn realiti rhy llym i'w synnwyr o wrywdod a benyweidd-dra.

Mercedes ne pleurait plus pour les chiens, mais maintenant elle pleurait seulement pour elle-même.

Nid oedd Mercedes yn wylo am y cŵn mwyach, ond yn awr dim ond amdani ei hun yr oedd yn wylo.

Elle passait son temps à pleurer et à se disputer avec Hal et Charles.

Treuliodd ei hamser yn crio ac yn ffraeo gyda Hal a Charles.

Se disputer était la seule chose qu'ils n'étaient jamais trop fatigués de faire.

Ffraeo oedd yr un peth nad oeddent byth yn rhy flinedig i'w wneud.

Leur irritabilité provenait de la misère, grandissait avec elle et la surpassait.

Deilliodd eu anniddigrwydd o drallod, tyfodd gydag ef, a rhagori arno.

La patience du sentier, connue de ceux qui peinent et souffrent avec bienveillance, n'est jamais venue.

Ni ddaeth amynedd y llwybr, a adnabyddir i'r rhai sy'n llafurio ac yn dioddef yn garedig.

Cette patience, qui garde la parole douce malgré la douleur, leur était inconnue.
Yr oedd yr amynedd hwnnw, sy'n cadw lleferydd yn felys trwy boen, yn anhysbys iddynt.

Ils n'avaient aucune trace de patience, aucune force tirée de la souffrance avec grâce.
Nid oedd ganddyn nhw unrhyw awgrym o amynedd, dim nerth a dynnwyd o ddioddefaint â gras.

Ils étaient raides de douleur : leurs muscles, leurs os et leur cœur étaient douloureux.
Roedden nhw'n stiff gyda phoen—yn dolurus yn eu cyhyrau, eu hesgyrn, a'u calonnau.

À cause de cela, ils devinrent acerbes et prompts à prononcer des paroles dures.
Oherwydd hyn, daethant yn finiog o dafod a chyflym gyda geiriau llym.

Chaque jour commençait et se terminait par des voix en colère et des plaintes amères.
Dechreuodd a gorffennodd pob diwrnod gyda lleisiau blin a chwynion chwerw.

Charles et Hal se disputaient chaque fois que Mercedes leur en donnait l'occasion.
Roedd Charles a Hal yn ffraeo pryd bynnag y byddai Mercedes yn rhoi cyfle iddyn nhw.

Chaque homme estimait avoir fait plus que sa juste part du travail.
Credai pob dyn ei fod wedi gwneud mwy na'i gyfran deg o'r gwaith.

Aucun des deux n'a jamais manqué une occasion de le dire, encore et encore.
Ni chollodd y naill na'r llall gyfle i ddweud hynny, dro ar ôl tro.

Parfois, Mercedes se rangeait du côté de Charles, parfois du côté de Hal.
Weithiau roedd Mercedes yn ochri gyda Charles, weithiau gyda Hal.

Cela a conduit à une grande et interminable querelle entre les trois.
Arweiniodd hyn at ffrae fawr a diddiwedd ymhlith y tri.
Une dispute sur la question de savoir qui devait couper le bois de chauffage est devenue incontrôlable.
Aeth anghydfod ynghylch pwy ddylai dorri coed tân allan o reolaeth.
Bientôt, les pères, les mères, les cousins et les parents décédés ont été nommés.
Yn fuan, enwyd tadau, mamau, cefndryd, a pherthnasau marw.
Les opinions de Hal sur l'art ou les pièces de son oncle sont devenues partie intégrante du combat.
Daeth barn Hal ar gelf neu ddramâu ei ewythr yn rhan o'r frwydr.
Les convictions politiques de Charles sont également entrées dans le débat.
Ymunodd credoau gwleidyddol Charles â'r ddadl hefyd.
Pour Mercedes, même les ragots de la sœur de son mari semblaient pertinents.
I Mercedes, roedd hyd yn oed clecs chwaer ei gŵr yn ymddangos yn berthnasol.
Elle a exprimé son opinion sur ce sujet et sur de nombreux défauts de la famille de Charles.
Mynegodd farn ar hynny ac ar lawer o ddiffygion teulu Charles.
Pendant qu'ils se disputaient, le feu restait éteint et le camp à moitié monté.
Tra roedden nhw'n dadlau, arhosodd y tân heb ei gynnau a'r gwersyll hanner gosod.
Pendant ce temps, les chiens restaient froids et sans nourriture.
Yn y cyfamser, roedd y cŵn yn parhau i fod yn oer a heb unrhyw fwyd.
Mercedes avait un grief qu'elle considérait comme profondément personnel.

Roedd gan Mercedes gŵyn yr oedd hi'n ei hystyried yn bersonol iawn.
Elle se sentait maltraitée en tant que femme, privée de ses doux privilèges.
Teimlai hi'n cael ei cham-drin fel menyw, wedi cael ei gwadu ei breintiau tyner.
Elle était jolie et douce, et habituée à la chevalerie toute sa vie.
Roedd hi'n bert ac yn feddal, ac wedi arfer â marchogion ar hyd ei hoes.
Mais son mari et son frère la traitaient désormais avec impatience.
Ond roedd ei gŵr a'i brawd bellach yn ei thrin â diffyg amynedd.
Elle avait pour habitude d'agir comme si elle était impuissante, et ils commencèrent à se plaindre.
Ei harfer oedd ymddwyn yn ddiymadferth, a dechreuon nhw gwyno.
Offensée par cela, elle leur rendit la vie encore plus difficile.
Wedi'i thramgwyddo gan hyn, gwnaeth hi eu bywydau hyd yn oed yn anoddach.
Elle a ignoré les chiens et a insisté pour conduire elle-même le traîneau.
Anwybyddodd y cŵn a mynnu reidio'r sled ei hun.
Bien que légère en apparence, elle pesait cent vingt livres.
Er ei bod yn ysgafn o ran golwg, roedd hi'n pwyso cant ugain pwys.
Ce fardeau supplémentaire était trop lourd pour les chiens affamés et faibles.
Roedd y baich ychwanegol hwnnw'n ormod i'r cŵn newynog, gwan.
Elle a continué à monter pendant des jours, jusqu'à ce que les chiens s'effondrent sous les rênes.
Serch hynny, roedd hi'n marchogaeth am ddyddiau, nes i'r cŵn gwympo yn yr awenau.
Le traîneau s'arrêta et Charles et Hal la supplièrent de marcher.

Safodd y sled yn llonydd, ac erfyniodd Charles a Hal arni i gerdded.
Ils la supplièrent et la supplièrent, mais elle pleura et les traita de cruels.
Fe wnaethon nhw erfyn ac ymbil, ond fe wylodd hi a'u galw'n greulon.
À une occasion, ils l'ont tirée du traîneau avec force et colère.
Ar un achlysur, fe'i tynnon nhw oddi ar y sled gyda grym a dicter pur.
Ils n'ont plus jamais essayé après ce qui s'est passé cette fois-là.
Wnaethon nhw byth geisio eto ar ôl yr hyn a ddigwyddodd y tro hwnnw.
Elle devint molle comme un enfant gâté et s'assit dans la neige.
Aeth hi'n llipa fel plentyn wedi'i ddifetha ac eisteddodd yn yr eira.
Ils continuèrent leur chemin, mais elle refusa de se lever ou de les suivre.
Symudon nhw ymlaen, ond gwrthododd hi godi na dilyn ar ei hôl hi.
Après trois milles, ils s'arrêtèrent, revinrent et la ramenèrent.
Ar ôl tair milltir, fe wnaethon nhw stopio, dychwelyd, a'i chario hi'n ôl.
Ils l'ont rechargée sur le traîneau, en utilisant encore une fois la force brute.
Fe wnaethon nhw ei hail-lwytho hi ar y sled, gan ddefnyddio cryfder creulon unwaith eto.
Dans leur profonde misère, ils étaient insensibles à la souffrance des chiens.
Yn eu dioddefaint dwfn, roeddent yn ddi-hid i ddioddefaint y cŵn.
Hal croyait qu'il fallait s'endurcir et il a imposé cette croyance aux autres.
Credai Hal fod yn rhaid caledu a gorfododd y gred honno ar eraill.
Il a d'abord essayé de prêcher sa philosophie à sa sœur

Ceisiodd bregethu ei athroniaeth i'w chwaer yn gyntaf
et puis, sans succès, il prêcha à son beau-frère.
ac yna, heb lwyddiant, pregethodd i'w frawd-yng-nghyfraith.
Il a eu plus de succès avec les chiens, mais seulement parce qu'il leur a fait du mal.
Cafodd fwy o lwyddiant gyda'r cŵn, ond dim ond oherwydd iddo eu brifo.
Chez Five Fingers, la nourriture pour chiens est complètement épuisée.
Yn Five Fingers, rhedodd y bwyd cŵn allan yn llwyr.
Une vieille squaw édentée a vendu quelques kilos de peau de cheval congelée
Gwerthodd hen sgwarc ddi-ddannedd ychydig bunnoedd o groen ceffyl wedi'i rewi
Hal a échangé son revolver contre la peau de cheval séchée.
Cyfnewidiodd Hal ei rifolfer am groen ceffyl sych.
La viande provenait de chevaux affamés d'éleveurs de bétail des mois auparavant.
Roedd y cig wedi dod gan geffylau newynog neu wartheg fisoedd ynghynt.
Gelée, la peau était comme du fer galvanisé ; dure et immangeable.
Wedi rhewi, roedd y croen fel haearn galfanedig; yn galed ac yn anfwytadwy.
Les chiens devaient mâcher la peau sans fin pour la manger.
Roedd rhaid i'r cŵn gnoi'r croen yn ddiddiwedd i'w fwyta.
Mais les cordes en cuir et les cheveux courts n'étaient guère une nourriture.
Ond prin oedd y llinynnau lledr a'r gwallt byr yn faeth.
La majeure partie de la peau était irritante et ne constituait pas véritablement de la nourriture.
Roedd y rhan fwyaf o'r croen yn annifyr, ac nid bwyd mewn unrhyw ystyr wirioneddol.
Et pendant tout ce temps, Buck titubait en tête, comme dans un cauchemar.
A thrwy'r cyfan, siglodd Buck ar y blaen, fel mewn hunllef.

Il tirait quand il le pouvait ; quand il ne le pouvait pas, il restait allongé jusqu'à ce qu'un fouet ou un gourdin le relève.

Tynnodd pan allai; pan nad oedd, gorweddai nes i chwip neu glwb ei godi.

Son pelage fin et brillant avait perdu toute sa rigidité et son éclat d'autrefois.

Roedd ei gôt denau, sgleiniog wedi colli'r holl anystwythder a llewyrch a oedd ganddi unwaith.

Ses cheveux pendaient, mous, en bataille et coagulés par le sang séché des coups.

Roedd ei wallt yn hongian yn llipa, yn llusgo, ac yn geulo â gwaed sych o'r ergydion.

Ses muscles se sont réduits à l'état de cordes et ses coussinets de chair étaient tous usés.

Cwympodd ei gyhyrau'n llinynnau, ac roedd ei badiau cnawd i gyd wedi treulio i ffwrdd.

Chaque côte, chaque os apparaissait clairement à travers les plis de la peau ridée.

Roedd pob asen, pob asgwrn yn dangos yn glir trwy blygiadau o groen crychlyd.

C'était déchirant, mais le cœur de Buck ne pouvait pas se briser.

Roedd yn dorcalonnus, ond ni allai calon Buck dorri.

L'homme au pull rouge avait testé cela et l'avait prouvé il y a longtemps.

Roedd y dyn yn y siwmper goch wedi profi hynny a'i brofi amser maith yn ôl.

Comme ce fut le cas pour Buck, ce fut le cas pour tous ses coéquipiers restants.

Fel yr oedd gyda Buck, felly yr oedd gyda'i holl gyd-chwaraewyr sy'n weddill.

Il y en avait sept au total, chacun étant un squelette ambulant de misère.

Roedd saith i gyd, pob un yn sgerbwd cerdded o drallod.

Ils étaient devenus insensibles au fouet, ne ressentant qu'une douleur lointaine.

Roedden nhw wedi mynd yn ddideimlad i chwipio, gan deimlo poen pell yn unig.

Même la vue et le son leur parvenaient faiblement, comme à travers un épais brouillard.

Cyrhaeddodd hyd yn oed golwg a sain hwy'n wan, fel trwy niwl trwchus.

Ils n'étaient pas à moitié vivants : c'étaient des os avec de faibles étincelles à l'intérieur.

Nid oeddent yn hanner byw—esgyrn oeddent gyda gwreichion pylu y tu mewn.

Lorsqu'ils s'arrêtèrent, ils s'effondrèrent comme des cadavres, leurs étincelles presque éteintes.

Pan gawsant eu stopio, cwympasant fel cyrff, eu gwreichion bron â diflannu.

Et lorsque le fouet ou le gourdin frappaient à nouveau, les étincelles voltigeaient faiblement.

A phan darodd y chwip neu'r clwb eto, byddai'r gwreichion yn fflapio'n wan.

Puis ils se levèrent, titubèrent en avant et traînèrent leurs membres en avant.

Yna codasant, camu ymlaen, a llusgo eu haelodau ymlaen.

Un jour, le gentil Billee tomba et ne put plus se relever du tout.

Un diwrnod syrthiodd Billee caredig ac ni allai godi o gwbl mwyach.

Hal avait échangé son revolver, alors il a utilisé une hache pour tuer Billee à la place.

Roedd Hal wedi cyfnewid ei rifolfer, felly defnyddiodd fwyell i ladd Billee yn lle.

Il le frappa à la tête, puis lui coupa le corps et le traîna.

Trawodd ef ar ei ben, yna torrodd ei gorff yn rhydd a'i lusgo i ffwrdd.

Buck vit cela, et les autres aussi ; ils savaient que la mort était proche.

Gwelodd Buck hyn, a gwnaeth y lleill hefyd; roedden nhw'n gwybod bod marwolaeth yn agos.

Le lendemain, Koona partit, ne laissant que cinq chiens dans l'équipe affamée.

Y diwrnod wedyn aeth Koona, gan adael dim ond pum ci yn y tîm llwglyd.

Joe, qui n'était plus méchant, était trop loin pour se rendre compte de quoi que ce soit.

Roedd Joe, heb fod yn gas mwyach, wedi mynd yn rhy bell i fod yn ymwybodol o lawer o gwbl.

Pike, ne faisant plus semblant d'être blessé, était à peine conscient.

Prin oedd Pike, heb ffugio ei anaf mwyach, yn ymwybodol.

Solleks, toujours fidèle, se lamentait de ne plus avoir de force à donner.

Roedd Solleks, yn dal yn ffyddlon, yn galaru nad oedd ganddo nerth i roi.

Teek a été le plus battu parce qu'il était plus frais, mais qu'il s'estompait rapidement.

Cafodd Teek ei guro fwyaf oherwydd ei fod yn fwy ffres, ond yn pylu'n gyflym.

Et Buck, toujours en tête, ne maintenait plus l'ordre ni ne le faisait respecter.

Ac nid oedd Buck, yn dal ar y blaen, yn cadw trefn nac yn ei gorfodi mwyach.

À moitié aveugle à cause de sa faiblesse, Buck suivit la piste au toucher seul.

Yn hanner dall gyda gwendid, dilynodd Buck y llwybr ar ei ben ei hun.

C'était un beau temps printanier, mais aucun d'entre eux ne l'a remarqué.

Roedd hi'n dywydd gwanwyn hyfryd, ond wnaeth yr un ohonyn nhw sylwi arno.

Chaque jour, le soleil se levait plus tôt et se couchait plus tard qu'avant.

Bob dydd roedd yr haul yn codi'n gynharach ac yn machlud yn hwyrach nag o'r blaen.

À trois heures du matin, l'aube était arrivée ; le crépuscule durait jusqu'à neuf heures.

Erbyn tri o'r gloch y bore, roedd y wawr wedi dod; parhaodd y cyfnos tan naw.
Les longues journées étaient remplies du plein soleil printanier.
Llenwyd y dyddiau hir â llewyrch llawn heulwen y gwanwyn.
Le silence fantomatique de l'hiver s'était transformé en un murmure chaleureux.
Roedd tawelwch ysbrydol y gaeaf wedi newid yn sibrwd cynnes.
Toute la terre s'éveillait, animée par la joie des êtres vivants.
Roedd yr holl dir yn deffro, yn fyw gyda llawenydd pethau byw.
Le bruit provenait de ce qui était resté mort et immobile pendant l'hiver.
Daeth y sain o'r hyn a oedd wedi gorwedd yn farw ac yn llonydd drwy'r gaeaf.
Maintenant, ces choses bougeaient à nouveau, secouant le long sommeil de gel.
Nawr, symudodd y pethau hynny eto, gan ysgwyd y cwsg rhewllyd hir i ffwrdd.
La sève montait à travers les troncs sombres des pins en attente.
Roedd sudd yn codi trwy foncyffion tywyll y coed pinwydd oedd yn aros.
Les saules et les trembles font apparaître de jeunes bourgeons brillants sur chaque brindille.
Mae helyg ac aethnen yn byrstio allan blagur ifanc llachar ar bob cangen.
Les arbustes et les vignes se parent d'un vert frais tandis que les bois prennent vie.
Gwisgodd llwyni a gwinwydd wyrdd ffres wrth i'r coed ddod yn fyw.
Les grillons chantaient la nuit et les insectes rampaient au soleil.
Roedd cricediaid yn tincian yn y nos, a phryfed yn cropian yn haul golau dydd.

Les perdrix résonnaient et les pics frappaient profondément dans les arbres.
Roedd petrisod yn byrlymu, a chnocellod yn curo'n ddwfn yn y coed.
Les écureuils bavardaient, les oiseaux chantaient et les oies klaxonnaient au-dessus des chiens.
Roedd gwiwerod yn clebran, roedd adar yn canu, a gwyddau'n honcio dros y cŵn.
Les oiseaux sauvages arrivaient en groupes serrés, volant vers le haut depuis le sud.
Daeth yr adar gwyllt mewn lletemau miniog, gan hedfan i fyny o'r de.
De chaque colline venait la musique des ruisseaux cachés et impétueux.
O bob bryn daeth cerddoriaeth nentydd cudd, rhuthro.
Toutes choses ont dégelé et se sont brisées, se sont pliées et ont repris leur mouvement.
Dadmerodd popeth a thorrodd, plygodd a byrstio yn ôl i symud.
Le Yukon s'efforçait de briser les chaînes de froid de la glace gelée.
Ymdrechodd yr Yukon i dorri cadwyni oer y rhew wedi rhewi.
La glace fondait en dessous, tandis que le soleil la faisait fondre par le dessus.
Toddodd y rhew oddi tano, tra bod yr haul yn ei doddi oddi uchod.
Des trous d'aération se sont ouverts, des fissures se sont propagées et des morceaux sont tombés dans la rivière.
Agorodd tyllau aer, lledaenodd craciau, a syrthiodd darnau i'r afon.
Au milieu de toute cette vie débordante et flamboyante, les voyageurs titubaient.
Ynghanol yr holl fywyd prysur a thanllyd hwn, roedd y teithwyr yn siglo.
Deux hommes, une femme et une meute de huskies marchaient comme des morts.

Cerddodd dau ddyn, menyw, a heidiau o gŵn husk fel y meirw.

Les chiens tombaient, Mercedes pleurait, mais continuait à conduire le traîneau.

Roedd y cŵn yn cwympo, roedd Mercedes yn wylo, ond yn dal i reidio'r sled.

Hal jura faiblement et Charles cligna des yeux à travers ses yeux larmoyants.

Melltithiodd Hal yn wan, a blinciodd Charles trwy lygaid dyfrio.

Ils tombèrent sur le camp de John Thornton à l'embouchure de la rivière White.

Fe wnaethon nhw faglu i mewn i wersyll John Thornton wrth aber Afon Gwyn.

Lorsqu'ils s'arrêtèrent, les chiens s'effondrèrent, comme s'ils étaient tous morts.

Pan stopion nhw, syrthiodd y cŵn yn fflat, fel pe baent i gyd wedi marw.

Mercedes essuya ses larmes et regarda John Thornton.

Sychodd Mercedes ei dagrau ac edrychodd ar draws at John Thornton.

Charles s'assit sur une bûche, lentement et raidement, souffrant du sentier.

Eisteddodd Charles ar foncyff, yn araf ac yn stiff, yn boenus o'r llwybr.

Hal parlait pendant que Thornton sculptait l'extrémité d'un manche de hache.

Hal wnaeth y siarad wrth i Thornton gerfio pen handlen bwyell.

Il taillait du bois de bouleau et répondait par des réponses brèves et fermes.

Naddodd bren bedw ac atebodd gydag atebion byr, cadarn.

Lorsqu'on lui a demandé son avis, il a donné des conseils, certain qu'ils ne seraient pas suivis.

Pan ofynnwyd iddo, rhoddodd gyngor, yn sicr na fyddai'n cael ei ddilyn.

Hal a expliqué : « Ils nous ont dit que la glace du sentier disparaissait. »
Esboniodd Hal, "Dywedon nhw wrthon ni fod iâ'r llwybr yn cwympo allan."
« Ils ont dit que nous devions rester sur place, mais nous sommes arrivés à White River. »
"Dywedon nhw y dylen ni aros lle rydyn ni—ond fe gyrhaeddon ni Afon Wen."
Il a terminé sur un ton moqueur, comme pour crier victoire dans les difficultés.
Gorffennodd gyda thôn watwarus, fel pe bai'n hawlio buddugoliaeth mewn caledi.
« Et ils t'ont dit la vérité », répondit doucement John Thornton à Hal.
"A dywedon nhw'r gwir wrthych chi," atebodd John Thornton i Hal yn dawel.
« La glace peut céder à tout moment, elle est prête à tomber. »
"Gall yr iâ ildio ar unrhyw adeg—mae'n barod i ddisgyn allan."
« Seuls un peu de chance et des imbéciles ont pu arriver jusqu'ici en vie. »
"Dim ond lwc ddall a ffyliaid allai fod wedi cyrraedd mor bell â hyn yn fyw."
« Je vous le dis franchement, je ne risquerais pas ma vie pour tout l'or de l'Alaska. »
"Rwy'n dweud yn blwmp ac yn blaen wrthych chi, fyddwn i ddim yn peryglu fy mywyd dros holl aur Alaska."
« C'est parce que tu n'es pas un imbécile, je suppose », répondit Hal.
"Dyna oherwydd nad wyt ti'n ffŵl, mae'n debyg," atebodd Hal.
« Tout de même, nous irons à Dawson. » Il déroula son fouet.
"Serch hynny, awn ymlaen at Dawson." Datgochodd ei chwip.
« Monte là-haut, Buck ! Salut ! Debout ! Vas-y ! » cria-t-il durement.

"Cod i fyny yna, Buck! Helo! Cod i fyny! Dos ymlaen!" gwaeddodd yn llym.

Thornton continuait à tailler, sachant que les imbéciles n'entendraient pas la raison.

Daliodd Thornton ati i naddu, gan wybod na fyddai ffyliaid yn gwrando ar reswm.

Arrêter un imbécile était futile, et deux ou trois imbéciles ne changeaient rien.

Roedd atal ffŵl yn ofer—ac ni newidiodd dau neu dri o bobl wedi cael eu twyllo ddim.

Mais l'équipe n'a pas bougé au son de l'ordre de Hal.

Ond ni symudodd y tîm wrth sŵn gorchymyn Hal.

Désormais, seuls les coups pouvaient les faire se relever et avancer.

Erbyn hyn, dim ond ergydion allai eu gwneud yn codi a thynnu ymlaen.

Le fouet claquait encore et encore sur les chiens affaiblis.

Cleciaodd y chwip dro ar ôl tro ar draws y cŵn gwanedig.

John Thornton serra fermement ses lèvres et regarda en silence.

Gwasgodd John Thornton ei wefusau'n dynn a gwylio mewn distawrwydd.

Solleks fut le premier à se relever sous le fouet.

Solleks oedd y cyntaf i gropian i'w draed o dan y chwip.

Puis Teek le suivit, tremblant. Joe poussa un cri en se relevant.

Yna dilynodd Teek, yn crynu. Gwaeddodd Joe wrth iddo faglu i fyny.

Pike a essayé de se relever, a échoué deux fois, puis est finalement resté debout, chancelant.

Ceisiodd Pike godi, methodd ddwywaith, yna safodd yn ansicr o'r diwedd.

Mais Buck resta là où il était tombé, sans bouger du tout cette fois.

Ond gorweddodd Buck lle'r oedd wedi syrthio, heb symud o gwbl y tro hwn.

Le fouet le frappait à plusieurs reprises, mais il ne faisait aucun bruit.
Trawodd y chwip ef dro ar ôl tro, ond ni wnaeth unrhyw sŵn.
Il n'a pas bronché ni résisté, il est simplement resté immobile et silencieux.
Ni wnaeth grynu na gwrthsefyll, dim ond arhosodd yn llonydd ac yn dawel.
Thornton remua plus d'une fois, comme pour parler, mais ne le fit pas.
Trowodd Thornton fwy nag unwaith, fel pe bai'n siarad, ond wnaeth e ddim.
Ses yeux s'humidifièrent, et le fouet continuait à claquer contre Buck.
Gwlychodd ei lygaid, ac roedd y chwip yn dal i gracio yn erbyn Buck.
Finalement, Thornton commença à marcher lentement, ne sachant pas quoi faire.
O'r diwedd, dechreuodd Thornton gerdded yn araf, yn ansicr beth i'w wneud.
C'était la première fois que Buck échouait, et Hal devint furieux.
Dyma'r tro cyntaf i Buck fethu, a daeth Hal yn gandryll.
Il a jeté le fouet et a pris la lourde massue à la place.
Taflodd y chwip i lawr a chodi'r clwb trwm yn lle hynny.
Le gourdin en bois s'abattit violemment, mais Buck ne se releva toujours pas pour bouger.
Daeth y clwb pren i lawr yn galed, ond ni chododd Buck i symud o hyd.
Comme ses coéquipiers, il était trop faible, mais plus que cela.
Fel ei gyd-chwaraewyr, roedd yn rhy wan—ond yn fwy na hynny.
Buck avait décidé de ne pas bouger, quoi qu'il arrive.
Roedd Buck wedi penderfynu peidio â symud, beth bynnag a ddeuai nesaf.
Il sentait quelque chose de sombre et de certain planer juste devant lui.

Teimlodd rywbeth tywyll a sicr yn hofran ychydig o'i flaen.
Cette peur l'avait saisi dès qu'il avait atteint la rive du fleuve.
Cipiodd yr ofn hwnnw ef cyn gynted ag y cyrhaeddodd lan yr afon.
Cette sensation ne l'avait pas quitté depuis qu'il sentait la glace s'amincir sous ses pattes.
Nid oedd y teimlad wedi ei adael ers iddo deimlo'r iâ yn denau o dan ei bawennau.
Quelque chose de terrible l'attendait – il le sentait juste au bout du sentier.
Roedd rhywbeth ofnadwy yn aros—teimlai e i lawr y llwybr.
Il n'allait pas marcher vers cette terrible chose devant lui.
Doedd e ddim am gerdded tuag at y peth ofnadwy hwnnw oedd o'i flaen
Il n'allait pas obéir à un quelconque ordre qui le conduirait à cette chose.
Nid oedd yn mynd i ufuddhau i unrhyw orchymyn a'i harweiniai at y peth hwnnw.
La douleur des coups ne l'atteignait plus guère, il était trop loin.
Prin y cyffyrddodd poen yr ergydion ag ef bellach—roedd wedi mynd yn rhy bell.
L'étincelle de vie vacillait faiblement, s'affaiblissant sous chaque coup cruel.
Fflachiodd gwreichionen bywyd yn isel, wedi'i pylu o dan bob ergyd greulon.
Ses membres semblaient lointains ; tout son corps semblait appartenir à un autre.
Teimlai ei aelodau'n bell; roedd ei gorff cyfan fel pe bai'n perthyn i rywun arall.
Il ressentit un étrange engourdissement alors que la douleur disparaissait complètement.
Teimlodd fferdod rhyfedd wrth i'r boen ddiflannu'n llwyr.
De loin, il sentait qu'il était battu, mais il le savait à peine.
O bell, roedd yn teimlo ei fod yn cael ei guro, ond prin y gwyddai.

Il pouvait entendre les coups sourds faiblement, mais ils ne faisaient plus vraiment mal.
Gallai glywed y twrw'n wan, ond nid oeddent yn brifo mewn gwirionedd mwyach.
Les coups ont porté, mais son corps ne semblait plus être le sien.
Glaniodd yr ergydion, ond nid oedd ei gorff yn teimlo fel ei gorff ei hun mwyach.
Puis, soudain, sans prévenir, John Thornton poussa un cri sauvage.
Yna'n sydyn, heb rybudd, rhoddodd John Thornton waedd wyllt.
C'était inarticulé, plus le cri d'une bête que celui d'un homme.
Roedd yn aneglur, yn fwy o gri bwystfil nag o ddyn.
Il sauta sur l'homme avec la massue et renversa Hal en arrière.
Neidiodd at y dyn gyda'r clwb a tharo Hal yn ôl.
Hal vola comme s'il avait été frappé par un arbre, atterrissant durement sur le sol.
Hedfanodd Hal fel pe bai wedi'i daro gan goeden, gan lanio'n galed ar y ddaear.
Mercedes a crié de panique et s'est agrippée au visage.
Gwaeddodd Mercedes yn uchel mewn panig a gafael yn ei hwyneb.
Charles se contenta de regarder, s'essuya les yeux et resta assis.
Dim ond edrych ymlaen a wnaeth Charles, sychodd ei lygaid, ac arhosodd yn eistedd.
Son corps était trop raide à cause de la douleur pour se lever ou aider au combat.
Roedd ei gorff yn rhy stiff gan boen i godi na helpu yn yr ymladd.
Thornton se tenait au-dessus de Buck, tremblant de fureur, incapable de parler.
Safodd Thornton uwchben Buck, yn crynu gan gynddaredd, yn methu siarad.

Il tremblait de rage et luttait pour trouver sa voix à travers elle.

Crynodd gyda chynddaredd ac ymladdodd i ddod o hyd i'w lais drwyddo.

« Si tu frappes encore ce chien, je te tue », dit-il finalement.

"Os wyt ti'n taro'r ci yna eto, byddaf yn dy ladd di," meddai o'r diwedd.

Hal essuya le sang de sa bouche et s'avança à nouveau.

Sychodd Hal waed o'i geg a daeth ymlaen eto.

« C'est mon chien », murmura-t-il. « Dégage, ou je te répare. »

"Fy nghi i ydy o," sibrydodd. "Ewch o'r ffordd, neu mi wna i eich trwsio chi."

« Je vais à Dawson, et vous ne m'en empêcherez pas », a-t-il ajouté.

"Dw i'n mynd i Dawson, a dydych chi ddim yn fy atal," ychwanegodd.

Thornton se tenait fermement entre Buck et le jeune homme en colère.

Safodd Thornton yn gadarn rhwng Buck a'r dyn ifanc blin.

Il n'avait aucune intention de s'écarter ou de laisser passer Hal.

Nid oedd ganddo unrhyw fwriad i gamu o'r neilltu na gadael i Hal fynd heibio.

Hal sortit son couteau de chasse, long et dangereux à la main.

Tynnodd Hal ei gyllell hela allan, yn hir ac yn beryglus yn ei law.

Mercedes a crié, puis pleuré, puis ri dans une hystérie sauvage.

Sgrechiodd Mercedes, yna criodd, yna chwarddodd mewn hysteria gwyllt.

Thornton frappa la main de Hal avec le manche de sa hache, fort et vite.

Trawodd Thornton law Hal â choes ei fwyell, yn galed ac yn gyflym.

Le couteau s'est détaché de la main de Hal et a volé au sol.

Cafodd y gyllell ei tharo'n rhydd o afael Hal a hedfanodd i'r llawr.
Hal essaya de ramasser le couteau, et Thornton frappa à nouveau ses jointures.
Ceisiodd Hal godi'r gyllell, a tharodd Thornton ei migyrnau eto.
Thornton se baissa alors, attrapa le couteau et le tint.
Yna plygodd Thornton i lawr, gafaelodd yn y gyllell, a'i dal.
D'un coup rapide de manche de hache, il coupa les rênes de Buck.
Gyda dau doriad cyflym o goes y fwyell, torrodd awenau Buck.
Hal n'avait plus aucune résistance et s'éloigna du chien.
Nid oedd gan Hal unrhyw ymladd ar ôl ynddo a chamodd yn ôl oddi wrth y ci.
De plus, Mercedes avait désormais besoin de ses deux bras pour se maintenir debout.
Heblaw, roedd angen y ddwy fraich ar Mercedes nawr i'w chadw'n unionsyth.
Buck était trop proche de la mort pour pouvoir à nouveau tirer un traîneau.
Roedd Buck yn rhy agos at farwolaeth i fod o ddefnydd i dynnu sled eto.
Quelques minutes plus tard, ils se sont retirés et ont descendu la rivière.
Ychydig funudau'n ddiweddarach, fe wnaethon nhw dynnu allan, gan anelu i lawr yr afon.
Buck leva faiblement la tête et les regarda quitter la banque.
Cododd Buck ei ben yn wan a'u gwylio nhw'n gadael y banc.
Pike a mené l'équipe, avec Solleks à l'arrière dans la roue.
Pike oedd ar y blaen yn y tîm, gyda Solleks yn y cefn yn y safle olwyn.
Joe et Teek marchaient entre eux, tous deux boitant d'épuisement.
Cerddodd Joe a Teek rhyngddynt, y ddau yn cloffi o flinder.
Mercedes s'assit sur le traîneau et Hal saisit le long mât.

Eisteddodd Mercedes ar y sled, a gafaelodd Hal yn y polyn hir.

Charles trébuchait derrière, ses pas maladroits et incertains.
Baglodd Charles y tu ôl, ei gamau'n lletchwith ac yn ansicr.

Thornton s'agenouilla près de Buck et chercha doucement des os cassés.
Penliniodd Thornton wrth ymyl Buck a theimlo'n ysgafn am esgyrn wedi torri.

Ses mains étaient rudes mais bougeaient avec gentillesse et attention.
Roedd ei ddwylo'n arw ond yn symud gyda charedigrwydd a gofal.

Le corps de Buck était meurtri mais ne présentait aucune blessure durable.
Roedd corff Buck wedi'i gleisio ond nid oedd unrhyw anaf parhaol yn cael ei ddangos.

Ce qui restait, c'était une faim terrible et une faiblesse quasi totale.
Yr hyn a arhosodd oedd newyn ofnadwy a gwendid bron yn llwyr.

Au moment où cela fut clair, le traîneau était déjà loin en aval.
Erbyn i hyn fod yn glir, roedd y sled wedi mynd ymhell i lawr yr afon.

L'homme et le chien regardaient le traîneau ramper lentement sur la glace fissurée.
Gwyliodd y dyn a'r ci y sled yn cropian yn araf dros y rhew oedd yn cracio.

Puis, ils virent le traîneau s'enfoncer dans un creux.
Yna, gwelsant y sled yn suddo i lawr i bant.

Le mât s'est envolé, Hal s'y accrochant toujours en vain.
Hedfanodd y polyn gee i fyny, gyda Hal yn dal i lynu wrtho yn ofer.

Le cri de Mercedes les atteignit à travers la distance froide.
Cyrhaeddodd sgrech Mercedes atynt ar draws y pellter oer.

Charles se retourna et recula, mais il était trop tard.
Trodd Charles a chamu yn ôl—ond roedd yn rhy hwyr.

Une calotte glaciaire entière a cédé et ils sont tous tombés à travers.

Rhoddodd llen iâ gyfan ffordd, a syrthiasant i gyd drwodd.

Les chiens, le traîneau et les gens ont disparu dans l'eau noire en contrebas.

Diflannodd cŵn, sled, a phobl i'r dŵr du isod.

Il ne restait qu'un large trou dans la glace là où ils étaient passés.

Dim ond twll llydan yn yr iâ oedd ar ôl lle roedden nhw wedi pasio.

Le fond du sentier s'était affaissé, comme Thornton l'avait prévenu.

Roedd gwaelod y llwybr wedi cwympo allan—yn union fel y rhybuddiodd Thornton.

Thornton et Buck se regardèrent, silencieux pendant un moment.

Edrychodd Thornton a Buck ar ei gilydd, yn dawel am eiliad.

« Pauvre diable », dit doucement Thornton, et Buck lui lécha la main.

"Ti ddiawl tlawd," meddai Thornton yn feddal, a llyfu Buck ei law.

Pour l'amour d'un homme
Er Cariad Dyn

John Thornton s'est gelé les pieds dans le froid du mois de décembre précédent.
Rhewodd John Thornton ei draed yn oerfel y mis Rhagfyr blaenorol.
Ses partenaires l'ont mis à l'aise et l'ont laissé se rétablir seul.
Gwnaeth ei bartneriaid iddo fod yn gyfforddus a'i adael i wella ar ei ben ei hun.
Ils remontèrent la rivière pour rassembler un radeau de billes de bois pour Dawson.
Aethant i fyny'r afon i gasglu llu o foncyffion llifio i Dawson.
Il boitait encore légèrement lorsqu'il a sauvé Buck de la mort.
Roedd yn dal i gloffi ychydig pan achubodd Buck rhag marwolaeth.
Mais avec le temps chaud qui continue, même cette boiterie a disparu.
Ond gyda'r tywydd cynnes yn parhau, diflannodd hyd yn oed y cloffni hwnnw.
Allongé au bord de la rivière pendant les longues journées de printemps, Buck se reposait.
Gan orwedd wrth lan yr afon yn ystod dyddiau hir y gwanwyn, gorffwysodd Buck.
Il regardait l'eau couler et écoutait les oiseaux et les insectes.
Gwyliodd y dŵr yn llifo a gwrando ar adar a phryfed.
Lentement, Buck reprit ses forces sous le soleil et le ciel.
Yn araf bach, adennillodd Buck ei nerth o dan yr haul a'r awyr.
Un repos merveilleux après avoir parcouru trois mille kilomètres.
Roedd gorffwys yn teimlo'n hyfryd ar ôl teithio tair mil o filltiroedd.
Buck est devenu paresseux à mesure que ses blessures guérissaient et que son corps se remplissait.

Daeth Buck yn ddiog wrth i'w glwyfau wella a'i gorff lenwi.
Ses muscles se raffermirent et la chair revint recouvrir ses os.
Tyfodd ei gyhyrau'n gadarn, a dychwelodd cnawd i orchuddio ei esgyrn.
Ils se reposaient tous : Buck, Thornton, Skeet et Nig.
Roedden nhw i gyd yn gorffwys—Buck, Thornton, Skeet, a Nig.
Ils attendaient le radeau qui allait les transporter jusqu'à Dawson.
Fe wnaethon nhw aros am y rafft oedd yn mynd i'w cario nhw i lawr i Dawson.
Skeet était un petit setter irlandais qui s'est lié d'amitié avec Buck.
Ci bach Gwyddelig oedd Skeet a wnaeth ffrindiau gyda Buck.
Buck était trop faible et malade pour lui résister lors de leur première rencontre.
Roedd Buck yn rhy wan ac yn rhy sâl i'w gwrthsefyll yn eu cyfarfod cyntaf.
Skeet avait le trait de guérisseur que certains chiens possèdent naturellement.
Roedd gan Skeet y nodwedd iachäwr sydd gan rai cŵn yn naturiol.
Comme une mère chatte, elle lécha et nettoya les blessures à vif de Buck.
Fel mam gath, roedd hi'n llyfu a glanhau clwyfau crai Buck.
Chaque matin, après le petit-déjeuner, elle répétait son travail minutieux.
Bob bore ar ôl brecwast, ailadroddodd ei gwaith gofalus.
Buck s'attendait à son aide autant qu'à celle de Thornton.
Daeth Buck i ddisgwyl ei chymorth hi cymaint ag yr oedd yn disgwyl cymorth Thornton.
Nig était également amical, mais moins ouvert et moins affectueux.
Roedd Nig yn gyfeillgar hefyd, ond yn llai agored a llai cariadus.
Nig était un gros chien noir, à la fois chien de Saint-Hubert et chien de chasse.

Ci du mawr oedd Nig, rhan gi gwaed a rhan gi ceirw.

Il avait des yeux rieurs et une infinie bonne nature dans son esprit.

Roedd ganddo lygaid chwerthinllyd a natur dda ddiddiwedd yn ei ysbryd.

À la surprise de Buck, aucun des deux chiens n'a montré de jalousie envers lui.

Er syndod i Buck, ni ddangosodd y naill gi na'r llall genfigen tuag ato.

Skeet et Nig ont tous deux partagé la gentillesse de John Thornton.

Rhannodd Skeet a Nig garedigrwydd John Thornton.

À mesure que Buck devenait plus fort, ils l'ont attiré dans des jeux de chiens stupides.

Wrth i Buck fynd yn gryfach, fe wnaethon nhw ei ddenu i gemau cŵn ffôl.

Thornton jouait souvent avec eux aussi, incapable de résister à leur joie.

Byddai Thornton yn aml yn chwarae gyda nhw hefyd, heb allu gwrthsefyll eu llawenydd.

De cette manière ludique, Buck est passé de la maladie à une nouvelle vie.

Yn y ffordd chwareus hon, symudodd Buck o salwch i fywyd newydd.

L'amour – un amour véritable, brûlant et passionné – était enfin à lui.

Cariad—cariad gwir, llosg, ac angerddol—oedd yn eiddo iddo o'r diwedd.

Il n'avait jamais connu ce genre d'amour dans le domaine de Miller.

Nid oedd erioed wedi adnabod y math hwn o gariad yn ystâd Miller.

Avec les fils du juge, il avait partagé le travail et l'aventure.

Gyda meibion y Barnwr, roedd wedi rhannu gwaith ac antur.

Chez les petits-fils, il vit une fierté raide et vantarde.

Gyda'r wyrion, gwelodd falchder anystwyth a broliog.

Il entretenait avec le juge Miller lui-même une amitié respectueuse.
Gyda'r Barnwr Miller ei hun, roedd ganddo gyfeillgarwch parchus.
Mais l'amour qui était feu, folie et adoration est venu avec Thornton.
Ond daeth cariad a oedd yn dân, yn wallgofrwydd, ac yn addoliad gyda Thornton.
Cet homme avait sauvé la vie de Buck, et cela seul signifiait beaucoup.
Roedd y dyn hwn wedi achub bywyd Buck, ac roedd hynny yn unig yn golygu llawer iawn.
Mais plus que cela, John Thornton était le type de maître idéal.
Ond yn fwy na hynny, John Thornton oedd y math delfrydol o feistr.
D'autres hommes s'occupaient de chiens par devoir ou par nécessité professionnelle.
Roedd dynion eraill yn gofalu am gŵn allan o ddyletswydd neu angen busnes.
John Thornton prenait soin de ses chiens comme s'ils étaient ses enfants.
Roedd John Thornton yn gofalu am ei gŵn fel pe baent yn blant iddo.
Il prenait soin d'eux parce qu'il les aimait et qu'il ne pouvait tout simplement pas s'en empêcher.
Roedd yn gofalu amdanyn nhw oherwydd ei fod yn eu caru ac yn syml ni allai ei helpu.
John Thornton a vu encore plus loin que la plupart des hommes n'ont jamais réussi à voir.
Gwelodd John Thornton hyd yn oed ymhellach nag y llwyddodd y rhan fwyaf o ddynion erioed i'w weld.
Il n'oubliait jamais de les saluer gentiment ou de leur adresser un mot d'encouragement.
Ni anghofiodd byth eu cyfarch yn garedig na dweud gair calonogol.

Il adorait s'asseoir avec les chiens pour de longues conversations, ou « gazeuses », comme il disait.
Roedd wrth ei fodd yn eistedd i lawr gyda'r cŵn am sgyrsiau hir, neu "gassy," fel y dywedodd.
Il aimait saisir brutalement la tête de Buck entre ses mains fortes.
Roedd yn hoffi gafael ym mhen Buck yn arw rhwng ei ddwylo cryfion.
Puis il posa sa tête contre celle de Buck et le secoua doucement.
Yna gorffwysodd ei ben ei hun yn erbyn pen Buck a'i ysgwyd yn ysgafn.
Pendant tout ce temps, il traitait Buck de noms grossiers qui signifiaient de l'amour pour Buck.
Drwy'r amser, galwodd Buck enwau anghwrtais a oedd yn golygu cariad i Buck.
Pour Buck, cette étreinte brutale et ces mots ont apporté une joie profonde.
I Buck, daeth y cofleidiad garw hwnnw a'r geiriau hynny â llawenydd dwfn.
Son cœur semblait se déchaîner de bonheur à chaque mouvement.
Roedd ei galon fel petai'n crynu'n rhydd gan hapusrwydd gyda phob symudiad.
Lorsqu'il se releva ensuite, sa bouche semblait rire.
Pan neidiodd i fyny wedyn, roedd ei geg yn edrych fel pe bai'n chwerthin.
Ses yeux brillaient et sa gorge tremblait d'une joie inexprimée.
Roedd ei lygaid yn disgleirio'n llachar a'i wddf yn crynu gan lawenydd aneiriol.
Son sourire resta figé dans cet état d'émotion et d'affection rayonnante.
Safodd ei wên yn llonydd yn y cyflwr hwnnw o emosiwn a hoffter tywynnol.
Thornton s'exclama alors pensivement : « Mon Dieu ! Il peut presque parler ! »

Yna gwaeddodd Thornton yn feddylgar, "Duw! mae bron yn gallu siarad!"

Buck avait une étrange façon d'exprimer son amour qui causait presque de la douleur.

Roedd gan Buck ffordd ryfedd o fynegi cariad a oedd bron â achosi poen.

Il serrait souvent très fort la main de Thornton entre ses dents.

Yn aml, byddai'n gafael yn llaw Thornton yn dynn iawn yn ei ddannedd.

La morsure allait laisser des marques profondes qui resteraient un certain temps après.

Roedd y brathiad yn mynd i adael marciau dwfn a arhosodd am beth amser wedyn.

Buck croyait que ces serments étaient de l'amour, et Thornton savait la même chose.

Credai Buck mai cariad oedd y llwon hynny, ac roedd Thornton yn gwybod yr un peth.

Le plus souvent, l'amour de Buck se manifestait par une adoration silencieuse, presque silencieuse.

Yn amlaf, dangoswyd cariad Buck mewn addoliad tawel, bron yn ddistaw.

Bien qu'il soit ravi lorsqu'on le touche ou qu'on lui parle, il ne cherche pas à attirer l'attention.

Er ei fod wrth ei fodd pan fyddai'n cael ei gyffwrdd neu ei siarad ag ef, nid oedd yn ceisio sylw.

Skeet a poussé son nez sous la main de Thornton jusqu'à ce qu'il la caresse.

Gwthiodd Skeet ei thrwyn o dan law Thornton nes iddo ei hanwesu.

Nig s'approcha tranquillement et posa sa grosse tête sur le genou de Thornton.

Cerddodd Nig i fyny'n dawel a gorffwys ei ben mawr ar lin Thornton.

Buck, au contraire, se contentait d'aimer à distance respectueuse.

Roedd Buck, mewn cyferbyniad, yn fodlon caru o bellter parchus.

Il resta allongé pendant des heures aux pieds de Thornton, alerte et observant attentivement.

Gorweddodd am oriau wrth draed Thornton, yn effro ac yn gwylio'n ofalus.

Buck étudiait chaque détail du visage de son maître et le moindre mouvement.

Astudiodd Buck bob manylyn o wyneb ei feistr a'r symudiad lleiaf.

Ou bien il était allongé plus loin, étudiant la silhouette de l'homme en silence.

Neu wedi dweud celwydd ymhellach i ffwrdd, gan astudio siâp y dyn mewn distawrwydd.

Buck observait chaque petit mouvement, chaque changement de posture ou de geste.

Gwyliodd Buck bob symudiad bach, pob newid mewn ystum neu ystum.

Ce lien était si puissant qu'il attirait souvent le regard de Thornton.

Mor bwerus oedd y cysylltiad hwn nes iddo aml dynnu golwg Thornton.

Il rencontra les yeux de Buck sans un mot, l'amour brillant clairement à travers.

Cyfarfu â llygaid Buck heb eiriau, cariad yn disgleirio'n glir drwyddo.

Pendant longtemps après avoir été sauvé, Buck n'a jamais laissé Thornton hors de vue.

Am gyfnod hir ar ôl cael ei achub, ni adawodd Buck Thornton o'i olwg erioed.

Chaque fois que Thornton quittait la tente, Buck le suivait de près à l'extérieur.

Pryd bynnag y byddai Thornton yn gadael y babell, byddai Buck yn ei ddilyn yn agos y tu allan.

Tous les maîtres sévères du Northland avaient fait que Buck avait peur de faire confiance.

Roedd yr holl feistri llym yn y Gogledd wedi gwneud i Buck ofni ymddiried.

Il craignait qu'aucun homme ne puisse rester son maître plus d'un court instant.

Ofnai na allai unrhyw ddyn aros yn feistr arno am fwy nag amser byr.

Il craignait que John Thornton ne disparaisse comme Perrault et François.

Roedd yn ofni y byddai John Thornton yn diflannu fel Perrault a François.

Même la nuit, la peur de le perdre hantait le sommeil agité de Buck.

Hyd yn oed yn y nos, roedd yr ofn o'i golli yn aflonyddu ar gwsg aflonydd Buck.

Quand Buck se réveilla, il se glissa dehors dans le froid et se dirigea vers la tente.

Pan ddeffrodd Buck, sleifiodd allan i'r oerfel, ac aeth at y babell.

Il écoutait attentivement le doux bruit de la respiration à l'intérieur.

Gwrandawodd yn ofalus am sŵn meddal anadlu y tu mewn.

Malgré l'amour profond de Buck pour John Thornton, la nature sauvage est restée vivante.

Er gwaethaf cariad dwfn Buck at John Thornton, arhosodd y gwyllt yn fyw.

Cet instinct primitif, éveillé dans le Nord, n'a pas disparu.

Ni ddiflannodd y reddf gyntefig honno, a ddeffrodd yn y Gogledd.

L'amour a apporté la dévotion, la loyauté et le lien chaleureux du coin du feu.

Daeth cariad â ymroddiad, teyrngarwch, a chwlwm cynnes ochr y tân.

Mais Buck a également conservé son instinct sauvage, vif et toujours en alerte.

Ond cadwodd Buck ei reddfau gwyllt hefyd, yn finiog ac yn effro bob amser.

Il n'était pas seulement un animal de compagnie apprivoisé venu des terres douces de la civilisation.
Nid anifail anwes dof o diroedd meddal gwareiddiad yn unig ydoedd.
Buck était un être sauvage qui était venu s'asseoir près du feu de Thornton.
Roedd Buck yn greadur gwyllt a oedd wedi dod i mewn i eistedd wrth dân Thornton.
Il ressemblait à un chien du Southland, mais la sauvagerie vivait en lui.
Roedd yn edrych fel ci o'r De, ond roedd gwylltineb yn byw ynddo.
Son amour pour Thornton était trop grand pour permettre de voler cet homme.
Roedd ei gariad at Thornton yn rhy fawr i ganiatáu lladrad oddi wrth y dyn.
Mais dans n'importe quel autre camp, il volerait avec audace et sans relâche.
Ond mewn unrhyw wersyll arall, byddai'n dwyn yn feiddgar a heb oedi.
Il était si habile à voler que personne ne pouvait l'attraper ou l'accuser.
Roedd mor glyfar wrth ddwyn fel na allai neb ei ddal na'i gyhuddo.
Son visage et son corps étaient couverts de cicatrices dues à de nombreux combats passés.
Roedd ei wyneb a'i gorff wedi'u gorchuddio â chreithiau o lawer o ymladdfeydd yn y gorffennol.
Buck se battait toujours avec acharnement, mais maintenant il se battait avec plus de ruse.
Roedd Buck yn dal i ymladd yn ffyrnig, ond nawr roedd yn ymladd â mwy o gyfrwystra.
Skeet et Nig étaient trop doux pour se battre, et ils appartenaient à Thornton.
Roedd Skeet a Nig yn rhy addfwyn i ymladd, ac roedden nhw'n eiddo i Thornton.

Mais tout chien étranger, aussi fort ou courageux soit-il, cédait.

Ond unrhyw gi dieithr, ni waeth pa mor gryf neu ddewr, ildiodd.

Sinon, le chien se retrouvait à lutter contre Buck, à se battre pour sa vie.

Fel arall, byddai'r ci yn brwydro yn erbyn Buck; yn ymladd am ei fywyd.

Buck n'a eu aucune pitié une fois qu'il a choisi de se battre contre un autre chien.

Ni chafodd Buck drugaredd unwaith iddo ddewis ymladd yn erbyn ci arall.

Il avait bien appris la loi du gourdin et des crocs dans le Nord.

Roedd wedi dysgu cyfraith clwb a fang yn dda yn y Gogledd.

Il n'a jamais abandonné un avantage et n'a jamais reculé devant la bataille.

Ni ildiodd fantais erioed ac ni giliai byth yn ôl o'r frwydr.

Il avait étudié les Spitz et les chiens les plus féroces de la poste et de la police.

Roedd wedi astudio Spitz a chŵn mwyaf ffyrnig y post a'r heddlu.

Il savait clairement qu'il n'y avait pas de juste milieu dans un combat sauvage.

Roedd yn gwybod yn glir nad oedd tir canol mewn brwydr wyllt.

Il doit gouverner ou être gouverné ; faire preuve de miséricorde signifie faire preuve de faiblesse.

Rhaid iddo deyrnasu neu gael ei deyrnasu; roedd dangos trugaredd yn golygu dangos gwendid.

La miséricorde était inconnue dans le monde brut et brutal de la survie.

Roedd trugaredd yn anhysbys ym myd crai a chreulon goroesi.

Faire preuve de miséricorde était perçu comme de la peur, et la peur menait rapidement à la mort.

Ystyriwyd dangos trugaredd fel ofn, ac arweiniodd ofn yn gyflym at farwolaeth.

L'ancienne loi était simple : tuer ou être tué, manger ou être mangé.

Roedd yr hen gyfraith yn syml: lladd neu gael eich lladd, bwyta neu gael eich bwyta.

Cette loi venait des profondeurs du temps, et Buck la suivait pleinement.

Daeth y gyfraith honno o ddyfnderoedd amser, a dilynodd Buck hi'n llwyr.

Buck était plus vieux que son âge et que le nombre de respirations qu'il prenait.

Roedd Buck yn hŷn na'i flynyddoedd a nifer yr anadliadau a gymerodd.

Il a clairement relié le passé ancien au moment présent.

Cysylltodd y gorffennol hynafol â'r foment bresennol yn glir.

Les rythmes profonds des âges le traversaient comme les marées.

Symudodd rhythmau dwfn yr oesoedd drwyddo fel y llanw.

Le temps pulsait dans son sang aussi sûrement que les saisons faisaient bouger la terre.

Pwlsiodd amser yn ei waed mor sicr ag y symudodd tymhorau'r ddaear.

Il était assis près du feu de Thornton, la poitrine forte et les crocs blancs.

Eisteddodd wrth dân Thornton, â bron gref a dannedd gwyn.

Sa longue fourrure ondulait, mais derrière lui, les esprits des chiens sauvages observaient.

Roedd ei ffwr hir yn chwifio, ond y tu ôl iddo roedd ysbrydion cŵn gwyllt yn gwylio.

Des demi-loups et des loups à part entière s'agitaient dans son cœur et dans ses sens.

Deffrodd hanner bleiddiaid a bleiddiaid llawn yn ei galon a'i synhwyrau.

Ils goûtèrent sa viande et burent la même eau que lui.

Fe wnaethon nhw flasu ei gig ac yfed yr un dŵr ag y gwnaeth ef.

Ils reniflaient le vent à ses côtés et écoutaient la forêt.
Fe wnaethon nhw arogli'r gwynt wrth ei ochr a gwrando ar y goedwig.

Ils murmuraient la signification des sons sauvages dans l'obscurité.
Sibrydasant ystyron y synau gwyllt yn y tywyllwch.

Ils façonnaient ses humeurs et guidaient chacune de ses réactions silencieuses.
Roedden nhw'n llunio ei hwyliau ac yn arwain pob un o'i ymatebion tawel.

Ils se sont couchés avec lui pendant son sommeil et sont devenus une partie de ses rêves profonds.
Fe wnaethon nhw orwedd gydag ef wrth iddo gysgu a daethant yn rhan o'i freuddwydion dwfn.

Ils rêvaient avec lui, au-delà de lui, et constituaient son esprit même.
Breuddwydion nhw gydag ef, y tu hwnt iddo, a ffurfio ei ysbryd ei hun.

Les esprits de la nature appelèrent si fort que Buck se sentit attiré.
Galwodd ysbrydion y gwyllt mor gryf nes i Buck deimlo'n cael ei dynnu.

Chaque jour, l'humanité et ses revendications s'affaiblissaient dans le cœur de Buck.
Bob dydd, roedd dynolryw a'i hawliadau'n gwannach yng nghalon Buck.

Au plus profond de la forêt, un appel étrange et palpitant allait s'élever.
Yn ddwfn yn y goedwig, roedd galwad ryfedd a chyffrous ar fin codi.

Chaque fois qu'il entendait l'appel, Buck ressentait une envie à laquelle il ne pouvait résister.
Bob tro y byddai'n clywed yr alwad, byddai Buck yn teimlo ysfa na allai ei gwrthsefyll.

Il allait se détourner du feu et des sentiers battus des humains.

Roedd yn mynd i droi oddi wrth y tân ac oddi wrth lwybrau dynol wedi'u curo.
Il allait s'enfoncer dans la forêt, avançant sans savoir pourquoi.
Roedd yn mynd i blymio i'r goedwig, gan fynd ymlaen heb wybod pam.
Il ne remettait pas en question cette attraction, car l'appel était profond et puissant.
Ni chwestiynodd yr atyniad hwn, oherwydd roedd yr alwad yn ddwfn ac yn bwerus.
Souvent, il atteignait l'ombre verte et la terre douce et intacte
Yn aml, cyrhaeddodd y cysgod gwyrdd a'r ddaear feddal heb ei chyffwrdd
Mais ensuite, son amour profond pour John Thornton l'a ramené vers le feu.
Ond yna fe wnaeth y cariad cryf at John Thornton ei dynnu'n ôl at y tân.
Seul John Thornton tenait véritablement le cœur sauvage de Buck entre ses mains.
Dim ond John Thornton oedd yn wirioneddol yn dal calon wyllt Buck yn ei afael.
Le reste de l'humanité n'avait aucune valeur ni signification durable pour Buck.
Nid oedd gan weddill dynolryw unrhyw werth nac ystyr parhaol i Buck.
Les étrangers pourraient le féliciter ou caresser sa fourrure avec des mains amicales.
Gallai dieithriaid ei ganmol neu fwytho ei ffwr â dwylo cyfeillgar.
Buck resta impassible et s'éloigna à cause de trop d'affection.
Arhosodd Buck yn ddigyffro a cherddodd i ffwrdd oherwydd gormod o hoffter.
Hans et Pete sont arrivés avec le radeau qu'ils attendaient depuis longtemps
Cyrhaeddodd Hans a Pete gyda'r rafft yr oedd disgwyl mawr amdano.

Buck les a ignorés jusqu'à ce qu'il apprenne qu'ils étaient proches de Thornton.
Anwybyddodd Buck nhw nes iddo ddysgu eu bod nhw'n agos at Thornton.
Après cela, il les a tolérés, mais ne leur a jamais montré toute sa chaleur.
Ar ôl hynny, goddefodd nhw, ond ni ddangosodd gynhesrwydd llawn iddyn nhw erioed.
Il prenait de la nourriture ou des marques de gentillesse de leur part comme s'il leur rendait service.
Cymerodd fwyd neu garedigrwydd ganddyn nhw fel pe bai'n gwneud ffafr iddyn nhw.
Ils étaient comme Thornton : simples, honnêtes et clairs dans leurs pensées.
Roedden nhw fel Thornton — syml, gonest, ac yn glir eu meddwl.
Tous ensemble, ils se rendirent à la scierie de Dawson et au grand tourbillon
Gyda'i gilydd teithion nhw i felin lifio Dawson a'r trobwll mawr
Au cours de leur voyage, ils ont appris à comprendre profondément la nature de Buck.
Ar eu taith dysgon nhw i ddeall natur Buck yn ddwfn.
Ils n'ont pas essayé de se rapprocher comme Skeet et Nig l'avaient fait.
Wnaethon nhw ddim ceisio tyfu'n agos fel yr oedd Skeet a Nig wedi'i wneud.
Mais l'amour de Buck pour John Thornton n'a fait que s'approfondir avec le temps.
Ond dim ond dyfnhau a wnaeth cariad Buck at John Thornton dros amser.
Seul Thornton pouvait placer un sac sur le dos de Buck en été.
Dim ond Thornton allai roi pecyn ar gefn Buck yn yr haf.
Quoi que Thornton ordonne, Buck était prêt à l'exécuter pleinement.

Beth bynnag a orchmynnodd Thornton, roedd Buck yn barod i'w wneud yn llawn.

Un jour, après avoir quitté Dawson pour les sources du Tanana,

Un diwrnod, ar ôl iddyn nhw adael Dawson am flaenddyfroedd afon Tanana,

le groupe était assis sur une falaise qui descendait d'un mètre jusqu'au substrat rocheux nu.

roedd y grŵp yn eistedd ar glogwyn a oedd yn gostwng tair troedfedd i greigwely noeth.

John Thornton était assis près du bord et Buck se reposait à côté de lui.

Eisteddodd John Thornton ger yr ymyl, a gorffwysodd Buck wrth ei ymyl.

Thornton eut une pensée soudaine et attira l'attention des hommes.

Cafodd Thornton feddwl sydyn a galwodd sylw'r dynion.

Il désigna le gouffre et donna un seul ordre à Buck.

Pwyntiodd ar draws y ceunant a rhoi un gorchymyn i Buck.

« Saute, Buck ! » dit-il en balançant son bras au-dessus de la chute.

"Neidiwch, Buck!" meddai, gan siglo ei fraich allan dros y diferyn.

En un instant, il dut attraper Buck, qui sautait pour obéir.

Mewn eiliad, roedd rhaid iddo afael yn Buck, a oedd yn neidio i ufuddhau.

Hans et Pete se sont précipités en avant et ont ramené les deux hommes en sécurité.

Rhuthrodd Hans a Pete ymlaen a thynnu'r ddau yn ôl i ddiogelwch.

Une fois que tout fut terminé et qu'ils eurent repris leur souffle, Pete prit la parole.

Ar ôl i bopeth ddod i ben, a'u bod nhw wedi dal eu gwynt, siaradodd Pete.

« L'amour est étrange », dit-il, secoué par la dévotion féroce du chien.

"Mae'r cariad yn rhyfeddol," meddai, wedi'i ysgwyd gan ymroddiad ffyrnig y ci.

Thornton secoua la tête et répondit avec un sérieux calme.

Ysgwydodd Thornton ei ben ac atebodd gyda difrifoldeb tawel.

« Non, l'amour est splendide », dit-il, « mais aussi terrible. »

"Na, mae'r cariad yn wych," meddai, "ond hefyd yn ofnadwy."

« Parfois, je dois l'admettre, ce genre d'amour me fait peur. »

"Weithiau, rhaid i mi gyfaddef, mae'r math yma o gariad yn gwneud i mi ofni."

Pete hocha la tête et dit : « Je détesterais être l'homme qui te touche. »

Nodiodd Pete a dweud, "Byddai'n gas gen i fod y dyn sy'n eich cyffwrdd chi."

Il regarda Buck pendant qu'il parlait, sérieux et plein de respect.

Edrychodd ar Buck wrth iddo siarad, yn ddifrifol ac yn llawn parch.

« Py Jingo ! » s'empressa de dire Hans. « Moi non plus, non monsieur. »

"Py Jingo!" meddai Hans yn gyflym. "Fi chwaith, na syr."

Avant la fin de l'année, les craintes de Pete se sont réalisées à Circle City.

Cyn i'r flwyddyn ddod i ben, daeth ofnau Pete yn wir yn Circle City.

Un homme cruel nommé Black Burton a provoqué une bagarre dans le bar.

Dechreuodd dyn creulon o'r enw Burton Du ymladd yn y bar.

Il était en colère et malveillant, s'en prenant à un nouveau tendre.

Roedd yn ddig ac yn faleisus, gan ymosod ar droed dyner newydd.

John Thornton est intervenu, calme et de bonne humeur comme toujours.

Camodd John Thornton i mewn, yn dawel ac yn garedig fel bob amser.

Buck était allongé dans un coin, la tête baissée, observant Thornton de près.

Gorweddodd Buck mewn cornel, ei ben i lawr, yn gwylio Thornton yn agos.

Burton frappa soudainement, son coup envoyant Thornton tourner.

Tarodd Burton yn sydyn, gan wneud i Thornton droelli.

Seule la barre du bar l'a empêché de s'écraser violemment au sol.

Dim ond rheilen y bar a'i ataliodd rhag cwympo'n galed i'r llawr.

Les observateurs ont entendu un son qui n'était ni un aboiement ni un cri.

Clywodd y gwylwyr sŵn nad oedd yn gyfarth nac yn gweiddi

un rugissement profond sortit de Buck alors qu'il se lançait vers l'homme.

Daeth rhuo dwfn gan Buck wrth iddo lansio tuag at y dyn.

Burton a levé le bras et a sauvé sa vie de justesse.

Cododd Burton ei fraich ac achubodd ei fywyd ei hun o drwch blewyn.

Buck l'a percuté, le faisant tomber à plat sur le sol.

Tarodd Buck i mewn iddo, gan ei daro'n fflat ar y llawr.

Buck mordit profondément le bras de l'homme, puis se jeta à la gorge.

Brathodd Buck yn ddwfn i fraich y dyn, yna rhuthrodd am y gwddf.

Burton n'a pu bloquer que partiellement et son cou a été déchiré.

Dim ond yn rhannol y gallai Burton ei rwystro, a rhwygwyd ei wddf ar agor.

Des hommes se sont précipités, les bâtons levés, et ont chassé Buck de l'homme ensanglanté.

Rhuthrodd dynion i mewn, clybiau wedi'u codi, a gyrrodd Buck oddi ar y dyn gwaedlyd.

Un chirurgien est intervenu rapidement pour arrêter l'écoulement du sang.
Gweithiodd llawfeddyg yn gyflym i atal y gwaed rhag llifo allan.
Buck marchait de long en large et grognait, essayant d'attaquer encore et encore.
Cerddodd Buck o gwmpas a grwgnach, gan geisio ymosod dro ar ôl tro.
Seuls les coups de massue l'ont empêché d'atteindre Burton.
Dim ond clybiau siglo a'i ataliodd rhag cyrraedd Burton.
Une réunion de mineurs a été convoquée et tenue sur place.
Galwyd cyfarfod glowyr a'i gynnal yno ar y fan a'r lle.
Ils ont convenu que Buck avait été provoqué et ont voté pour le libérer.
Cytunasant fod Buck wedi cael ei gythruddo a phleidleisiasant i'w ryddhau.
Mais le nom féroce de Buck résonnait désormais dans tous les camps d'Alaska.
Ond roedd enw ffyrnig Buck bellach yn atseinio ym mhob gwersyll yn Alaska.
Plus tard cet automne-là, Buck sauva à nouveau Thornton d'une nouvelle manière.
Yn ddiweddarach yr hydref hwnnw, achubodd Buck Thornton eto mewn ffordd newydd.
Les trois hommes guidaient un long bateau sur des rapides impétueux.
Roedd y tri dyn yn tywys cwch hir i lawr rhaeadrau garw.
Thornton dirigeait le bateau et donnait des indications pour se rendre sur le rivage.
Thornton oedd yn rheoli'r cwch, gan alw cyfarwyddiadau i'r lan.
Hans et Pete couraient sur terre, tenant une corde d'arbre en arbre.
Rhedodd Hans a Pete ar dir, gan ddal rhaff o goeden i goeden.
Buck suivait le rythme sur la rive, surveillant toujours son maître.

Cadwodd Buck gyflymder ar y lan, gan wylio ei feistr bob amser.

À un endroit désagréable, des rochers surplombaient les eaux vives.

Mewn un lle cas, roedd creigiau'n ymwthio allan o dan y dŵr cyflym.

Hans lâcha la corde et Thornton dirigea le bateau vers le large.

Gollyngodd Hans y rhaff, a llywiodd Thornton y cwch yn llydan.

Hans sprinta pour rattraper le bateau en passant devant les rochers dangereux.

Sbrintiodd Hans i ddal y cwch eto heibio i'r creigiau peryglus.

Le bateau a franchi le rebord mais a heurté une partie plus forte du courant.

Cliriodd y cwch y silff ond tarodd ran gryfach o'r cerrynt.

Hans a attrapé la corde trop vite et a déséquilibré le bateau.

Gafaelodd Hans yn y rhaff yn rhy gyflym a thynnu'r cwch oddi ar ei gydbwysedd.

Le bateau s'est retourné et a heurté la berge, cul en l'air.

Trodd y cwch drosodd a tharo i'r lan, y gwaelod i fyny.

Thornton a été jeté dehors et emporté dans la partie la plus sauvage de l'eau.

Cafodd Thornton ei daflu allan a'i ysgubo i ran fwyaf gwyllt y dŵr.

Aucun nageur n'aurait pu survivre dans ces eaux mortelles et tumultueuses.

Ni allai unrhyw nofiwr fod wedi goroesi yn y dyfroedd marwol, rasus hynny.

Buck sauta instantanément et poursuivit son maître sur la rivière.

Neidiodd Buck i mewn ar unwaith a rhedeg ar ôl ei feistr i lawr yr afon.

Après trois cents mètres, il atteignit enfin Thornton.

Ar ôl tri chant llath, cyrhaeddodd Thornton o'r diwedd.

Thornton attrapa la queue de Buck, et Buck se tourna vers le rivage.

Gafaelodd Thornton yng nghynffon Buck, a throdd Buck am y lan.

Il nageait de toutes ses forces, luttant contre la force de l'eau.

Nofiodd â'i holl nerth, gan ymladd yn erbyn llusgo gwyllt y dŵr.

Ils se déplaçaient en aval plus vite qu'ils ne pouvaient atteindre le rivage.

Symudasant i lawr yr afon yn gyflymach nag y gallent gyrraedd y lan.

Plus loin, la rivière rugissait plus fort alors qu'elle tombait dans des rapides mortels.

O'i flaen, roedd yr afon yn rhuo'n uwch wrth iddi syrthio i mewn i gyflymderau marwol.

Les rochers fendaient l'eau comme les dents d'un énorme peigne.

Roedd creigiau'n sleisio trwy'r dŵr fel dannedd crib enfawr.

L'attraction de l'eau près de la chute était sauvage et inévitable.

Roedd tynfa'r dŵr ger y diferyn yn wyllt ac yn anochel.

Thornton savait qu'ils ne pourraient jamais atteindre le rivage à temps.

Roedd Thornton yn gwybod na fyddent byth yn cyrraedd y lan mewn pryd.

Il a gratté un rocher, s'est écrasé sur un deuxième,

Crafodd dros un graig, tarodd ar draws ail,

Et puis il s'est écrasé contre un troisième rocher, l'attrapant à deux mains.

Ac yna fe darodd i drydydd graig, gan ei gafael â'r ddwy law.

Il lâcha Buck et cria par-dessus le rugissement : « Vas-y, Buck ! Vas-y ! »

Gollyngodd afael ar Buck a gweiddi dros y rhuo, "Dos, Buck! Dos!"

Buck n'a pas pu rester à flot et a été emporté par le courant.

Ni allai Buck aros arnofio a chafodd ei ysgubo i lawr gan y cerrynt.

Il s'est battu avec acharnement, s'efforçant de se retourner, mais n'a fait aucun progrès.

Ymladdodd yn galed, gan frwydro i droi, ond ni wnaeth unrhyw gynnydd o gwbl.

Puis il entendit Thornton répéter l'ordre par-dessus le rugissement de la rivière.

Yna clywodd Thornton yn ailadrodd y gorchymyn dros rhuo'r afon.

Buck sortit de l'eau et leva la tête comme pour un dernier regard.

Cododd Buck allan o'r dŵr, gan godi ei ben fel pe bai am edrychiad olaf.

puis il se retourna et obéit, nageant vers la rive avec résolution.

yna trodd ac ufuddhaodd, gan nofio tuag at y lan yn benderfynol.

Pete et Hans l'ont tiré à terre au dernier moment possible.

Tynnodd Pete a Hans ef i'r lan ar yr eiliad olaf bosibl.

Ils savaient que Thornton ne pourrait s'accrocher au rocher que quelques minutes de plus.

Roedden nhw'n gwybod y gallai Thornton lynu wrth y graig am funudau yn unig yn rhagor.

Ils coururent sur la berge jusqu'à un endroit bien au-dessus de l'endroit où il était suspendu.

Rhedon nhw i fyny'r lan i fan ymhell uwchben lle'r oedd e'n hongian.

Ils ont soigneusement attaché la ligne du bateau au cou et aux épaules de Buck.

Fe wnaethon nhw glymu llinyn y cwch i wddf ac ysgwyddau Buck yn ofalus.

La corde était serrée mais suffisamment lâche pour permettre la respiration et le mouvement.

Roedd y rhaff yn dynn ond yn ddigon llac i anadlu a symud.

Puis ils le jetèrent à nouveau dans la rivière tumultueuse et mortelle.

Yna fe'i lansiwyd ganddynt i'r afon ruthlyd, farwol eto.

Buck nageait avec audace mais manquait son angle face à la force du courant.

Nofiodd Buck yn feiddgar ond methodd ei ongl i rym y nant.

Il a vu trop tard qu'il allait dépasser Thornton.
Gwelodd yn rhy hwyr ei fod yn mynd i ddrifftio heibio i Thornton.
Hans tira fort sur la corde, comme si Buck était un bateau en train de chavirer.
Tynnodd Hans y rhaff yn dynn, fel pe bai Buck yn gwch yn troi drosodd.
Le courant l'a entraîné vers le fond et il a disparu sous la surface.
Tynnodd y cerrynt ef o dan, a diflannodd o dan yr wyneb.
Son corps a heurté la berge avant que Hans et Pete ne le sortent.
Tarodd ei gorff y banc cyn i Hans a Pete ei dynnu allan.
Il était à moitié noyé et ils l'ont chassé de l'eau.
Roedd wedi hanner boddi, a thyfasant y dŵr allan ohono.
Buck se leva, tituba et s'effondra à nouveau sur le sol.
Safodd Buck, siglodd, a chwympodd eto ar y llawr.
Puis ils entendirent la voix de Thornton faiblement portée par le vent.
Yna clywsant lais Thornton yn cael ei gario'n wan gan y gwynt.
Même si les mots n'étaient pas clairs, ils savaient qu'il était proche de la mort.
Er bod y geiriau'n aneglur, roedden nhw'n gwybod ei fod bron â marw.
Le son de la voix de Thornton frappa Buck comme une décharge électrique.
Tarodd sŵn llais Thornton Buck fel ysgytwad drydanol.
Il sauta et courut sur la berge, retournant au point de lancement.
Neidiodd i fyny a rhedeg i fyny'r lan, gan ddychwelyd i'r man lansio.
Ils attachèrent à nouveau la corde à Buck, et il entra à nouveau dans le ruisseau.
Unwaith eto fe glymasant y rhaff i Buck, ac unwaith eto aeth i mewn i'r nant.

Cette fois, il nagea directement et fermement dans l'eau tumultueuse.
Y tro hwn, nofiodd yn uniongyrchol ac yn gadarn i'r dŵr rhuthro.
Hans laissa sortir la corde régulièrement tandis que Pete l'empêchait de s'emmêler.
Gollyngodd Hans y rhaff allan yn gyson tra bod Pete yn ei hatal rhag mynd yn glwm.
Buck a nagé avec acharnement jusqu'à ce qu'il soit aligné juste au-dessus de Thornton.
Nofiodd Buck yn galed nes iddo gael ei leinio ychydig uwchben Thornton.
Puis il s'est retourné et a foncé comme un train à toute vitesse.
Yna trodd a rhuthro i lawr fel trên ar gyflymder llawn.
Thornton le vit arriver, se redressa et entoura son cou de ses bras.
Gwelodd Thornton ef yn dod, wedi ymbaratoi, ac wedi cloi breichiau o amgylch ei wddf.
Hans a attaché la corde fermement autour d'un arbre alors qu'ils étaient tous les deux entraînés sous l'eau.
Clymodd Hans y rhaff yn gyflym o amgylch coeden wrth i'r ddau gael eu tynnu oddi tano.
Ils ont dégringolé sous l'eau, s'écrasant contre des rochers et des débris de la rivière.
Fe wnaethon nhw syrthio o dan y dŵr, gan daro i mewn i greigiau a malurion afon.
Un instant, Buck était au sommet, l'instant d'après, Thornton se levait en haletant.
Un eiliad roedd Buck ar ei ben, y funud nesaf cododd Thornton gan anadlu'n drwm.
Battus et étouffés, ils se dirigèrent vers la rive et la sécurité.
Wedi'u curo ac yn tagu, fe wnaethon nhw droi at y lan a man diogel.
Thornton a repris connaissance, allongé sur un tronc d'arbre.
Daeth Thornton yn ôl i ymwybyddiaeth, yn gorwedd ar draws boncyff drifft.

Hans et Pete ont travaillé dur pour lui redonner souffle et vie.
Gweithiodd Hans a Pete yn galed ag ef i ddod ag anadl a bywyd yn ôl.
Sa première pensée fut pour Buck, qui gisait immobile et mou.
Ei feddwl cyntaf oedd am Buck, a orweddai'n ddisymud ac yn llipa.
Nig hurla sur le corps de Buck et Skeet lui lécha doucement le visage.
Udodd Nig dros gorff Buck, a llyfuodd Skeet ei wyneb yn ysgafn.
Thornton, endolori et meurtri, examina Buck avec des mains prudentes.
Archwiliodd Thornton, yn ddolurus ac wedi'i gleisio, Buck â dwylo gofalus.
Il a trouvé trois côtes cassées, mais aucune blessure mortelle chez le chien.
Canfu fod tri asen wedi torri, ond dim clwyfau angheuol yn y ci.
« C'est réglé », dit Thornton. « On campe ici. » Et c'est ce qu'ils firent.
"Mae hynny'n setlo'r cyfan," meddai Thornton. "Rydyn ni'n gwersylla yma." Ac fe wnaethon nhw.
Ils sont restés jusqu'à ce que les côtes de Buck soient guéries et qu'il puisse à nouveau marcher.
Arhoson nhw nes i asennau Buck wella a'i fod yn gallu cerdded eto.

Cet hiver-là, Buck accomplit un exploit qui augmenta encore sa renommée.
Y gaeaf hwnnw, perfformiodd Buck gamp a gododd ei enwogrwydd ymhellach.
C'était moins héroïque que de sauver Thornton, mais tout aussi impressionnant.
Roedd yn llai arwrol nag achub Thornton, ond yr un mor drawiadol.

À Dawson, les partenaires avaient besoin de provisions pour un long voyage.
Yn Dawson, roedd angen cyflenwadau ar y partneriaid ar gyfer taith bell.
Ils voulaient voyager vers l'Est, dans des terres sauvages et intactes.
Roedden nhw eisiau teithio i'r Dwyrain, i diroedd anialwch heb eu cyffwrdd.
L'acte de Buck dans l'Eldorado Saloon a rendu ce voyage possible.
Gwnaeth gweithred Buck yn yr Eldorado Saloon y daith honno'n bosibl.
Tout a commencé avec des hommes qui se vantaient de leurs chiens en buvant un verre.
Dechreuodd gyda dynion yn brolio am eu cŵn dros ddiodydd.
La renommée de Buck a fait de lui la cible de défis et de doutes.
Gwnaeth enwogrwydd Buck ef yn darged heriau ac amheuaeth.
Thornton, fier et calme, resta ferme dans la défense du nom de Buck.
Safodd Thornton, yn falch ac yn dawel, yn gadarn wrth amddiffyn enw Buck.
Un homme a déclaré que son chien pouvait facilement tirer deux cents kilos.
Dywedodd un dyn y gallai ei gi dynnu pum cant o bunnoedd yn rhwydd.
Un autre a dit six cents, et un troisième s'est vanté d'en avoir sept cents.
Dywedodd un arall chwe chant, ac ymffrostiodd trydydd saith cant.
« Pfft ! » dit John Thornton, « Buck peut tirer un traîneau de mille livres. »
"Pfft!" meddai John Thornton, "Gall Buck dynnu sled mil o bunnoedd."

Matthewson, un roi de Bonanza, s'est penché en avant et l'a défié.

Plygodd Matthewson, Brenin Bonanza, ymlaen a'i herio.

« Tu penses qu'il peut mettre autant de poids en mouvement ? »

"Tybed a all e roi cymaint o bwysau mewn symudiad?"

« Et tu penses qu'il peut tirer le poids sur une centaine de mètres ? »

"Ac wyt ti'n meddwl y gall e dynnu'r pwysau cant llath llawn?"

Thornton répondit froidement : « Oui. Buck est assez doué pour le faire. »

Atebodd Thornton yn oer, "Ie. Mae Buck yn ddigon ci i wneud hynny."

« Il mettra mille livres en mouvement et le tirera sur une centaine de mètres. »

"Bydd yn rhoi mil o bunnoedd ar waith, ac yn ei dynnu cant llath."

Matthewson sourit lentement et s'assura que tous les hommes entendaient ses paroles.

Gwenodd Matthewson yn araf a gwneud yn siŵr bod pob dyn yn clywed ei eiriau.

« J'ai mille dollars qui disent qu'il ne peut pas. Le voilà. »

"Mae gen i fil o ddoleri sy'n dweud na all e. Dyna fe."

Il a claqué un sac de poussière d'or de la taille d'une saucisse sur le bar.

Taflodd sach o lwch aur maint selsig ar y bar.

Personne ne dit un mot. Le silence devint pesant et tendu autour d'eux.

Ni ddywedodd neb air. Daeth y distawrwydd yn drwm ac yn dynn o'u cwmpas.

Le bluff de Thornton – s'il en était un – avait été pris au sérieux.

Roedd bluff Thornton—os oedd un—wedi cael ei gymryd o ddifrif.

Il sentit la chaleur monter sur son visage tandis que le sang affluait sur ses joues.

Teimlodd wres yn codi yn ei wyneb wrth i waed ruthro i'w fochau.

Sa langue avait pris le pas sur sa raison à ce moment-là.

Roedd ei dafod wedi mynd o flaen ei reswm ar y foment honno.

Il ne savait vraiment pas si Buck pouvait déplacer mille livres.

Doedd e wir ddim yn gwybod a allai Buck symud mil o bunnoedd.

Une demi-tonne ! Rien que sa taille lui pesait le cœur.

Hanner tunnell! Roedd ei faint yn unig yn gwneud i'w galon deimlo'n drwm.

Il avait foi en la force de Buck et le pensait capable.

Roedd ganddo ffydd yng nghryfder Buck ac roedd wedi meddwl ei fod yn abl.

Mais il n'avait jamais été confronté à ce genre de défi, pas comme celui-ci.

Ond nid oedd erioed wedi wynebu'r math hwn o her, nid fel hon.

Une douzaine d'hommes l'observaient tranquillement, attendant de voir ce qu'il allait faire.

Gwyliodd dwsin o ddynion ef yn dawel, yn aros i weld beth fyddai'n ei wneud.

Il n'avait pas d'argent, ni Hans ni Pete.

Doedd ganddo ddim yr arian—nid oedd gan Hans na Pete chwaith.

« J'ai un traîneau dehors », dit Matthewson froidement et directement.

"Mae gen i sled y tu allan," meddai Matthewson yn oer ac yn uniongyrchol.

« Il est chargé de vingt sacs de cinquante livres chacun, tous de farine.

"Mae wedi'i lwytho ag ugain sach, hanner cant pwys yr un, y cyfan yn flawd.

« Alors ne laissez pas un traîneau manquant devenir votre excuse maintenant », a-t-il ajouté.

Felly peidiwch â gadael i sled coll fod yn esgus i chi nawr," ychwanegodd.

Thornton resta silencieux. Il ne savait pas quels mots lui dire.

Safodd Thornton yn dawel. Doedd e ddim yn gwybod pa eiriau i'w cynnig.

Il regarda les visages autour de lui sans les voir clairement.

Edrychodd o gwmpas ar yr wynebau heb eu gweld yn glir.

Il ressemblait à un homme figé dans ses pensées, essayant de redémarrer.

Roedd yn edrych fel dyn wedi rhewi mewn meddwl, yn ceisio ailgychwyn.

Puis il a vu Jim O'Brien, un ami de l'époque Mastodon.

Yna gwelodd Jim O'Brien, ffrind o ddyddiau'r Mastodoniaid.

Ce visage familier lui a donné un courage qu'il ne savait pas avoir.

Rhoddodd yr wyneb cyfarwydd hwnnw ddewrder iddo nad oedd yn gwybod ei fod ganddo.

Il se tourna et demanda à voix basse : « Peux-tu me prêter mille ? »

Trodd a gofyn mewn llais isel, "Allwch chi fenthyg mil i mi?"

« Bien sûr », dit O'Brien, laissant déjà tomber un lourd sac près de l'or.

"Wrth gwrs," meddai O'Brien, gan ollwng sach trwm wrth yr aur yn barod.

« Mais honnêtement, John, je ne crois pas que la bête puisse faire ça. »

"Ond a dweud y gwir, John, dydw i ddim yn credu y gall y bwystfil wneud hyn."

Tout le monde dans le Saloon Eldorado s'est précipité dehors pour voir l'événement.

Rhuthrodd pawb yn yr Eldorado Saloon allan i weld y digwyddiad.

Ils ont laissé les tables et les boissons, et même les jeux ont été interrompus.

Gadawon nhw fyrddau a diodydd, a hyd yn oed cafodd y gemau eu hoedi.

Les croupiers et les joueurs sont venus assister à la fin de ce pari audacieux.
Daeth deliwr a gamblwyr i weld diwedd y bet beiddgar.
Des centaines de personnes se sont rassemblées autour du traîneau dans la rue glacée.
Ymgasglodd cannoedd o amgylch y sled yn y stryd agored rhewllyd.
Le traîneau de Matthewson était chargé d'une charge complète de sacs de farine.
Roedd sled Matthewson yn sefyll gyda llwyth llawn o sachau blawd.
Le traîneau était resté immobile pendant des heures à des températures négatives.
Roedd y sled wedi bod yn eistedd am oriau mewn tymereddau minws.
Les patins du traîneau étaient gelés et collés à la neige tassée.
Roedd rhedwyr y sled wedi rhewi'n dynn i'r eira wedi'i bacio i lawr.
Les hommes ont offert une cote de deux contre un que Buck ne pourrait pas déplacer le traîneau.
Cynigiodd dynion ods dau i un na allai Buck symud y sled.
Une dispute a éclaté sur ce que signifiait réellement « sortir ».
Dechreuodd anghydfod ynghylch beth oedd ystyr "torri allan" mewn gwirionedd.
O'Brien a déclaré que Thornton devrait desserrer la base gelée du traîneau.
Dywedodd O'Brien y dylai Thornton lacio sylfaen rewedig y sled.
Buck pourrait alors « sortir » d'un départ solide et immobile.
Yna gallai Buck "dorri allan" o ddechrau cadarn, llonydd.
Matthewson a soutenu que le chien devait également libérer les coureurs.
Dadleuodd Matthewson fod yn rhaid i'r ci ryddhau'r rhedwyr hefyd.

Les hommes qui avaient entendu le pari étaient d'accord avec le point de vue de Matthewson.
Cytunodd y dynion a glywodd y bet â barn Matthewson.
Avec cette décision, les chances sont passées à trois contre un contre Buck.
Gyda'r dyfarniad hwnnw, neidiodd y tebygolrwydd i dri-i-un yn erbyn Buck.
Personne ne s'est manifesté pour prendre en compte les chances croissantes de trois contre un.
Ni gamodd neb ymlaen i dderbyn y ods tri i un cynyddol.
Pas un seul homme ne croyait que Buck pouvait accomplir un tel exploit.
Ni chredodd unrhyw ddyn y gallai Buck gyflawni'r gamp fawr.
Thornton s'était précipité dans le pari, lourd de doutes.
Roedd Thornton wedi cael ei ruthro i mewn i'r bet, yn drwm gan amheuon.
Il regarda alors le traîneau et l'attelage de dix chiens à côté.
Nawr edrychodd ar y sled a'r tîm deg ci wrth ei ymyl.
En voyant la réalité de la tâche, elle semblait encore plus impossible.
Roedd gweld realiti'r dasg yn ei gwneud hi'n ymddangos yn fwy amhosibl.
Matthewson était plein de fierté et de confiance à ce moment-là.
Roedd Matthewson yn llawn balchder a hyder yn y foment honno.
« Trois contre un ! » cria-t-il. « Je parie mille de plus, Thornton !
"Tri i un!" gwaeddodd. "Mi fe betiaf fil arall, Thornton!"
« Que dites-vous ? » ajouta-t-il, assez fort pour que tout le monde l'entende.
"Beth wyt ti'n ei ddweud?" ychwanegodd, yn ddigon uchel i bawb ei glywed.
Le visage de Thornton exprimait ses doutes, mais son esprit s'était élevé.

Dangosodd wyneb Thornton ei amheuon, ond roedd ei ysbryd wedi codi.

Cet esprit combatif ignorait les probabilités et ne craignait rien du tout.

Anwybyddodd yr ysbryd ymladd hwnnw'r siawns ac nid oedd yn ofni dim o gwbl.

Il a appelé Hans et Pete pour apporter tout leur argent sur la table.

Galwodd ar Hans a Pete i ddod â'u holl arian parod i'r bwrdd.

Il ne leur restait plus grand-chose : seulement deux cents dollars au total.

Ychydig oedd ganddyn nhw ar ôl—dim ond dau gant o ddoleri gyda'i gilydd.

Cette petite somme représentait toute leur fortune pendant les temps difficiles.

Y swm bach hwn oedd eu cyfanswm ffortiwn yn ystod cyfnodau caled.

Pourtant, ils ont misé toute leur fortune contre le pari de Matthewson.

Serch hynny, fe wnaethon nhw osod yr holl ffortiwn yn erbyn bet Matthewson.

L'attelage de dix chiens a été dételé et éloigné du traîneau.

Datgysylltwyd y tîm deg ci a symudodd i ffwrdd o'r sled.

Buck a été placé dans les rênes, portant son harnais familier.

Gosodwyd Buck yn yr awenau, yn gwisgo ei harnais cyfarwydd.

Il avait capté l'énergie de la foule et ressenti la tension.

Roedd wedi dal egni'r dorf ac wedi teimlo'r tensiwn.

D'une manière ou d'une autre, il savait qu'il devait faire quelque chose pour John Thornton.

Rywsut, roedd yn gwybod bod yn rhaid iddo wneud rhywbeth i John Thornton.

Les gens murmuraient avec admiration devant la fière silhouette du chien.

Sibrydodd pobl gydag edmygedd at ffigur balch y ci.

Il était mince et fort, sans une seule once de chair supplémentaire.

Roedd yn fain ac yn gryf, heb un owns ychwanegol o gnawd.
Son poids total de cent cinquante livres n'était que puissance et endurance.
Ei bwysau llawn o gant a hanner pwys oedd yr holl nerth a'r dygnwch.
Le pelage de Buck brillait comme de la soie, épais de santé et de force.
Roedd côt Buck yn disgleirio fel sidan, yn drwchus o iechyd a chryfder.
La fourrure le long de son cou et de ses épaules semblait se soulever et se hérisser.
Roedd y ffwr ar hyd ei wddf a'i ysgwyddau fel pe bai'n codi ac yn gwrychog.
Sa crinière bougeait légèrement, chaque cheveu vivant de sa grande énergie.
Symudodd ei fwng ychydig, pob blew yn fyw gyda'i egni mawr.
Sa large poitrine et ses jambes fortes correspondaient à sa silhouette lourde et robuste.
Roedd ei frest lydan a'i goesau cryfion yn cyd-fynd â'i gorff trwm, caled.
Des muscles ondulaient sous son manteau, tendus et fermes comme du fer lié.
Roedd cyhyrau'n crychu o dan ei gôt, yn dynn ac yn gadarn fel haearn wedi'i rwymo.
Les hommes le touchaient et juraient qu'il était bâti comme une machine en acier.
Cyffyrddodd dynion ag ef a thyngu ei fod wedi'i adeiladu fel peiriant dur.
Les chances ont légèrement baissé à deux contre un contre le grand chien.
Gostyngodd yr ods ychydig i ddau i un yn erbyn y ci gwych.
Un homme des bancs de Skookum s'avança en bégayant.
Gwthiodd dyn o Feinciau Skookum ymlaen, gan atal dweud.
« Bien, monsieur ! J'offre huit cents pour lui – avant l'examen, monsieur ! »

"Da, syr! Rwy'n cynnig wyth cant amdano—cyn y prawf, syr!"

« Huit cents, tel qu'il est en ce moment ! » insista l'homme.

"Wyth cant, fel mae e ar hyn o bryd!" mynnodd y dyn.

Thornton s'avança, sourit et secoua calmement la tête.

Camodd Thornton ymlaen, gwenu, ac ysgwyd ei ben yn dawel.

Matthewson est rapidement intervenu avec une voix d'avertissement et un froncement de sourcils.

Camodd Matthewson i mewn yn gyflym gyda llais rhybuddiol a gwgu.

« Éloignez-vous de lui », dit-il. « Laissez-lui de l'espace. »

"Rhaid i chi gamu i ffwrdd oddi wrtho," meddai. "Rhowch le iddo."

La foule se tut ; seuls les joueurs continuaient à miser deux contre un.

Tawelodd y dorf; dim ond gamblwyr oedd yn dal i gynnig dau i un.

Tout le monde admirait la carrure de Buck, mais la charge semblait trop lourde.

Roedd pawb yn edmygu corff Buck, ond roedd y llwyth yn edrych yn rhy fawr.

Vingt sacs de farine, pesant chacun cinquante livres, semblaient beaucoup trop.

Roedd ugain sach o flawd—pob un yn pwyso hanner cant pwys—yn ymddangos yn llawer gormod.

Personne n'était prêt à ouvrir sa bourse et à risquer son argent.

Doedd neb yn fodlon agor eu cwdyn a mentro eu harian.

Thornton s'agenouilla à côté de Buck et prit sa tête à deux mains.

Penliniodd Thornton wrth ymyl Buck a chymryd ei ben yn ei ddwy law.

Il pressa sa joue contre celle de Buck et lui parla à l'oreille.

Pwysodd ei foch yn erbyn boch Buck a siaradodd i'w glust.

Il n'y avait plus de secousses enjouées ni d'insultes affectueuses murmurées.

Doedd dim ysgwyd chwareus na sibrwd sarhad cariadus bellach.

Il murmura simplement doucement : « Autant que tu m'aimes, Buck. »

Dim ond sibrydion ysgafn a wnaeth, "Cymaint ag yr wyt ti'n fy ngharu i, Buck."

Buck émit un gémissement silencieux, son impatience à peine contenue.

Gwynnodd Buck yn dawel, prin y byddai ei awyddusrwydd yn cael ei atal.

Les spectateurs observaient avec curiosité la tension qui emplissait l'air.

Gwyliodd y gwylwyr gyda chwilfrydedd wrth i densiwn lenwi'r awyr.

Le moment semblait presque irréel, comme quelque chose qui dépassait la raison.

Roedd y foment bron yn afreal, fel rhywbeth y tu hwnt i reswm.

Lorsque Thornton se leva, Buck prit doucement sa main dans ses mâchoires.

Pan safodd Thornton, cymerodd Buck ei law yn ysgafn yn ei ên.

Il appuya avec ses dents, puis relâcha lentement et doucement.

Pwysodd i lawr gyda'i ddannedd, yna gollyngodd yn araf ac yn ysgafn.

C'était une réponse silencieuse d'amour, non prononcée, mais comprise.

Roedd yn ateb tawel o gariad, nid yn cael ei ddweud, ond yn cael ei ddeall.

Thornton s'éloigna du chien et donna le signal.

Camodd Thornton yn ôl ymhell oddi wrth y ci a rhoi'r arwydd.

« Maintenant, Buck », dit-il, et Buck répondit avec un calme concentré.

"Nawr, Buck," meddai, ac ymatebodd Buck gyda thawelwch canolbwyntiedig.

Buck a resserré les traces, puis les a desserrées de quelques centimètres.
Tynhaodd Buck y traciau, yna eu llacio ychydig fodfeddi.
C'était la méthode qu'il avait apprise ; sa façon de briser le traîneau.
Dyma'r dull yr oedd wedi'i ddysgu; ei ffordd o dorri'r sled.
« Tiens ! » cria Thornton, sa voix aiguë dans le silence pesant.
"Wow!" gwaeddodd Thornton, ei lais yn finiog yn y distawrwydd trwm.
Buck se tourna vers la droite et se jeta de tout son poids.
Trodd Buck i'r dde a neidiodd â'i holl bwysau.
Le mou disparut et toute la masse de Buck heurta les lignes serrées.
Diflannodd y llacrwydd, a tharodd màs llawn Buck yr olion tynn.
Le traîneau tremblait et les patins émettaient un bruit de crépitement.
Crynodd y sled, a gwnaeth y rhedwyr sŵn cracio clir.
« Haw ! » ordonna Thornton, changeant à nouveau la direction de Buck.
"Haw!" gorchmynnodd Thornton, gan newid cyfeiriad Buck eto.
Buck répéta le mouvement, cette fois en tirant brusquement vers la gauche.
Ailadroddodd Buck y symudiad, gan dynnu'n sydyn i'r chwith y tro hwn.
Le traîneau craquait plus fort, les patins claquaient et se déplaçaient.
Craciodd y sled yn uwch, y rhedwyr yn snapio ac yn symud.
La lourde charge glissait légèrement latéralement sur la neige gelée.
Llithrodd y llwyth trwm ychydig i'r ochr ar draws yr eira wedi rhewi.
Le traîneau s'était libéré de l'emprise du sentier glacé !
Roedd y sled wedi torri'n rhydd o afael y llwybr rhewllyd!

Les hommes retenaient leur souffle, ignorant qu'ils ne respiraient même pas.
Daliodd dynion eu gwynt, heb sylweddoli nad oeddent hyd yn oed yn anadlu.
« Maintenant, TIREZ ! » cria Thornton à travers le silence glacial.
"Nawr, TYNNWCH!" gwaeddodd Thornton ar draws y distawrwydd rhewllyd.
L'ordre de Thornton résonna fort, comme le claquement d'un fouet.
Roedd gorchymyn Thornton yn atseinio'n finiog, fel crac chwip.
Buck se jeta en avant avec un mouvement violent et saccadé.
Taflodd Buck ei hun ymlaen gyda rhuthr ffyrnig a sydyn.
Tout son corps se tendit et se contracta sous l'énorme tension.
Tynnodd a chrychodd ei ffrâm gyfan oherwydd y straen enfawr.
Des muscles ondulaient sous sa fourrure comme des serpents prenant vie.
Roedd cyhyrau'n crychu o dan ei ffwr fel nadroedd yn dod yn fyw.
Sa large poitrine était basse, la tête tendue vers l'avant en direction du traîneau.
Roedd ei frest fawr yn isel, ei ben wedi'i ymestyn ymlaen tuag at y sled.
Ses pattes bougeaient comme l'éclair, ses griffes tranchant le sol gelé.
Symudodd ei bawennau fel mellten, crafangau'n sleisio'r ddaear rewedig.
Des rainures ont été creusées profondément alors qu'il luttait pour chaque centimètre de traction.
Torrwyd rhigolau'n ddwfn wrth iddo ymladd am bob modfedd o afael.
Le traîneau se balança, trembla et commença un mouvement lent ct agité.

Siglodd y sled, crynodd, a dechreuodd symudiad araf, anesmwyth.

Un pied a glissé et un homme dans la foule a gémi à haute voix.

Llithrodd un droed, ac ochainodd dyn yn y dorf yn uchel.

Puis le traîneau s'élança en avant dans un mouvement saccadé et brusque.

Yna neidiodd y sled ymlaen mewn symudiad garw, sydyn.

Cela ne s'est pas arrêté à nouveau - un demi-pouce... un pouce... deux pouces de plus.

Wnaeth e ddim stopio eto—hanner modfedd...modfedd...dwy fodfedd yn rhagor.

Les secousses devinrent plus faibles à mesure que le traîneau commençait à prendre de la vitesse.

Aeth y jerciau'n llai wrth i'r sled ddechrau cynyddu cyflymder.

Bientôt, Buck tirait avec une puissance douce et régulière.

Yn fuan roedd Buck yn tynnu â phŵer rholio llyfn, unffurf.

Les hommes haletèrent et finirent par se rappeler de respirer à nouveau.

Anadlodd y dynion yn sydyn ac o'r diwedd cofion nhw anadlu eto.

Ils n'avaient pas remarqué que leur souffle s'était arrêté de stupeur.

Doedden nhw ddim wedi sylwi bod eu hanadl wedi stopio mewn parch.

Thornton courait derrière, lançant des ordres courts et joyeux.

Rhedodd Thornton y tu ôl, gan weiddi gorchmynion byr, llawen.

Devant nous se trouvait une pile de bois de chauffage qui marquait la distance.

O'i flaen roedd pentwr o goed tân a oedd yn nodi'r pellter.

Alors que Buck s'approchait du tas, les acclamations devenaient de plus en plus fortes.

Wrth i Buck nesáu at y pentwr, tyfodd y bloeddio'n uwch ac uwch.

Les acclamations se sont transformées en rugissement lorsque Buck a dépassé le point d'arrivée.
Chwyddodd y bloeddio'n rhuo wrth i Buck basio'r pwynt terfyn.
Les hommes ont sauté et crié, même Matthewson a esquissé un sourire.
Neidiodd dynion a gweiddi, hyd yn oed Matthewson a dorrodd i wenu.
Les chapeaux volaient dans les airs, les mitaines étaient lancées sans réfléchir ni viser.
Hedfanodd hetiau i'r awyr, taflwyd maneg heb feddwl na nod.
Les hommes se sont attrapés et se sont serré la main sans savoir à qui.
Gafaelodd dynion yn ei gilydd ac ysgwyd llaw heb wybod pwy.
Toute la foule bourdonnait d'une célébration folle et joyeuse.
Roedd y dorf gyfan yn bwrlwm mewn dathliad gwyllt, llawen.
Thornton tomba à genoux à côté de Buck, les mains tremblantes.
Syrthiodd Thornton ar ei liniau wrth ymyl Buck â dwylo crynedig.
Il pressa sa tête contre celle de Buck et le secoua doucement d'avant en arrière.
Pwysodd ei ben at ben Buck a'i ysgwyd yn ysgafn yn ôl ac ymlaen.
Ceux qui s'approchaient l'entendaient maudire le chien avec un amour silencieux.
Clywodd y rhai a nesáodd ef yn melltithio'r ci â chariad tawel.
Il a insulté Buck pendant un long moment, doucement, chaleureusement, avec émotion.
Tyngodd ar Buck am amser hir — yn feddal, yn gynnes, gydag emosiwn.
« Bien, monsieur ! Bien, monsieur ! » s'écria précipitamment le roi du Banc Skookum.

"Da, syr! Da, syr!" gwaeddodd brenin Mainc Skookum ar frys.
« Je vous donne mille, non, douze cents, pour ce chien, monsieur ! »
"Rhoddaf fil i chi—na, deuddeg cant—am y ci yna, syr!"
Thornton se leva lentement, les yeux brillants d'émotion.
Cododd Thornton yn araf i'w draed, ei lygaid yn disgleirio gydag emosiwn.
Les larmes coulaient ouvertement sur ses joues sans aucune honte.
Llifodd dagrau'n agored i lawr ei fochau heb unrhyw gywilydd.
« Monsieur », dit-il au roi du banc Skookum, ferme et posé.
"Syr," meddai wrth frenin Mainc Skookum, yn gyson a chadarn
« Non, monsieur. Allez au diable, monsieur. C'est ma réponse définitive. »
"Na, syr. Gallwch fynd i uffern, syr. Dyna fy ateb terfynol."
Buck attrapa doucement la main de Thornton dans ses mâchoires puissantes.
Gafaelodd Buck yn llaw Thornton yn ysgafn yn ei ên cryf.
Thornton le secoua de manière enjouée, leur lien étant plus profond que jamais.
Ysgwydodd Thornton ef yn chwareus, eu cwlwm mor ddwfn ag erioed.
La foule, émue par l'instant, recula en silence.
Camodd y dorf, wedi'u symud gan y foment, yn ôl mewn distawrwydd.
Dès lors, personne n'osa interrompre cette affection si sacrée.
O hynny ymlaen, ni feiddiodd neb dorri ar draws hoffter mor gysegredig.

Le son de l'appel
Sain yr Alwad

Buck avait gagné seize cents dollars en cinq minutes.
Roedd Buck wedi ennill un cant ar bymtheg o ddoleri mewn pum munud.
Cet argent a permis à John Thornton de payer une partie de ses dettes.
Galluogodd yr arian John Thornton i dalu rhai o'i ddyledion.
Avec le reste de l'argent, il se dirigea vers l'Est avec ses partenaires.
Gyda gweddill yr arian aeth i'r Dwyrain gyda'i bartneriaid.
Ils cherchaient une mine perdue légendaire, aussi vieille que le pays lui-même.
Roedden nhw'n chwilio am fwynglawdd coll chwedlonol, mor hen â'r wlad ei hun.
Beaucoup d'hommes avaient cherché la mine, mais peu l'avaient trouvée.
Roedd llawer o ddynion wedi chwilio am y pwll glo, ond ychydig iawn oedd erioed wedi dod o hyd iddo.
Plus d'un homme avait disparu au cours de cette quête dangereuse.
Roedd mwy nag ychydig o ddynion wedi diflannu yn ystod y chwiliad peryglus.
Cette mine perdue était enveloppée à la fois de mystère et d'une vieille tragédie.
Roedd y pwll glo coll hwn wedi'i lapio mewn dirgelwch a hen drasiedi.
Personne ne savait qui avait été le premier homme à découvrir la mine.
Doedd neb yn gwybod pwy oedd y dyn cyntaf i ddod o hyd i'r pwll glo.
Les histoires les plus anciennes ne mentionnent personne par son nom.
Nid yw'r straeon hynaf yn sôn am neb wrth enw.
Il y avait toujours eu là une vieille cabane délabrée.
Roedd caban hynafol adfeiliedig wedi bod yno erioed.

Des hommes mourants avaient juré qu'il y avait une mine à côté de cette vieille cabane.
Roedd dynion oedd yn marw wedi tyngu llw bod pwll glo wrth ymyl yr hen gaban hwnnw.
Ils ont prouvé leurs histoires avec de l'or comme on n'en trouve nulle part ailleurs.
Profon nhw eu straeon gydag aur fel na welwyd yn unman arall.
Aucune âme vivante n'avait jamais pillé le trésor de cet endroit.
Nid oedd unrhyw enaid byw erioed wedi ysbeilio'r trysor o'r lle hwnnw.
Les morts étaient morts, et les morts ne racontent pas d'histoires.
Roedd y meirw yn farw, ac nid yw dynion meirw yn adrodd straeon.
Thornton et ses amis se dirigèrent donc vers l'Est.
Felly aeth Thornton a'i ffrindiau i'r Dwyrain.
Pete et Hans se sont joints à eux, amenant Buck et six chiens forts.
Ymunodd Pete a Hans, gan ddod â Buck a chwe chi cryf.
Ils se sont lancés sur un chemin inconnu là où d'autres avaient échoué.
Fe gychwynnon nhw ar hyd llwybr anhysbys lle roedd eraill wedi methu.
Ils ont parcouru soixante-dix milles en traîneau sur le fleuve Yukon gelé.
Fe wnaethon nhw sledio saith deg milltir i fyny Afon Yukon wedi rhewi.
Ils tournèrent à gauche et suivirent le sentier jusqu'au Stewart.
Troddant i'r chwith a dilyn y llwybr i mewn i Afon Stewart.
Ils passèrent le Mayo et le McQuestion, poursuivant leur route.
Aethant heibio i'r Mayo a'r McQuestion, gan wthio ymhellach ymlaen.

Le Stewart s'est rétréci en un ruisseau, traversant des pics déchiquetés.
Ciliodd Afon Stewart i mewn i nant, gan edafu ar draws copaon danheddog.
Ces pics acérés marquaient l'épine dorsale même du continent.
Roedd y copaon miniog hyn yn nodi asgwrn cefn y cyfandir.
John Thornton exigeait peu des hommes ou de la nature sauvage.
Ychydig oedd ei angen gan John Thornton gan ddynion na'r tir gwyllt.
Il ne craignait rien dans la nature et affrontait la nature sauvage avec aisance.
Nid oedd yn ofni dim byd yn y byd natur ac roedd yn wynebu'r gwyllt yn rhwydd.
Avec seulement du sel et un fusil, il pouvait voyager où il le souhaitait.
Gyda halen a reiffl yn unig, gallai deithio lle bynnag y dymunai.
Comme les indigènes, il chassait de la nourriture pendant ses voyages.
Fel y brodorion, roedd yn hela bwyd wrth deithio.
S'il n'attrapait rien, il continuait, confiant en la chance qui l'attendait.
Os na ddaliodd ddim, parhaodd i fynd, gan ymddiried mewn lwc o'i flaen.
Au cours de ce long voyage, la viande était la principale nourriture qu'ils mangeaient.
Ar y daith hir hon, cig oedd y prif beth a fwytaent.
Le traîneau contenait des outils et des munitions, mais aucun horaire strict.
Roedd y sled yn dal offer ac bwledi, ond dim amserlen gaeth.
Buck adorait cette errance, la chasse et la pêche sans fin.
Roedd Buck wrth ei fodd â'r crwydro hwn; yr hela a'r pysgota diddiwedd.
Pendant des semaines, ils ont voyagé jour après jour.

Am wythnosau roedden nhw'n teithio ddydd ar ôl diwrnod cyson.

D'autres fois, ils établissaient des camps et restaient immobiles pendant des semaines.

Ar adegau eraill fe wnaethon nhw wersylloedd ac aros yn llonydd am wythnosau.

Les chiens se reposaient pendant que les hommes creusaient dans la terre gelée.

Gorffwysodd y cŵn tra bod y dynion yn cloddio trwy faw wedi rhewi.

Ils chauffaient des poêles sur des feux et cherchaient de l'or caché.

Roedden nhw'n cynhesu sosbenni uwchben tanau ac yn chwilio am aur cudd.

Certains jours, ils souffraient de faim, et d'autres jours, ils faisaient des festins.

Rhai dyddiau roedden nhw'n llwgu, ac eraill roedden nhw'n cynnal gwleddoedd.

Leurs repas dépendaient du gibier et de la chance de la chasse.

Roedd eu prydau bwyd yn dibynnu ar yr helwriaeth a lwc yr helfa.

Quand l'été arrivait, les hommes et les chiens chargeaient des charges sur leur dos.

Pan ddaeth yr haf, byddai dynion a chŵn yn pacio llwythi ar eu cefnau.

Ils ont fait du rafting sur des lacs bleus cachés dans des forêts de montagne.

Fe wnaethon nhw rafftio ar draws llynnoedd glas wedi'u cuddio mewn coedwigoedd mynyddig.

Ils naviguaient sur des bateaux minces sur des rivières qu'aucun homme n'avait jamais cartographiées.

Hwylion nhw gychod main ar afonydd nad oedd dyn erioed wedi'u mapio.

Ces bateaux ont été construits à partir d'arbres sciés dans la nature.

Adeiladwyd y cychod hynny o goed a lifiwyd ganddynt yn y gwyllt.

Les mois passèrent et ils sillonnèrent des terres sauvages et inconnues.
Aeth y misoedd heibio, ac fe droellasant trwy'r tiroedd gwyllt anhysbys.
Il n'y avait pas d'hommes là-bas, mais de vieilles traces suggéraient qu'il y en avait eu.
Nid oedd unrhyw ddynion yno, ond roedd olion hen yn awgrymu bod dynion wedi bod.
Si la Cabane Perdue était réelle, alors d'autres étaient déjà passés par là.
Os oedd y Caban Coll yn real, yna roedd eraill wedi dod y ffordd hon ar un adeg.
Ils traversaient des cols élevés dans des blizzards, même pendant l'été.
Roedden nhw'n croesi bylchau uchel mewn stormydd eira, hyd yn oed yn ystod yr haf.
Ils frissonnaient sous le soleil de minuit sur les pentes nues des montagnes.
Roedden nhw'n crynu o dan haul hanner nos ar lethrau mynyddoedd noeth.
Entre la limite des arbres et les champs de neige, ils montaient lentement.
Rhwng llinell y coed a'r caeau eira, fe dringon nhw'n araf.
Dans les vallées chaudes, ils écrasaient des nuages de moucherons et de mouches.
Mewn dyffrynnoedd cynnes, roedden nhw'n taro cymylau o wybed a phryfed.
Ils cueillaient des baies sucrées près des glaciers en pleine floraison estivale.
Fe wnaethon nhw gasglu aeron melys ger rhewlifoedd yng ngolau llawn yr haf.
Les fleurs qu'ils ont trouvées étaient aussi belles que celles du Southland.

Roedd y blodau a ddaethon nhw o hyd iddyn nhw mor hyfryd â'r rhai yn y De.

Cet automne-là, ils atteignirent une région solitaire remplie de lacs silencieux.

Y cwymp hwnnw fe gyrhaeddon nhw ranbarth unig yn llawn llynnoedd tawel.

La terre était triste et vide, autrefois pleine d'oiseaux et de bêtes.

Roedd y tir yn drist ac yn wag, unwaith yn fyw gydag adar ac anifeiliaid.

Il n'y avait plus de vie, seulement le vent et la glace qui se formait dans les flaques.

Nawr doedd dim bywyd, dim ond y gwynt a'r iâ yn ffurfio mewn pyllau.

Les vagues s'écrasaient sur les rivages déserts avec un son doux et lugubre.

Lapiai tonnau yn erbyn glannau gwag gyda sain feddal, galarus.

Un autre hiver arriva et ils suivirent à nouveau de vieux sentiers lointains.

Daeth gaeaf arall, ac fe ddilynon nhw lwybrau hen, gwan eto.

C'étaient les traces d'hommes qui les avaient cherchés bien avant eux.

Dyma oedd llwybrau dynion a oedd wedi chwilio ymhell o'u blaenau.

Un jour, ils trouvèrent un chemin creusé profondément dans la forêt sombre.

Unwaith fe wnaethon nhw ddod o hyd i lwybr wedi'i dorri'n ddwfn i'r goedwig dywyll.

C'était un vieux sentier, et ils sentaient que la cabane perdue était proche.

Llwybr hen ydoedd, ac roedden nhw'n teimlo bod y caban coll yn agos.

Mais le sentier ne menait nulle part et s'enfonçait dans les bois épais.

Ond nid oedd y llwybr yn arwain i unman ac yn pylu i'r coed trwchus.

Personne ne savait qui avait fait ce sentier et pourquoi.

Pwy bynnag wnaeth y llwybr, a pham y gwnaethon nhw ei wneud, doedd neb yn gwybod.

Plus tard, ils ont trouvé l'épave d'un lodge caché parmi les arbres.

Yn ddiweddarach, fe ddaethon nhw o hyd i ddrylliad llety wedi'i guddio ymhlith y coed.

Des couvertures pourries gisaient éparpillées là où quelqu'un avait dormi.

Roedd blancedi pydredig wedi'u gwasgaru lle roedd rhywun wedi cysgu ar un adeg.

John Thornton a trouvé un fusil à silex à long canon enterré à l'intérieur.

Daeth John Thornton o hyd i fflintloc hir-faril wedi'i gladdu y tu mewn.

Il savait qu'il s'agissait d'un fusil de la Baie d'Hudson depuis les premiers jours de son commerce.

Roedd yn gwybod mai gwn Bae Hudson oedd hwn o ddyddiau masnachu cynnar.

À cette époque, ces armes étaient échangées contre des piles de peaux de castor.

Yn y dyddiau hynny roedd gynnau o'r fath yn cael eu cyfnewid am bentyrrau o grwyn afanc.

C'était tout : il ne restait aucune trace de l'homme qui avait construit le lodge.

Dyna oedd y cyfan—doedd dim cliw ar ôl am y dyn a adeiladodd y llety.

Le printemps est revenu et ils n'ont trouvé aucun signe de la Cabane Perdue.

Daeth y gwanwyn eto, ac ni chawsant unrhyw arwydd o'r Caban Coll.

Au lieu de cela, ils trouvèrent une large vallée avec un ruisseau peu profond.

Yn lle hynny, fe wnaethon nhw ddod o hyd i ddyffryn llydan gyda nant fas.

L'or recouvrait le fond des casseroles comme du beurre jaune et lisse.

Roedd aur yn gorwedd ar draws gwaelodion y badell fel menyn llyfn, melyn.

Ils s'arrêtèrent là et ne cherchèrent plus la cabane.

Fe wnaethon nhw stopio yno ac ni chwilio ymhellach am y caban.

Chaque jour, ils travaillaient et trouvaient des milliers de pièces d'or en poudre.

Bob dydd roedden nhw'n gweithio ac yn dod o hyd i filoedd mewn llwch aur.

Ils ont emballé l'or dans des sacs de peau d'élan, de cinquante livres chacun.

Fe wnaethon nhw bacio'r aur mewn bagiau o groen elc, hanner cant punt yr un.

Les sacs étaient empilés comme du bois de chauffage à l'extérieur de leur petite loge.

Roedd y bagiau wedi'u pentyrru fel coed tân y tu allan i'w llety bach.

Ils travaillaient comme des géants et les jours passaient comme des rêves rapides.

Roedden nhw'n gweithio fel cewri, ac aeth y dyddiau heibio fel breuddwydion cyflym.

Ils ont amassé des trésors au fil des jours sans fin.

Fe wnaethon nhw bentyrru trysor wrth i'r dyddiau diddiwedd rolio heibio'n gyflym.

Les chiens n'avaient pas grand-chose à faire, à part transporter de la viande de temps en temps.

Nid oedd llawer i'r cŵn ei wneud heblaw cludo cig o bryd i'w gilydd.

Thornton chassait et tuait le gibier, et Buck restait allongé près du feu.

Helodd Thornton a lladdodd yr anifeiliaid, a gorweddodd Buck wrth y tân.

Il a passé de longues heures en silence, perdu dans ses pensées et ses souvenirs.
Treuliodd oriau hir mewn distawrwydd, ar goll mewn meddwl a chof.

L'image de l'homme poilu revenait de plus en plus souvent à l'esprit de Buck.
Daeth delwedd y dyn blewog i feddwl Buck yn amlach.

Maintenant que le travail se faisait rare, Buck rêvait en clignant des yeux devant le feu.
Gan fod gwaith yn brin bellach, breuddwydiodd Buck wrth blincio at y tân.

Dans ces rêves, Buck errait avec l'homme dans un autre monde.
Yn y breuddwydion hynny, crwydrodd Buck gyda'r dyn mewn byd arall.

La peur semblait être le sentiment le plus fort dans ce monde lointain.
Ofn oedd yr ymdeimlad cryfaf yn y byd pell hwnnw, yn ôl pob golwg.

Buck vit l'homme poilu dormir avec la tête baissée.
Gwelodd Buck y dyn blewog yn cysgu â'i ben wedi'i grychu'n isel.

Ses mains étaient jointes et son sommeil était agité et interrompu.
Roedd ei ddwylo wedi'u clymu, ac roedd ei gwsg yn aflonydd ac yn doredig.

Il se réveillait en sursaut et regardait avec crainte dans le noir.
Arferai ddeffro gyda syndod a syllu'n ofnus i'r tywyllwch.

Ensuite, il jetait plus de bois sur le feu pour garder la flamme vive.
Yna byddai'n taflu mwy o goed ar y tân i gadw'r fflam yn llachar.

Parfois, ils marchaient le long d'une plage au bord d'une mer grise et infinie.
Weithiau byddent yn cerdded ar hyd traeth wrth ymyl môr llwyd, diddiwedd.

L'homme poilu ramassait des coquillages et les mangeait en marchant.
Cododd y dyn blewog bysgod cregyn a'u bwyta wrth iddo gerdded.
Ses yeux cherchaient toujours des dangers cachés dans l'ombre.
Roedd ei lygaid bob amser yn chwilio am beryglon cudd yn y cysgodion.
Ses jambes étaient toujours prêtes à sprinter au premier signe de menace.
Roedd ei goesau bob amser yn barod i sbrintio wrth yr arwydd cyntaf o fygythiad.
Ils rampaient à travers la forêt, silencieux et méfiants, côte à côte.
Fe wnaethon nhw sleifio drwy'r goedwig, yn dawel ac yn wyliadwrus, ochr yn ochr.
Buck le suivit sur ses talons, et tous deux restèrent vigilants.
Dilynodd Buck ar ei sodlau, ac arhosodd y ddau ohonyn nhw'n effro.
Leurs oreilles frémissaient et bougeaient, leurs nez reniflaient l'air.
Roedd eu clustiau'n crynu ac yn symud, eu trwynau'n arogli'r awyr.
L'homme pouvait entendre et sentir la forêt aussi intensément que Buck.
Gallai'r dyn glywed ac arogli'r goedwig mor finiog â Buck.
L'homme poilu se balançait à travers les arbres avec une vitesse soudaine.
Siglodd y dyn blewog drwy'r coed gyda chyflymder sydyn.
Il sautait de branche en branche, sans jamais lâcher prise.
Neidiodd o gangen i gangen, heb golli ei afael byth.
Il se déplaçait aussi vite au-dessus du sol que sur celui-ci.
Symudodd mor gyflym uwchben y ddaear ag y gwnaeth arni.
Buck se souvenait des longues nuits passées sous les arbres, à veiller.
Cofiai Buck nosweithiau hir o dan y coed, yn cadw golwg.

L'homme dormait perché dans les branches, s'accrochant fermement.
Cysgodd y dyn yn clwydo yn y canghennau, gan lynu'n dynn.
Cette vision de l'homme poilu était étroitement liée à l'appel des profondeurs.
Roedd y weledigaeth hon o'r dyn blewog wedi'i chysylltu'n agos â'r alwad ddofn.
L'appel résonnait toujours à travers la forêt avec une force obsédante.
Roedd y galwad yn dal i swnio drwy'r goedwig gyda grym atgofus.
L'appel remplit Buck de désir et d'un sentiment de joie incessant.
Llenwodd yr alwad Buck â hiraeth a theimlad aflonydd o lawenydd.
Il ressentait d'étranges pulsions et des frémissements qu'il ne pouvait nommer.
Teimlodd ysgogiadau a chyffroadau rhyfedd na allai eu henwi.
Parfois, il suivait l'appel au plus profond des bois tranquilles.
Weithiau byddai'n dilyn yr alwad yn ddwfn i'r coed tawel.
Il cherchait l'appel, aboyant doucement ou fort au fur et à mesure.
Chwiliodd am y galwad, gan gyfarth yn feddal neu'n finiog wrth iddo fynd.
Il renifla la mousse et la terre noire où poussaient les herbes.
Aroglodd y mwsogl a'r pridd du lle tyfodd y glaswellt.
Il renifla de plaisir aux riches odeurs de la terre profonde.
Snwdiodd gyda hyfrydwch at arogleuon cyfoethog y ddaear ddofn.
Il s'est accroupi pendant des heures derrière des troncs couverts de champignons.
Cwrcwdodd am oriau y tu ôl i foncyffion wedi'u gorchuddio â ffwng.
Il resta immobile, écoutant les yeux écarquillés chaque petit bruit.

Arhosodd yn llonydd, gan wrando â'i lygaid yn llydan ar bob sŵn bach.
Il espérait peut-être surprendre la chose qui avait lancé l'appel.
Efallai ei fod wedi gobeithio synnu'r peth a roddodd yr alwad.
Il ne savait pas pourquoi il agissait de cette façon, il le faisait simplement.
Doedd e ddim yn gwybod pam roedd e wedi ymddwyn fel hyn—fe wnaeth e'n syml.
Les pulsions venaient du plus profond de moi, au-delà de la pensée ou de la raison.
Daeth yr ysfa o ddwfn y tu mewn, y tu hwnt i feddwl na rheswm.
Des envies irrésistibles s'emparèrent de Buck sans avertissement ni raison.
Cymerodd awydd anorchfygol afael ar Buck heb rybudd na rheswm.
Parfois, il somnolait paresseusement dans le camp sous la chaleur de midi.
Ar adegau roedd yn cysgu'n ddiog yn y gwersyll o dan wres canol dydd.
Soudain, sa tête se releva et ses oreilles se dressèrent en alerte.
Yn sydyn, cododd ei ben a saethu ei glustiau i fyny'n effro.
Puis il se leva d'un bond et se précipita dans la nature sans s'arrêter.
Yna neidiodd i fyny a rhuthro i'r gwyllt heb oedi.
Il a couru pendant des heures à travers les sentiers forestiers et les espaces ouverts.
Rhedodd am oriau trwy lwybrau coedwig a mannau agored.
Il aimait suivre les lits des ruisseaux asséchés et espionner les oiseaux dans les arbres.
Roedd wrth ei fodd yn dilyn gwelyau nentydd sych ac yn ysbïo ar adar yn y coed.
Il pouvait rester caché toute la journée, à regarder les perdrix se pavaner.

Gallai orwedd yn gudd drwy'r dydd, yn gwylio petrisod yn strôc o gwmpas.

Ils tambourinaient et marchaient, inconscients de la présence de Buck.

Fe wnaethon nhw ddrymio a gorymdeithio, heb fod yn ymwybodol o bresenoldeb llonydd Buck.

Mais ce qu'il aimait le plus, c'était courir au crépuscule en été.

Ond yr hyn yr oedd yn ei garu fwyaf oedd rhedeg gyda'r cyfnos yn yr haf.

La faible lumière et les bruits endormis de la forêt le remplissaient de joie.

Llenwodd y golau gwan a synau cysglyd y goedwig ef â llawenydd.

Il lisait les panneaux forestiers aussi clairement qu'un homme lit un livre.

Darllenodd arwyddion y goedwig mor glir ag y mae dyn yn darllen llyfr.

Et il cherchait toujours la chose étrange qui l'appelait.

Ac roedd yn chwilio bob amser am y peth rhyfedd a'i galwodd.

Cet appel ne s'est jamais arrêté : il l'atteignait qu'il soit éveillé ou endormi.

Ni pheidiodd y galwad honno byth—cyrhaeddodd ef yn effro neu'n cysgu.

Une nuit, il se réveilla en sursaut, les yeux perçants et les oreilles hautes.

Un noson, deffrodd gyda syndod, llygaid miniog a chlustiau'n uchel.

Ses narines se contractaient tandis que sa crinière se dressait en vagues.

Trychodd ei ffroenau wrth i'w fwng sefyll yn donnau.

Du plus profond de la forêt, le son résonna à nouveau, le vieil appel.

O ddyfnderoedd y goedwig daeth y sŵn eto, yr hen alwad.

Cette fois, le son résonnait clairement, un hurlement long, obsédant et familier.
Y tro hwn roedd y sain yn canu'n glir, udo hir, atgofus, cyfarwydd.
C'était comme le cri d'un husky, mais d'un ton étrange et sauvage.
Roedd fel crio husky, ond yn rhyfedd ac yn wyllt ei naws.
Buck reconnut immédiatement le son – il avait entendu exactement le même son depuis longtemps.
Roedd Buck yn adnabod y sain ar unwaith—roedd wedi clywed yr union sain amser maith yn ôl.
Il sauta à travers le camp et disparut rapidement dans les bois.
Neidiodd drwy'r gwersyll a diflannodd yn gyflym i'r coed.
Alors qu'il s'approchait du bruit, il ralentit et se déplaça avec précaution.
Wrth iddo agosáu at y sain, arafodd a symudodd yn ofalus.
Bientôt, il atteignit une clairière entre d'épais pins.
Yn fuan cyrhaeddodd llannerch rhwng coed pinwydd trwchus.
Là, debout sur ses pattes arrière, était assis un loup des bois grand et maigre.
Yno, yn unionsyth ar ei gôl, eisteddai blaidd coed tal, main.
Le nez du loup pointait vers le ciel, résonnant toujours de l'appel.
Roedd trwyn y blaidd yn pwyntio tua'r awyr, yn dal i adleisio'r alwad.
Buck n'avait émis aucun son, mais le loup s'arrêta et écouta.
Nid oedd Buck wedi gwneud unrhyw sŵn, ond eto stopiodd y blaidd a gwrando.
Sentant quelque chose, le loup se tendit, scrutant l'obscurité.
Gan deimlo rhywbeth, tensiwnodd y blaidd, gan chwilio'r tywyllwch.
Buck apparut en rampant, le corps bas, les pieds immobiles sur le sol.
Llithrodd Buck i'r golwg, ei gorff yn isel, ei draed yn dawel ar y ddaear.

Sa queue était droite, son corps enroulé sous la tension.
Roedd ei gynffon yn syth, ei gorff wedi'i goilio'n dynn gyda thensiwn.
Il a montré à la fois une menace et une sorte d'amitié brutale.
Dangosodd fygythiad a math o gyfeillgarwch garw.
C'était le salut prudent partagé par les bêtes sauvages.
Dyma'r cyfarchiad gofalus a rennir gan anifeiliaid y gwyllt.
Mais le loup se retourna et s'enfuit dès qu'il vit Buck.
Ond trodd y blaidd a ffodd cyn gynted ag y gwelodd Buck.
Buck se lança à sa poursuite, sautant sauvagement, désireux de le rattraper.
Rhoddodd Buck ei erlid, gan neidio'n wyllt, yn awyddus i'w oddiweddyd.
Il suivit le loup dans un ruisseau asséché bloqué par un embâcle.
Dilynodd y blaidd i mewn i nant sych wedi'i blocio gan dagfa goed.
Acculé, le loup se retourna et tint bon.
Wedi'i gornelu, trodd y blaidd o gwmpas a sefyll ei dir.
Le loup grognait et claquait comme un chien husky pris au piège dans un combat.
Chwyrnodd a chleciodd y blaidd fel ci husky wedi'i ddal mewn ymladd.
Les dents du loup claquaient rapidement, son corps se hérissant d'une fureur sauvage.
Cliciodd dannedd y blaidd yn gyflym, ei gorff yn llawn cynddaredd gwyllt.
Buck n'attaqua pas mais encercla le loup avec une gentillesse prudente.
Ni ymosododd Buck ond cylchodd y blaidd gyda chyfeillgarwch gofalus.
Il a essayé de bloquer sa fuite par des mouvements lents et inoffensifs.
Ceisiodd rwystro ei ddihangfa trwy symudiadau araf, diniwed.
Le loup était méfiant et effrayé : Buck le dépassait trois fois.

Roedd y blaidd yn wyliadwrus ac yn ofnus—roedd Buck yn drech na fo dair gwaith.

La tête du loup atteignait à peine l'épaule massive de Buck.
Prin y cyrhaeddodd pen y blaidd ysgwydd enfawr Buck.

À l'affût d'une brèche, le loup s'est enfui et la poursuite a repris.
Gan chwilio am fwlch, dihangodd y blaidd a dechreuodd yr helfa eto.

Plusieurs fois, Buck l'a coincé et la danse s'est répétée.
Sawl gwaith, fe wnaeth Buck ei gornelu, ac ailadroddodd y ddawns.

Le loup était maigre et faible, sinon Buck n'aurait pas pu l'attraper.
Roedd y blaidd yn denau ac yn wan, neu ni allai Buck fod wedi'i ddal.

Chaque fois que Buck s'approchait, le loup se retournait et lui faisait face avec peur.
Bob tro y byddai Buck yn agosáu, byddai'r blaidd yn troi ac yn ei wynebu mewn ofn.

Puis, à la première occasion, il s'est précipité dans les bois une fois de plus.
Yna ar y cyfle cyntaf, rhuthrodd i ffwrdd i'r coed unwaith eto.

Mais Buck n'a pas abandonné et finalement le loup a fini par lui faire confiance.
Ond ni roddodd Buck y gorau iddi, ac o'r diwedd daeth y blaidd i ymddiried ynddo.

Il renifla le nez de Buck, et les deux devinrent joueurs et alertes.
Snyffiodd drwyn Buck, a thyfodd y ddau yn chwareus ac yn effro.

Ils jouaient comme des animaux sauvages, féroces mais timides dans leur joie.
Chwaraeasant fel anifeiliaid gwyllt, yn ffyrnig ond yn swil yn eu llawenydd.

Au bout d'un moment, le loup s'éloigna au trot avec un calme déterminé.
Ar ôl ychydig, trotiodd y blaidd i ffwrdd gyda phwrpas tawel.

Il a clairement montré à Buck qu'il voulait être suivi.
Dangosodd yn glir i Buck ei fod yn bwriadu cael ei ddilyn.
Ils couraient côte à côte dans l'obscurité du crépuscule.
Rhedasant ochr yn ochr trwy dywyllwch y cyfnos.
Ils suivirent le lit du ruisseau jusqu'à la gorge rocheuse.
Dilynasant wely'r nant i fyny i'r ceunant creigiog.
Ils traversèrent une ligne de partage des eaux froide où le ruisseau avait pris sa source.
Fe groeson nhw raniad oer lle roedd y nant wedi dechrau.
Sur la pente la plus éloignée, ils trouvèrent une vaste forêt et de nombreux ruisseaux.
Ar y llethr pellaf fe ddaethon nhw o hyd i goedwig eang a llawer o nentydd.
À travers ce vaste territoire, ils ont couru pendant des heures sans s'arrêter.
Drwy'r tir helaeth hwn, fe redasant am oriau heb stopio.
Le soleil se leva plus haut, l'air devint chaud, mais ils continuèrent à courir.
Cododd yr haul yn uwch, cynhesodd yr awyr, ond fe redegon nhw ymlaen.
Buck était rempli de joie : il savait qu'il répondait à son appel.
Roedd Buck yn llawn llawenydd—roedd yn gwybod ei fod yn ateb ei alwad.
Il courut à côté de son frère de la forêt, plus près de la source de l'appel.
Rhedodd wrth ochr ei frawd yn y goedwig, yn agosach at ffynhonnell yr alwad.
De vieux sentiments sont revenus, puissants et difficiles à ignorer.
Dychwelodd hen deimladau, yn bwerus ac yn anodd eu hanwybyddu.
C'étaient les vérités derrière les souvenirs de ses rêves.
Dyma oedd y gwirioneddau y tu ôl i'r atgofion o'i freuddwydion.
Il avait déjà fait tout cela auparavant, dans un monde lointain et obscur.

Roedd wedi gwneud hyn i gyd o'r blaen mewn byd pell a chysgodol.

Il recommença alors, courant librement avec le ciel ouvert au-dessus.

Nawr gwnaeth hyn eto, gan redeg yn wyllt gyda'r awyr agored uwchben.

Ils s'arrêtèrent près d'un ruisseau pour boire l'eau froide qui coulait.

Fe wnaethon nhw stopio wrth nant i yfed o'r dŵr oer oedd yn llifo.

Alors qu'il buvait, Buck se souvint soudain de John Thornton.

Wrth iddo yfed, cofiodd Buck yn sydyn am John Thornton.

Il s'assit en silence, déchiré par l'attrait de la loyauté et de l'appel.

Eisteddodd i lawr mewn distawrwydd, wedi'i rhwygo gan dynfa teyrngarwch a'r alwad.

Le loup continua à trotter, mais revint pour pousser Buck à avancer.

Trotiodd y blaidd ymlaen, ond daeth yn ôl i annog Buck ymlaen.

Il renifla son nez et essaya de le cajoler avec des gestes doux.

Sniffiodd ei drwyn a cheisiodd ei berswadio ag ystumiau meddal.

Mais Buck se retourna et reprit le chemin par lequel il était venu.

Ond trodd Buck o gwmpas a dechrau dychwelyd yr un ffordd ag y daeth.

Le loup courut à côté de lui pendant un long moment, gémissant doucement.

Rhedodd y blaidd wrth ei ymyl am amser hir, gan gwynfan yn dawel.

Puis il s'assit, leva le nez et poussa un long hurlement.

Yna eisteddodd i lawr, cododd ei drwyn, a gollwng udo hir.

C'était un cri lugubre, qui s'adoucit à mesure que Buck s'éloignait.

Roedd yn gri galarus, yn meddalu wrth i Buck gerdded i ffwrdd.

Buck écouta le son du cri s'estomper lentement dans le silence de la forêt.

Gwrandawodd Buck wrth i sŵn y cri bylu'n araf i dawelwch y goedwig.

John Thornton était en train de dîner lorsque Buck a fait irruption dans le camp.

Roedd John Thornton yn bwyta cinio pan ffrwydrodd Buck i mewn i'r gwersyll.

Buck sauta sauvagement sur lui, le léchant, le mordant et le faisant culbuter.

Neidiodd Buck arno'n wyllt, gan ei lyfu, ei frathu, a'i daflu.

Il l'a renversé, s'est hissé dessus et l'a embrassé sur le visage.

Fe'i tarodd drosodd, sgramblodd ar ei ben, a chusanodd ei wyneb.

Thornton appelait cela avec affection « jouer le fou du commun ».

Galwodd Thornton hyn yn "chwarae'r ffŵl cyffredinol" gyda hoffter.

Pendant tout ce temps, il maudissait doucement Buck et le secouait d'avant en arrière.

Drwy'r amser, roedd yn melltithio Buck yn ysgafn ac yn ei ysgwyd yn ôl ac ymlaen.

Pendant deux jours et deux nuits entières, Buck n'a pas quitté le camp une seule fois.

Am ddau ddiwrnod a noson gyfan, ni adawodd Buck y gwersyll unwaith.

Il est resté proche de Thornton et ne l'a jamais quitté des yeux.

Cadwodd yn agos at Thornton ac ni adawodd ef o'i olwg erioed.

Il le suivait pendant qu'il travaillait et le regardait pendant qu'il mangeait.

Dilynodd ef wrth iddo weithio a'i wylio tra roedd yn bwyta.

Il voyait Thornton dans ses couvertures la nuit et dehors chaque matin.

Gwelodd Thornton i mewn i'w flancedi yn y nos ac allan bob bore.

Mais bientôt l'appel de la forêt revint, plus fort que jamais.

Ond yn fuan dychwelodd galwad y goedwig, yn uwch nag erioed o'r blaen.

Buck devint à nouveau agité, agité par les pensées du loup sauvage.

Daeth Buck yn aflonydd eto, wedi'i gyffroi gan feddyliau am y blaidd gwyllt.

Il se souvenait de la terre ouverte et de la course côte à côte.

Roedd yn cofio'r tir agored a'r rhedeg ochr yn ochr.

Il commença à errer à nouveau dans la forêt, seul et alerte.

Dechreuodd grwydro i'r goedwig unwaith eto, ar ei ben ei hun ac yn effro.

Mais le frère sauvage ne revint pas et le hurlement ne fut pas entendu.

Ond ni ddychwelodd y brawd gwyllt, ac ni chlywwyd yr udo.

Buck a commencé à dormir dehors, restant absent pendant des jours.

Dechreuodd Buck gysgu y tu allan, gan aros i ffwrdd am ddyddiau ar y tro.

Une fois, il traversa la haute ligne de partage des eaux où le ruisseau commençait.

Unwaith croesodd y rhaniad uchel lle roedd y nant wedi dechrau.

Il entra dans le pays des bois sombres et des larges ruisseaux.

Aeth i mewn i wlad y coed tywyll a'r nentydd llydan.

Pendant une semaine, il a erré, à la recherche de signes de son frère sauvage.

Am wythnos bu'n crwydro, yn chwilio am arwyddion o'r brawd gwyllt.

Il tuait sa propre viande et voyageait à grands pas, sans relâche.

Lladdodd ei gig ei hun a theithiodd gyda chamau hir, diflino.

Il pêchait le saumon dans une large rivière qui se jetait dans la mer.

Pysgotaodd am eog mewn afon lydan a gyrhaeddai'r môr.
Là, il combattit et tua un ours noir rendu fou par les insectes.
Yno, ymladdodd a lladd arth ddu a oedd wedi'i wallgofio gan bryfed.
L'ours était en train de pêcher et courait aveuglément à travers les arbres.
Roedd yr arth wedi bod yn pysgota ac wedi rhedeg yn ddall drwy'r coed.
La bataille fut féroce, réveillant le profond esprit combatif de Buck.
Roedd y frwydr yn un ffyrnig, gan ddeffro ysbryd ymladd dwfn Buck.
Deux jours plus tard, Buck est revenu et a trouvé des carcajous près de sa proie.
Ddeuddydd yn ddiweddarach, dychwelodd Buck i ddod o hyd i bleiddiaid wrth ei laddfa.
Une douzaine d'entre eux se disputaient la viande avec une fureur bruyante.
Bu dwsin ohonyn nhw'n ffraeo dros y cig mewn cynddaredd swnllyd.
Buck chargea et les dispersa comme des feuilles dans le vent.
Ymosododd Buck a'u gwasgaru fel dail yn y gwynt.
Deux loups restèrent derrière, silencieux, sans vie et immobiles pour toujours.
Arhosodd dau flaidd ar ôl—dawel, difywyd, a digyfaddawd am byth.
La soif de sang était plus forte que jamais.
Tyfodd y syched am waed yn gryfach nag erioed.
Buck était un chasseur, un tueur, se nourrissant de créatures vivantes.
Roedd Buck yn heliwr, yn llofrudd, yn bwydo ar greaduriaid byw.
Il a survécu seul, en s'appuyant sur sa force et ses sens aiguisés.
Goroesodd ar ei ben ei hun, gan ddibynnu ar ei gryfder a'i synhwyrau craff.

Il prospérait dans la nature, où seuls les plus résistants pouvaient vivre.
Ffynnodd yn y gwyllt, lle dim ond y rhai caletaf allai fyw.
De là, une grande fierté s'éleva et remplit tout l'être de Buck.
O hyn, cododd balchder mawr a llenwodd holl fodolaeth Buck.
Sa fierté se reflétait dans chacun de ses pas, dans le mouvement de chacun de ses muscles.
Roedd ei falchder yn amlwg ym mhob cam, yng nghrychdon pob cyhyr.
Sa fierté était aussi claire qu'un discours, visible dans la façon dont il se comportait.
Roedd ei falchder mor glir â lleferydd, i'w weld yn y ffordd yr oedd yn ymddwyn.
Même son épais pelage semblait plus majestueux et brillait davantage.
Roedd hyd yn oed ei gôt drwchus yn edrych yn fwy mawreddog ac yn disgleirio'n fwy disglair.
Buck aurait pu être confondu avec un loup géant.
Gallai Buck fod wedi cael ei gamgymryd am blaidd coed anferth.
À l'exception du brun sur son museau et des taches au-dessus de ses yeux.
Ac eithrio brown ar ei drwyn a smotiau uwchben ei lygaid.
Et la traînée de fourrure blanche qui courait au milieu de sa poitrine.
A'r stribed gwyn o ffwr a redodd i lawr canol ei frest.
Il était encore plus grand que le plus grand loup de cette race féroce.
Roedd hyd yn oed yn fwy na'r blaidd mwyaf o'r brîd ffyrnig hwnnw.
Son père, un Saint-Bernard, lui a donné de la taille et une ossature lourde.
Rhoddodd ei dad, Sant Bernard, faint a ffrâm drwm iddo.
Sa mère, une bergère, a façonné cette masse en forme de loup.
Ei fam, bugail, a luniodd y swmp hwnnw'n debyg i flaidd.

Il avait le long museau d'un loup, bien que plus lourd et plus large.
Roedd ganddo drwyn hir blaidd, er yn drymach ac yn lletach.
Sa tête était celle d'un loup, mais construite à une échelle massive et majestueuse.
Pen blaidd oedd ei ben, ond wedi'i adeiladu ar raddfa enfawr, fawreddog.
La ruse de Buck était la ruse du loup et de la nature.
Cyfrwystra Buck oedd cyfrwystra'r blaidd a'r gwyllt.
Son intelligence lui vient à la fois du berger allemand et du Saint-Bernard.
Daeth ei ddeallusrwydd o'r Bugail Almaenig a'r Sant Bernard.
Tout cela, ajouté à une expérience difficile, faisait de lui une créature redoutable.
Gwnaeth hyn i gyd, ynghyd â phrofiad caled, ef yn greadur ofnadwy.
Il était aussi redoutable que n'importe quelle bête qui parcourait les régions sauvages du nord.
Roedd mor aruthrol ag unrhyw fwystfil a grwydrai yng ngwyllt y gogledd.
Ne se nourrissant que de viande, Buck a atteint le sommet de sa force.
Gan fyw ar gig yn unig, cyrhaeddodd Buck uchafbwynt ei nerth.
Il débordait de puissance et de force masculine dans chaque fibre de son être.
Roedd yn gorlifo â phŵer a grym gwrywaidd ym mhob ffibr ohono.
Lorsque Thornton lui caressait le dos, ses poils brillaient d'énergie.
Pan fwythodd Thornton ei gefn, roedd y gwallt yn disgleirio ag egni.
Chaque cheveu crépitait, chargé du contact du magnétisme vivant.
Craciodd pob gwallt, wedi'i wefru â chyffyrddiad magnetedd byw.

Son corps et son cerveau étaient réglés sur le ton le plus fin possible.
Roedd ei gorff a'i ymennydd wedi'u tiwnio i'r traw gorau posibl.

Chaque nerf, chaque fibre et chaque muscle fonctionnaient en parfaite harmonie.
Roedd pob nerf, ffibr a chyhyr yn gweithio mewn cytgord perffaith.

À tout son ou toute vue nécessitant une action, il répondait instantanément.
I unrhyw sŵn neu olygfa oedd angen gweithredu, ymatebodd ar unwaith.

Si un husky sautait pour attaquer, Buck pouvait sauter deux fois plus vite.
Pe bai huski yn neidio i ymosod, gallai Buck neidio ddwywaith mor gyflym.

Il a réagi plus vite que les autres ne pouvaient le voir ou l'entendre.
Ymatebodd yn gyflymach nag y gallai eraill hyd yn oed ei weld neu ei glywed.

La perception, la décision et l'action se sont produites en un seul instant fluide.
Daeth canfyddiad, penderfyniad a gweithredu i gyd mewn un foment hylifol.

En vérité, ces actes étaient distincts, mais trop rapides pour être remarqués.
Mewn gwirionedd, roedd y gweithredoedd hyn ar wahân, ond yn rhy gyflym i'w sylwi.

Les intervalles entre ces actes étaient si brefs qu'ils semblaient n'en faire qu'un.
Mor fyr oedd y bylchau rhwng y gweithredoedd hyn, roeddent yn ymddangos fel un.

Ses muscles et son être étaient comme des ressorts étroitement enroulés.
Roedd ei gyhyrau a'i fodolaeth fel sbringiau wedi'u coilio'n dynn.

Son corps débordait de vie, sauvage et joyeux dans sa puissance.
Roedd ei gorff yn llawn bywyd, yn wyllt ac yn llawen yn ei bŵer.
Parfois, il avait l'impression que la force allait jaillir de lui entièrement.
Ar adegau roedd yn teimlo fel pe bai'r grym yn mynd i ffrwydro allan ohono'n llwyr.
« Il n'y a jamais eu un tel chien », a déclaré Thornton un jour tranquille.
"Ni fu erioed gi o'r fath," meddai Thornton un diwrnod tawel.
Les partenaires regardaient Buck sortir fièrement du camp.
Gwyliodd y partneriaid Buck yn cerdded yn falch o'r gwersyll.
« Lorsqu'il a été créé, il a changé ce que pouvait être un chien », a déclaré Pete.
"Pan gafodd ei greu, newidiodd yr hyn y gall ci fod," meddai Pete.
« Par Jésus ! Je le pense moi-même », acquiesça rapidement Hans.
"Wrth Iesu! Dw i'n meddwl hynny fy hun," cytunodd Hans yn gyflym.
Ils l'ont vu s'éloigner, mais pas le changement qui s'est produit après.
Gwelsant ef yn gorymdeithio i ffwrdd, ond nid y newid a ddaeth wedi hynny.
Dès qu'il est entré dans les bois, Buck s'est complètement transformé.
Cyn gynted ag y aeth i mewn i'r coed, trawsnewidiodd Buck yn llwyr.
Il ne marchait plus, mais se déplaçait comme un fantôme sauvage parmi les arbres.
Nid oedd yn gorymdeithio mwyach, ond yn symud fel ysbryd gwyllt ymhlith coed.
Il devint silencieux, les pieds comme un chat, une lueur traversant les ombres.
Daeth yn dawel, fel traed cath, fel fflach yn mynd trwy gysgodion.

Il utilisait la couverture avec habileté, rampant sur le ventre comme un serpent.
Defnyddiodd guddfan gyda medrusrwydd, gan gropian ar ei fol fel neidr.
Et comme un serpent, il pouvait bondir en avant et frapper en silence.
Ac fel neidr, gallai neidio ymlaen a tharo mewn distawrwydd.
Il pourrait voler un lagopède directement dans son nid caché.
Gallai ddwyn ptarmigan yn syth o'i nyth cudd.
Il a tué des lapins endormis sans un seul bruit.
Lladdodd gwningod cysgu heb un sŵn.
Il pouvait attraper des tamias en plein vol alors qu'ils fuyaient trop lentement.
Gallai ddal gwiwerod yng nghanol yr awyr wrth iddyn nhw ffoi'n rhy araf.
Même les poissons dans les bassins ne pouvaient échapper à ses attaques soudaines.
Ni allai hyd yn oed pysgod mewn pyllau ddianc rhag ei ymosodiadau sydyn.
Même les castors astucieux qui réparaient les barrages n'étaient pas à l'abri de lui.
Nid oedd hyd yn oed afancod clyfar oedd yn trwsio argaeau yn ddiogel rhagddo.
Il tuait pour se nourrir, pas pour le plaisir, mais il préférait tuer ses propres victimes.
Lladdodd am fwyd, nid am hwyl—ond roedd yn hoffi ei laddfeydd ei hun orau.
Pourtant, un humour sournois traversait certaines de ses chasses silencieuses.
Serch hynny, roedd hiwmor cyfrwys yn rhedeg trwy rai o'i helfeydd tawel.
Il s'est approché des écureuils, mais les a laissés s'échapper.
Sleifiodd yn agos at wiwerod, dim ond i adael iddyn nhw ddianc.
Ils allaient fuir vers les arbres, bavardant dans une rage effrayée.

Roedden nhw'n mynd i ffoi i'r coed, gan glebran mewn dicter ofnus.

À l'arrivée de l'automne, les orignaux ont commencé à apparaître en plus grand nombre.

Wrth i'r hydref ddod, dechreuodd elciaid ymddangos mewn niferoedd mwy.

Ils se sont déplacés lentement vers les basses vallées pour affronter l'hiver.

Symudasant yn araf i'r dyffrynnoedd isel i gyfarfod â'r gaeaf.

Buck avait déjà abattu un jeune veau errant.

Roedd Buck eisoes wedi lladd un llo ifanc, crwydr.

Mais il aspirait à affronter des proies plus grandes et plus dangereuses.

Ond roedd yn hiraethu i wynebu ysglyfaeth fwy, mwy peryglus.

Un jour, à la ligne de partage des eaux, à la tête du ruisseau, il trouva sa chance.

Un diwrnod ar y rhaniad, wrth ben y nant, cafodd ei gyfle.

Un troupeau de vingt orignaux avait traversé des terres boisées.

Roedd haid o ugain o elc wedi croesi o diroedd coediog.

Parmi eux se trouvait un puissant taureau, le chef du groupe.

Yn eu plith roedd tarw nerthol; arweinydd y grŵp.

Le taureau mesurait plus de six pieds de haut et avait l'air féroce et sauvage.

Roedd y tarw dros chwe throedfedd o daldra ac yn edrych yn ffyrnig ac yn wyllt.

Il lança ses larges bois, quatorze pointes se ramifiant vers l'extérieur.

Taflodd ei gyrn llydan, pedwar ar ddeg o flaenau yn ymestyn allan.

Les extrémités de ces bois s'étendaient sur sept pieds de large.

Roedd blaenau'r cyrn hynny'n ymestyn saith troedfedd ar draws.

Ses petits yeux brûlaient de rage lorsqu'il aperçut Buck à proximité.

Llosgodd ei lygaid bach gyda chynddaredd wrth iddo weld Buck gerllaw.

Il poussa un rugissement furieux, tremblant de fureur et de douleur.

Rhyddhaodd rhuo cynddeiriog, gan grynu gan gynddaredd a phoen.

Une pointe de flèche sortait près de son flanc, empennée et pointue.

Roedd pen saeth yn ymwthio allan ger ei ochr, yn bluog ac yn finiog.

Cette blessure a contribué à expliquer son humeur sauvage et amère.

Helpodd y clwyf hwn i egluro ei hwyliau gwyllt, chwerw.

Buck, guidé par un ancien instinct de chasseur, a fait son mouvement.

Gwnaeth Buck, wedi'i arwain gan reddf hela hynafol, ei symudiad.

Son objectif était de séparer le taureau du reste du troupeau.

Ei nod oedd gwahanu'r tarw oddi wrth weddill y praidd.

Ce n'était pas une tâche facile : il fallait de la rapidité et une ruse féroce.

Nid tasg hawdd oedd hon—roedd angen cyflymder a chyfrwystra ffyrnig.

Il aboyait et dansait près du taureau, juste hors de portée.

Cyfarthodd a dawnsiodd ger y tarw, ychydig allan o gyrraedd.

L'élan s'est précipité avec d'énormes sabots et des bois mortels.

Neidiodd yr elc gyda charnau enfawr a chyrn marwol.

Un seul coup aurait pu mettre fin à la vie de Buck en un clin d'œil.

Gallai un ergyd fod wedi dod â bywyd Buck i ben mewn curiad calon.

Incapable de laisser la menace derrière lui, le taureau devint fou.

Gan fethu â gadael y bygythiad ar ôl, aeth y tarw yn wallgof.

Il chargea avec fureur, mais Buck s'échappa toujours.

Ymosododd mewn cynddaredd, ond llithrodd Buck i ffwrdd bob tro.

Buck simula une faiblesse, l'attirant plus loin du troupeau.

Roedd Buck yn ffugio gwendid, gan ei ddenu ymhellach o'r praidd.

Mais les jeunes taureaux allaient charger pour protéger le leader.

Ond roedd teirw ifanc yn mynd i ruthro'n ôl i amddiffyn yr arweinydd.

Ils ont forcé Buck à battre en retraite et le taureau à rejoindre le groupe.

Fe wnaethon nhw orfodi Buck i encilio a'r tarw i ailymuno â'r grŵp.

Il y a une patience dans la nature, profonde et imparable.

Mae amynedd yn y gwyllt, dwfn ac anorchfygol.

Une araignée attend immobile dans sa toile pendant d'innombrables heures.

Mae pry cop yn aros yn ddisymud yn ei we am oriau di-rif.

Un serpent s'enroule sans tressaillement et attend que son heure soit venue.

Mae neidr yn troelli heb ysgwyd, ac yn aros nes ei bod hi'n bryd.

Une panthère se tient en embuscade, jusqu'à ce que le moment arrive.

Mae panther yn gorwedd mewn cudd-ymosodiad, nes i'r foment gyrraedd.

C'est la patience des prédateurs qui chassent pour survivre.

Dyma amynedd ysglyfaethwyr sy'n hela i oroesi.

Cette même patience brûlait à l'intérieur de Buck alors qu'il restait proche.

Llosgodd yr un amynedd hwnnw y tu mewn i Buck wrth iddo aros yn agos.

Il resta près du troupeau, ralentissant sa marche et suscitant la peur.

Arhosodd yn agos at y praidd, gan arafu ei orymdaith a chodi ofn.

Il taquinait les jeunes taureaux et harcelait les vaches mères.

Roedd yn pryfocio'r teirw ifanc ac yn aflonyddu ar y mamau buchod.

Il a plongé le taureau blessé dans une rage encore plus profonde et impuissante.

Gyrrodd y tarw clwyfedig i gynddaredd dyfnach, diymadferth.

Pendant une demi-journée, le combat s'est prolongé sans aucun répit.

Am hanner diwrnod, llusgodd yr ymladd ymlaen heb unrhyw orffwys o gwbl.

Buck attaquait sous tous les angles, rapide et féroce comme le vent.

Ymosododd Buck o bob ongl, mor gyflym a ffyrnig â'r gwynt.

Il a empêché le taureau de se reposer ou de se cacher avec son troupeau.

Fe ataliodd y tarw rhag gorffwys neu guddio gyda'i braidd.

Le cerf a épuisé la volonté de l'élan plus vite que son corps.

Treuliodd Bwch ewyllys yr elc yn gyflymach na'i gorff.

La journée passa et le soleil se coucha bas dans le ciel du nord-ouest.

Aeth y diwrnod heibio a suddodd yr haul yn isel yn awyr y gogledd-orllewin.

Les jeunes taureaux revinrent plus lentement pour aider leur chef.

Dychwelodd y teirw ifanc yn arafach i gynorthwyo eu harweinydd.

Les nuits d'automne étaient revenues et l'obscurité durait désormais six heures.

Roedd nosweithiau'r hydref wedi dychwelyd, ac roedd y tywyllwch bellach yn para am chwe awr.

L'hiver les poussait vers des vallées plus sûres et plus chaudes.

Roedd y gaeaf yn eu gwthio i lawr i ddyffrynnoedd mwy diogel a chynhesach.

Mais ils ne pouvaient toujours pas échapper au chasseur qui les retenait.

Ond eto ni allent ddianc rhag yr heliwr a'u daliodd yn ôl.

Une seule vie était en jeu : pas celle du troupeau, mais celle de leur chef.
Dim ond un bywyd oedd yn y fantol—nid bywyd y praidd, dim ond bywyd eu harweinydd.
Cela rendait la menace lointaine et non leur préoccupation urgente.
Gwnaeth hynny'r bygythiad yn bell ac nid yn bryder brys iddynt.
Au fil du temps, ils ont accepté ce prix et ont laissé Buck prendre le vieux taureau.
Ymhen amser, fe wnaethon nhw dderbyn y gost hon a gadael i Buck gymryd yr hen darw.
Alors que le crépuscule s'installait, le vieux taureau se tenait debout, la tête baissée.
Wrth i'r cyfnos dawelu, safodd yr hen darw â'i ben i lawr.
Il regarda le troupeau qu'il avait conduit disparaître dans la lumière déclinante.
Gwyliodd y praidd yr oedd wedi'i arwain yn diflannu i'r goleuni pylu.
Il y avait des vaches qu'il avait connues, des veaux qu'il avait autrefois engendrés.
Roedd buchod yr oedd wedi'u hadnabod, lloi yr oedd wedi'u geni ar un adeg.
Il y avait des taureaux plus jeunes qu'il avait combattus et dominés au cours des saisons précédentes.
Roedd teirw iau yr oedd wedi ymladd yn eu herbyn ac wedi rheoli yn y tymhorau blaenorol.
Il ne pouvait pas les suivre, car Buck était à nouveau accroupi devant lui.
Ni allai eu dilyn—oherwydd o'i flaen yr oedd Buck yn cwrcwd eto.
La terreur impitoyable aux crocs bloquait tous les chemins qu'il pouvait emprunter.
Roedd yr arswyd danheddog didrugaredd yn rhwystro pob llwybr y gallai ei gymryd.
Le taureau pesait plus de trois cents livres de puissance dense.

Roedd y tarw yn pwyso mwy na thri chant pwysau o bŵer trwchus.

Il avait vécu longtemps et s'était battu avec acharnement dans un monde de luttes.

Roedd wedi byw'n hir ac wedi ymladd yn galed mewn byd o frwydr.

Mais maintenant, à la fin, la mort venait d'une bête bien en dessous de lui.

Ac eto nawr, ar y diwedd, daeth marwolaeth gan fwystfil ymhell islaw iddo.

La tête de Buck n'atteignait même pas les énormes genoux noueux du taureau.

Ni chododd pen Buck hyd yn oed i ben-gliniau enfawr y tarw.

À partir de ce moment, Buck resta avec le taureau nuit et jour.

O'r foment honno ymlaen, arhosodd Buck gyda'r tarw ddydd a nos.

Il ne lui a jamais laissé de repos, ne lui a jamais permis de brouter ou de boire.

Ni roddodd orffwys iddo erioed, ni chaniataodd iddo bori na yfed erioed.

Le taureau a essayé de manger de jeunes pousses de bouleau et des feuilles de saule.

Ceisiodd y tarw fwyta egin bedw ifanc a dail helyg.

Mais Buck le repoussa, toujours alerte et toujours attaquant.

Ond gyrrodd Buck ef i ffwrdd, bob amser yn effro ac yn ymosod bob amser.

Même dans les ruisseaux qui ruisselaient, Buck bloquait toute tentative assoiffée.

Hyd yn oed wrth nentydd yn diferu, roedd Buck yn rhwystro pob ymgais sychedig.

Parfois, par désespoir, le taureau s'enfuyait à toute vitesse.

Weithiau, mewn anobaith, byddai'r tarw yn ffoi ar gyflymder llawn.

Buck le laissa courir, galopant calmement juste derrière, jamais très loin.

Gadawodd Buck iddo redeg, gan lopio'n dawel ychydig y tu ôl iddo, byth yn bell i ffwrdd.

Lorsque l'élan s'arrêta, Buck s'allongea, mais resta prêt.

Pan oedodd yr elc, gorweddodd Buck i lawr, ond arhosodd yn barod.

Si le taureau essayait de manger ou de boire, Buck frappait avec une fureur totale.

Os byddai'r tarw yn ceisio bwyta neu yfed, byddai Buck yn taro â chynddaredd llawn.

La grosse tête du taureau s'affaissait sous ses vastes bois.

Plygodd pen mawr y tarw yn is o dan ei gyrn enfawr.

Son rythme ralentit, le trot devint lourd, une marche trébuchante.

Arafodd ei gyflymder, daeth y trot yn drwm; yn gerddediad baglu.

Il restait souvent immobile, les oreilles tombantes et le nez au sol.

Yn aml byddai'n sefyll yn llonydd gyda'i glustiau'n plygu a'i drwyn i'r llawr.

Pendant ces moments-là, Buck prenait le temps de boire et de se reposer.

Yn ystod y cyfnodau hynny, cymerodd Buck amser i yfed a gorffwys.

La langue tirée, les yeux fixés, Buck sentait que la terre était en train de changer.

Tafod allan, llygaid wedi'u gosod, teimlai Buck fod y tir yn newid.

Il sentit quelque chose de nouveau se déplacer dans la forêt et dans le ciel.

Teimlodd rywbeth newydd yn symud trwy'r goedwig a'r awyr.

Avec le retour des orignaux, d'autres créatures sauvages ont fait de même.

Wrth i elc ddychwelyd, felly hefyd y gwnaeth creaduriaid eraill y gwyllt.

La terre semblait vivante, avec une présence invisible mais fortement connue.

Teimlai'r tir yn fyw gyda phresenoldeb, yn anweledig ond yn hysbys iawn.

Ce n'était ni par l'ouïe, ni par la vue, ni par l'odorat que Buck le savait.

Nid trwy sain, golwg, nac arogl y gwyddai Buck hyn.

Un sentiment plus profond lui disait que de nouvelles forces étaient en mouvement.

Dywedodd synnwyr dyfnach wrtho fod grymoedd newydd ar y symud.

Une vie étrange s'agitait dans les bois et le long des ruisseaux.

Roedd bywyd rhyfedd yn cyffroi trwy'r coed ac ar hyd y nentydd.

Il a décidé d'explorer cet esprit, une fois la chasse terminée.

Penderfynodd archwilio'r ysbryd hwn, ar ôl i'r helfa gael ei chwblhau.

Le quatrième jour, Buck a finalement abattu l'élan.

Ar y pedwerydd diwrnod, llwyddodd Buck i ladd yr elc o'r diwedd.

Il est resté près de la proie pendant une journée et une nuit entières, se nourrissant et se reposant.

Arhosodd wrth y lladdfa am ddiwrnod a nos gyfan, yn bwydo ac yn gorffwys.

Il mangea, puis dormit, puis mangea à nouveau, jusqu'à ce qu'il soit fort et rassasié.

Bwytodd, yna cysgodd, yna bwytaodd eto, nes ei fod yn gryf ac yn llawn.

Lorsqu'il fut prêt, il retourna vers le camp et Thornton.

Pan oedd yn barod, trodd yn ôl tuag at y gwersyll a Thornton.

D'un pas régulier, il commença le long voyage de retour vers la maison.

Gyda chyflymder cyson, dechreuodd ar y daith hir yn ôl adref.

Il courait d'un pas infatigable, heure après heure, sans jamais s'égarer.

Rhedodd yn ei daith ddiflino, awr ar ôl awr, heb grwydro unwaith.

À travers des terres inconnues, il se déplaçait droit comme l'aiguille d'une boussole.
Trwy diroedd anhysbys, symudodd yn syth fel nodwydd cwmpawd.

Son sens de l'orientation faisait paraître l'homme et la carte faibles en comparaison.
Roedd ei synnwyr cyfeiriad yn gwneud i ddyn a map ymddangos yn wan o'u cymharu.

Tandis que Buck courait, il sentait plus fortement l'agitation dans la terre sauvage.
Wrth i Buck redeg, teimlodd yn gryfach y cynnwrf yn y tir gwyllt.

C'était un nouveau genre de vie, différent de celui des mois calmes de l'été.
Roedd yn fath newydd o fywyd, yn wahanol i fywyd misoedd tawel yr haf.

Ce sentiment n'était plus un message subtil ou distant.
Ni ddaeth y teimlad hwn fel neges gynnil na phell mwyach.

Maintenant, les oiseaux parlaient de cette vie et les écureuils en bavardaient.
Nawr roedd yr adar yn siarad am y bywyd hwn, ac roedd gwiwerod yn sgwrsio amdano.

Même la brise murmurait des avertissements à travers les arbres silencieux.
Hyd yn oed yr awel yn sibrwd rhybuddion trwy'r coed tawel.

Il s'arrêta à plusieurs reprises et respira l'air frais du matin.
Sawl gwaith fe stopiodd ac arogli awyr iach y bore.

Il y lut un message qui le fit bondir plus vite en avant.
Darllenodd neges yno a barodd iddo neidio ymlaen yn gyflymach.

Un lourd sentiment de danger l'envahit, comme si quelque chose s'était mal passé.
Llenwodd teimlad trwm o berygl ef, fel pe bai rhywbeth wedi mynd o'i le.

Il craignait qu'une catastrophe ne se produise – ou ne soit déjà arrivée.

Roedd yn ofni bod trychineb yn dod—neu ei fod eisoes wedi dod.

Il franchit la dernière crête et entra dans la vallée en contrebas.

Croesodd y grib olaf ac aeth i mewn i'r dyffryn islaw.

Il se déplaçait plus lentement, alerte et prudent à chaque pas.

Symudodd yn arafach, yn effro ac yn ofalus gyda phob cam.

À trois milles de là, il trouva une piste fraîche qui le fit se raidir.

Tair milltir allan daeth o hyd i lwybr ffres a'i gwnaeth yn stiff.

Les cheveux le long de son cou ondulaient et se hérissaient d'alarme.

Roedd y gwallt ar hyd ei wddf yn crychu ac yn gwrychog mewn braw.

Le sentier menait directement au camp où Thornton attendait.

Roedd y llwybr yn arwain yn syth tuag at y gwersyll lle'r oedd Thornton yn aros.

Buck se déplaçait désormais plus rapidement, sa foulée à la fois silencieuse et rapide.

Symudodd Buck yn gyflymach nawr, ei gam yn dawel ac yn gyflym.

Ses nerfs se sont resserrés lorsqu'il a lu des signes que d'autres allaient manquer.

Tynhaodd ei nerfau wrth iddo ddarllen arwyddion y byddai eraill yn eu methu.

Chaque détail du sentier racontait une histoire, sauf le dernier morceau.

Roedd pob manylyn yn y llwybr yn adrodd stori—ac eithrio'r darn olaf.

Son nez lui parlait de la vie qui s'était déroulée ici.

Dywedodd ei drwyn wrtho am y bywyd a oedd wedi mynd heibio fel hyn.

L'odeur lui donnait une image changeante alors qu'il le suivait de près.

Rhoddodd yr arogl ddarlun newidiol iddo wrth iddo ddilyn yn agos ar ei ôl.

Mais la forêt elle-même était devenue silencieuse, anormalement immobile.

Ond roedd y goedwig ei hun wedi mynd yn dawel; yn annaturiol o llonydd.

Les oiseaux avaient disparu, les écureuils étaient cachés, silencieux et immobiles.

Roedd adar wedi diflannu, roedd gwiwerod wedi cuddio, yn dawel ac yn llonydd.

Il n'a vu qu'un seul écureuil gris, allongé sur un arbre mort.

Dim ond un wiwer lwyd a welodd, yn fflat ar goeden farw.

L'écureuil se fondait dans la masse, raide et immobile comme une partie de la forêt.

Ymgyfunodd y wiwer â'r lle, yn stiff ac yn llonydd fel rhan o'r goedwig.

Buck se déplaçait comme une ombre, silencieux et sûr à travers les arbres.

Symudodd Buck fel cysgod, yn dawel ac yn sicr drwy'r coed.

Son nez se souleva sur le côté comme s'il était tiré par une main invisible.

Ysgytiodd ei drwyn i'r ochr fel pe bai wedi'i dynnu gan law anweledig.

Il se retourna et suivit la nouvelle odeur jusqu'au plus profond d'un fourré.

Trodd a dilynodd yr arogl newydd yn ddwfn i mewn i ddryslwyn.

Là, il trouva Nig, étendu mort, transpercé par une flèche.

Yno daeth o hyd i Nig, yn gorwedd yn farw, wedi'i drywanu gan saeth.

La flèche traversa son corps, laissant encore apparaître ses plumes.

Aeth y siafft yn glir trwy ei gorff, plu yn dal i ddangos.

Nig s'était traîné jusqu'ici, mais il était mort avant d'avoir pu obtenir de l'aide.

Roedd Nig wedi llusgo ei hun yno, ond bu farw cyn cyrraedd cymorth.

Une centaine de mètres plus loin, Buck trouva un autre chien de traîneau.
Can llath ymhellach ymlaen, daeth Buck o hyd i gi sled arall.
C'était un chien que Thornton avait racheté à Dawson City.
Ci oedd o yr oedd Thornton wedi'i brynu yn ôl yn Ninas Dawson.
Le chien était en proie à une lutte à mort, se débattant violemment sur le sentier.
Roedd y ci mewn brwydr angheuol, yn curo'n galed ar y llwybr.
Buck le contourna sans s'arrêter, les yeux fixés devant lui.
Aeth Buck o'i gwmpas, heb stopio, ei lygaid wedi'u gosod ymlaen.
Du côté du camp venait un chant lointain et rythmé.
O gyfeiriad y gwersyll daeth siant rhythmig, pell.
Les voix s'élevaient et retombaient sur un ton étrange, inquiétant et chantant.
Cododd a gostwngodd lleisiau mewn tôn ryfedd, brawychus, ganu.
Buck rampa jusqu'au bord de la clairière en silence.
Cropianodd Buck ymlaen at ymyl y llannerch mewn distawrwydd.
Là, il vit Hans étendu face contre terre, percé de nombreuses flèches.
Yno gwelòdd Hans yn gorwedd wyneb i lawr, wedi'i drywanu â llawer o saethau.
Son corps ressemblait à celui d'un porc-épic, hérissé de plumes.
Roedd ei gorff yn edrych fel draenog, yn llawn coesyn pluog.
Au même moment, Buck regarda vers le pavillon en ruine.
Ar yr un foment, edrychodd Buck tuag at y llety adfeiliedig.
Cette vue lui fit dresser les cheveux sur la nuque et les épaules.
Gwnaeth y olygfa i'r gwallt godi'n stiff ar ei wddf a'i ysgwyddau.
Une tempête de rage sauvage parcourut tout le corps de Buck.

Ysgubodd storm o gynddaredd gwyllt trwy gorff cyfan Buck.
Il grogna à haute voix, même s'il ne savait pas qu'il l'avait fait.
Grwgnachodd yn uchel, er nad oedd yn gwybod ei fod wedi.
Le son était brut, rempli d'une fureur terrifiante et sauvage.
Roedd y sain yn amrwd, yn llawn cynddaredd dychrynllyd, gwyllt.
Pour la dernière fois de sa vie, Buck a perdu la raison au profit de l'émotion.
Am y tro olaf yn ei fywyd, collodd Buck reswm i emosiwn.
C'est l'amour pour John Thornton qui a brisé son contrôle minutieux.
Cariad at John Thornton a dorrodd ei reolaeth ofalus.
Les Yeehats dansaient autour de la hutte en épicéa détruite.
Roedd y Yeehats yn dawnsio o amgylch y bwthyn sbriws wedi'i ddinistrio.
Puis un rugissement retentit et une bête inconnue chargea vers eux.
Yna daeth rhuo—a rhuthrodd bwystfil anhysbys tuag atynt.
C'était Buck ; une fureur en mouvement ; une tempête vivante de vengeance.
Buck ydoedd; cynddaredd ar waith; storm fyw o ddial.
Il se jeta au milieu d'eux, fou du besoin de tuer.
Taflodd ei hun i'w plith, yn wallgof gan yr angen i ladd.
Il sauta sur le premier homme, le chef Yeehat, et frappa juste.
Neidiodd at y dyn cyntaf, pennaeth Yeehat, a tharo'n wir.
Sa gorge fut déchirée et du sang jaillit à flots.
Rhwygwyd ei wddf ar agor, a gwaed yn tywallt mewn nant.
Buck ne s'arrêta pas, mais déchira la gorge de l'homme suivant d'un seul bond.
Ni stopiodd Buck, ond rhwygodd wddf y dyn nesaf gydag un naid.
Il était inarrêtable : il déchirait, taillait, ne s'arrêtait jamais pour se reposer.
Roedd yn anorchfygol—yn rhwygo, yn torri, heb oedi i orffwys byth.

Il s'élança et bondit si vite que leurs flèches ne purent l'atteindre.
Saethodd a neidiodd mor gyflym fel na allai eu saethau ei gyffwrdd.
Les Yeehats étaient pris dans leur propre panique et confusion.
Roedd y Yeehats wedi'u dal yn eu panig a'u dryswch eu hunain.
Leurs flèches manquèrent Buck et se frappèrent l'une l'autre à la place.
Methodd eu saethau â Buck a tharo ei gilydd yn lle hynny.
Un jeune homme a lancé une lance sur Buck et a touché un autre homme.
Taflodd un llanc waywffon at Buck a tharo dyn arall.
La lance lui transperça la poitrine, la pointe lui transperçant le dos.
Gyrrodd y waywffon trwy ei frest, y blaen yn dyrnu allan o'i gefn.
La terreur s'empara des Yeehats et ils se mirent en retraite.
Ysgubodd braw dros y Yeehats, a thorraist i encilio'n llwyr.
Ils crièrent à l'Esprit Maléfique et s'enfuirent dans les ombres de la forêt.
Gwaeddasant am yr Ysbryd Drwg a ffoi i gysgodion y goedwig.
Vraiment, Buck était comme un démon alors qu'il poursuivait les Yeehats.
Yn wir, roedd Buck fel cythraul wrth iddo erlid yr Yeehats i lawr.
Il les poursuivit à travers la forêt, les faisant tomber comme des cerfs.
Rhwygodd ar eu hôl drwy'r goedwig, gan eu dwyn i lawr fel ceirw.
Ce fut un jour de destin et de terreur pour les Yeehats effrayés.
Daeth yn ddiwrnod o dynged ac arswyd i'r Yeehats ofnus.
Ils se dispersèrent à travers le pays, fuyant au loin dans toutes les directions.

Gwasgarasant ar draws y wlad, gan ffoi ymhell i bob cyfeiriad.

Une semaine entière s'est écoulée avant que les derniers survivants ne se retrouvent dans une vallée.

Aeth wythnos gyfan heibio cyn i'r goroeswyr olaf gyfarfod mewn dyffryn.

Ce n'est qu'alors qu'ils ont compté leurs pertes et parlé de ce qui s'était passé.

Dim ond wedyn y gwnaethon nhw gyfrif eu colledion a siarad am yr hyn a ddigwyddodd.

Buck, après s'être lassé de la chasse, retourna au camp en ruine.

Ar ôl blino ar yr helfa, dychwelodd Buck i'r gwersyll adfeiliedig.

Il a trouvé Pete, toujours dans ses couvertures, tué lors de la première attaque.

Daeth o hyd i Pete, yn dal yn ei flancedi, wedi'i ladd yn yr ymosodiad cyntaf.

Les signes du dernier combat de Thornton étaient marqués dans la terre à proximité.

Roedd arwyddion o frwydr olaf Thornton i'w gweld yn y baw gerllaw.

Buck a suivi chaque trace, reniflant chaque marque jusqu'à un point final.

Dilynodd Buck bob ôl, gan arogli pob marc hyd at bwynt terfynol.

Au bord d'un bassin profond, il trouva le fidèle Skeet, allongé immobile.

Ar ymyl pwll dwfn, daeth o hyd i Skeet ffyddlon, yn gorwedd yn llonydd.

La tête et les pattes avant de Skeet étaient dans l'eau, immobiles dans la mort.

Roedd pen a phawennau blaen Skeet yn y dŵr, yn ddisymud yn farw.

La piscine était boueuse et contaminée par les eaux de ruissellement provenant des écluses.

Roedd y pwll yn fwdlyd ac wedi'i halogi â dŵr ffo o'r blychau llifddor.

Sa surface nuageuse cachait ce qui se trouvait en dessous, mais Buck connaissait la vérité.

Roedd ei wyneb cymylog yn cuddio'r hyn oedd oddi tano, ond roedd Buck yn gwybod y gwir.

Il a suivi l'odeur de Thornton dans la piscine, mais l'odeur ne menait nulle part ailleurs.

Dilynodd arogl Thornton i mewn i'r pwll—ond ni arweiniodd yr arogl i unman arall.

Aucune odeur ne menait à l'extérieur, seulement le silence des eaux profondes.

Nid oedd arogl yn arwain allan—dim ond tawelwch dŵr dwfn.

Toute la journée, Buck resta près de la piscine, arpentant le camp avec chagrin.

Arhosodd Buck ger y pwll drwy'r dydd, yn cerdded o gwmpas y gwersyll mewn galar.

Il errait sans cesse ou restait assis, immobile, perdu dans ses pensées.

Crwydrai'n aflonydd neu eisteddai mewn llonyddwch, ar goll mewn meddyliau trwm.

Il connaissait la mort, la fin de la vie, la disparition de tout mouvement.

Roedd yn gwybod marwolaeth; diwedd bywyd; diflaniad pob symudiad.

Il comprit que John Thornton était parti et ne reviendrait jamais.

Deallodd fod John Thornton wedi mynd, na fyddai byth yn dychwelyd.

La perte a laissé en lui un vide qui palpitait comme la faim.

Gadawodd y golled ofod gwag ynddo a oedd yn curo fel newyn.

Mais c'était une faim que la nourriture ne pouvait apaiser, peu importe la quantité qu'il mangeait.

Ond roedd hwn yn newyn na allai bwyd ei leddfu, ni waeth faint a fwytaodd.

Parfois, alors qu'il regardait les Yeehats morts, la douleur s'estompait.
Ar adegau, wrth iddo edrych ar y Yeehats marw, byddai'r boen yn pylu.
Et puis une étrange fierté monta en lui, féroce et complète.
Ac yna cododd balchder rhyfedd ynddo, ffyrnig a chyflawn.
Il avait tué l'homme, le gibier le plus élevé et le plus dangereux de tous.
Roedd wedi lladd dyn, y gêm uchaf a mwyaf peryglus oll.
Il avait tué au mépris de l'ancienne loi du gourdin et des crocs.
Roedd wedi lladd yn groes i'r gyfraith hynafol o glwb a phanc.
Buck renifla leurs corps sans vie, curieux et pensif.
Snyffiodd Buck eu cyrff difywyd, yn chwilfrydig ac yn feddylgar.
Ils étaient morts si facilement, bien plus facilement qu'un husky dans un combat.
Roedden nhw wedi marw mor hawdd — llawer haws na husky mewn ymladd.
Sans leurs armes, ils n'avaient aucune véritable force ni menace.
Heb eu harfau, nid oedd ganddyn nhw unrhyw gryfder na bygythiad gwirioneddol.
Buck n'aurait plus jamais peur d'eux, à moins qu'ils ne soient armés.
Ni fyddai Buck byth yn eu hofni eto, oni bai eu bod wedi'u harfogi.
Ce n'est que lorsqu'ils portaient des gourdins, des lances ou des flèches qu'il se méfiait.
Dim ond pan fyddent yn cario clybiau, gwaywffyn, neu saethau y byddai'n ofalus.

La nuit tomba et une pleine lune se leva au-dessus de la cime des arbres.
Syrthiodd y nos, a chododd lleuad lawn yn uchel uwchben copaon y coed.

La pâle lumière de la lune baignait la terre d'une douce lueur fantomatique, comme le jour.
Ymdrochodd golau gwelw'r lleuad y tir mewn llewyrch meddal, ysbrydionol fel dydd.
Alors que la nuit s'approfondissait, Buck pleurait toujours au bord de la piscine silencieuse.
Wrth i'r nos ddyfnhau, roedd Buck yn dal i alaru wrth y pwll tawel.
Puis il prit conscience d'un autre mouvement dans la forêt.
Yna daeth yn ymwybodol o gynnwrf gwahanol yn y goedwig.
L'agitation ne venait pas des Yeehats, mais de quelque chose de plus ancien et de plus profond.
Nid gan y Yeehats y daeth y cyffro, ond gan rywbeth hŷn a dyfnach.
Il se leva, les oreilles dressées, le nez testant la brise avec précaution.
Safodd i fyny, ei glustiau wedi'u codi, ei drwyn yn profi'r awel yn ofalus.
De loin, un cri faible et aigu perça le silence.
O bell daeth gweiddi gwan, miniog a drywanodd y distawrwydd.
Puis un chœur de cris similaires suivit de près le premier.
Yna dilynodd côr o lefain tebyg yn agos ar ôl y cyntaf.
Le bruit se rapprochait, devenant plus fort à chaque instant qui passait.
Daeth y sain yn agosach, gan fynd yn uwch gyda phob eiliad a basiodd.
Buck connaissait ce cri : il venait de cet autre monde dans sa mémoire.
Roedd Buck yn adnabod y gri hwn—roedd yn dod o'r byd arall hwnnw yn ei gof.
Il se dirigea vers le centre de l'espace ouvert et écouta attentivement.
Cerddodd i ganol y gofod agored a gwrando'n astud.
L'appel retentit, multiple et plus puissant que jamais.
Canodd yr alwad allan, wedi'i nodi'n aml ac yn fwy pwerus nag erioed.

Et maintenant, plus que jamais, Buck était prêt à répondre à son appel.
Ac yn awr, yn fwy nag erioed o'r blaen, roedd Buck yn barod i ateb ei alwad.

John Thornton était mort et il ne lui restait plus aucun lien avec l'homme.
Roedd John Thornton wedi marw, ac nid oedd unrhyw gysylltiad â dyn yn aros ynddo.

L'homme et toutes ses prétentions avaient disparu : il était enfin libre.
Roedd dyn a phob hawliad dynol wedi diflannu — roedd yn rhydd o'r diwedd.

La meute de loups chassait de la viande comme les Yeehats l'avaient fait autrefois.
Roedd y heid o fleiddiaid yn hela cig fel yr oedd y Yeehats wedi arfer.

Ils avaient suivi les orignaux depuis les terres boisées.
Roedden nhw wedi dilyn elc i lawr o'r tiroedd coediog.

Maintenant, sauvages et affamés de proies, ils traversèrent sa vallée.
Nawr, yn wyllt ac yn llwglyd am ysglyfaeth, croesont i'w ddyffryn.

Ils arrivèrent dans la clairière éclairée par la lune, coulant comme de l'eau argentée.
I'r llannerch lleuad daethant, yn llifo fel dŵr arian.

Buck se tenait immobile au centre, les attendant.
Safodd Buck yn llonydd yn y canol, yn ddisymud ac yn aros amdanynt.

Sa présence calme et imposante a stupéfié la meute et l'a plongée dans un bref silence.
Syfrdanodd ei bresenoldeb tawel, mawr y pecyn i dawelwch byr.

Alors le loup le plus audacieux sauta droit sur lui sans hésitation.
Yna neidiodd y blaidd mwyaf beiddgar yn syth ato heb betruso.

Buck frappa vite et brisa le cou du loup d'un seul coup.

Tarodd Buck yn gyflym a thorri gwddf y blaidd mewn un ergyd.
Il resta immobile à nouveau tandis que le loup mourant se tordait derrière lui.
Safodd yn ddisymud eto wrth i'r blaidd marw droelli y tu ôl iddo.
Trois autres loups ont attaqué rapidement, l'un après l'autre.
Ymosododd tri blaidd arall yn gyflym, un ar ôl y llall.
Chacun d'eux s'est retiré en sang, la gorge ou les épaules tranchées.
Ciliodd pob un yn gwaedu, eu gwddf neu eu hysgwyddau wedi'u torri.
Cela a suffi à déclencher une charge sauvage de toute la meute.
Roedd hynny'n ddigon i sbarduno'r pecyn cyfan i ymgyrch wyllt.
Ils se précipitèrent ensemble, trop impatients et trop nombreux pour bien frapper.
Rhuthron nhw i mewn gyda'i gilydd, yn rhy awyddus a gorlawn i daro'n dda.
La vitesse et l'habileté de Buck lui ont permis de rester en tête de l'attaque.
Roedd cyflymder a sgil Buck yn caniatáu iddo aros ar flaen yr ymosodiad.
Il tournait sur ses pattes arrière, claquant et frappant dans toutes les directions.
Trodd ar ei goesau ôl, gan snapio a tharo i bob cyfeiriad.
Pour les loups, cela donnait l'impression que sa défense ne s'était jamais ouverte ou n'avait jamais faibli.
I'r bleiddiaid, roedd hyn yn ymddangos fel pe na bai ei amddiffyniad erioed wedi agor nac wedi methu.
Il s'est retourné et a frappé si vite qu'ils ne pouvaient pas passer derrière lui.
Trodd a saethodd mor gyflym na allent fynd y tu ôl iddo.
Néanmoins, leur nombre l'obligea à céder du terrain et à reculer.

Serch hynny, fe wnaeth eu niferoedd ei orfodi i ildio tir a chilio.
Il passa devant la piscine et descendit dans le lit rocheux du ruisseau.
Symudodd heibio i'r pwll ac i lawr i wely'r nant greigiog.
Là, il se heurta à un talus abrupt de gravier et de terre.
Yno daeth i fyny yn erbyn llethr serth o raean a phridd.
Il s'est retrouvé coincé dans un coin coupé lors des fouilles des mineurs.
Fe syrthiodd i gornel a dorrwyd yn ystod hen gloddio'r glowyr.
Désormais protégé sur trois côtés, Buck ne faisait face qu'au loup de devant.
Nawr, wedi'i amddiffyn ar dair ochr, dim ond y blaidd blaen a wynebodd Buck.
Là, il se tenait à distance, prêt pour la prochaine vague d'assaut.
Yno, safodd yn ddiogel, yn barod am y don nesaf o ymosodiad.
Buck a tenu bon si farouchement que les loups ont reculé.
Daliodd Buck ei dir mor ffyrnig nes i'r bleiddiaid dynnu'n ôl.
Au bout d'une demi-heure, ils étaient épuisés et visiblement vaincus.
Ar ôl hanner awr, roedden nhw wedi blino'n lân ac wedi cael eu trechu'n amlwg.
Leurs langues pendaient, leurs crocs blancs brillaient au clair de lune.
Roedd eu tafodau'n hongian allan, eu dannedd gwyn yn disgleirio yng ngolau'r lleuad.
Certains loups se sont couchés, la tête levée, les oreilles dressées vers Buck.
Gorweddodd rhai bleiddiaid i lawr, eu pennau wedi'u codi, eu clustiau wedi'u pigo tuag at Buck.
D'autres restaient immobiles, vigilants et observant chacun de ses mouvements.
Safodd eraill yn llonydd, yn effro ac yn gwylio pob symudiad a wnaeth.

Quelques-uns se sont dirigés vers la piscine et ont bu de l'eau froide.
Crwydrodd rhai at y pwll a lapio dŵr oer.
Puis un loup gris, long et maigre, s'avança doucement.
Yna cropiodd un blaidd llwyd hir, main ymlaen mewn ffordd ysgafn.
Buck le reconnut : c'était le frère sauvage de tout à l'heure.
Adnabu Buck ef—y brawd gwyllt o'r blaen ydoedd.
Le loup gris gémit doucement, et Buck répondit par un gémissement.
Cwynodd y blaidd llwyd yn ysgafn, ac atebodd Buck gyda chwyn.
Ils se touchèrent le nez, tranquillement et sans menace ni peur.
Fe wnaethon nhw gyffwrdd â'i drwynau, yn dawel a heb fygythiad na ofn.
Ensuite est arrivé un loup plus âgé, maigre et marqué par de nombreuses batailles.
Nesaf daeth blaidd hŷn, tenau a chreithiog o lawer o frwydrau.
Buck commença à grogner, mais s'arrêta et renifla le nez du vieux loup.
Dechreuodd Buck grwgnach, ond arhosodd a sniffian trwyn yr hen flaidd.
Le vieux s'assit, leva le nez et hurla à la lune.
Eisteddodd yr hen un i lawr, cododd ei drwyn, ac udodd ar y lleuad.
Le reste de la meute s'assit et se joignit au long hurlement.
Eisteddodd gweddill y pecyn i lawr ac ymunodd yn yr udo hir.
Et maintenant, l'appel est venu à Buck, indubitable et fort.
Ac yn awr daeth yr alwad at Buck, yn ddiamheuol ac yn gryf.
Il s'assit, leva la tête et hurla avec les autres.
Eisteddodd i lawr, cododd ei ben, ac udodd gyda'r lleill.
Lorsque les hurlements ont cessé, Buck est sorti de son abri rocheux.

Pan ddaeth yr udo i ben, camodd Buck allan o'i loches greigiog.

La meute se referma autour de lui, reniflant à la fois gentiment et avec prudence.

Caeodd y pedol o'i gwmpas, gan arogli'n garedig ac yn ofalus.

Les chefs ont alors poussé un cri et se sont précipités dans la forêt.

Yna rhoddodd yr arweinwyr y gweiddi a rhuthro i ffwrdd i'r goedwig.

Les autres loups suivirent, hurlant en chœur, sauvages et rapides dans la nuit.

Dilynodd y bleiddiaid eraill, gan weiddi mewn côr, yn wyllt ac yn gyflym yn y nos.

Buck courait avec eux, à côté de son frère sauvage, hurlant en courant.

Rhedodd Buck gyda nhw, wrth ymyl ei frawd gwyllt, gan udo wrth iddo redeg.

Ici, l'histoire de Buck fait bien de se terminer.

Yma, mae stori Buck yn gwneud yn dda i ddod i'w diwedd.

Dans les années qui suivirent, les Yeehats remarquèrent d'étranges loups.

Yn y blynyddoedd dilynol, sylwodd y teulu Yeehat ar fleiddiaid rhyfedd.

Certains avaient du brun sur la tête et le museau, du blanc sur la poitrine.

Roedd gan rai frown ar eu pennau a'u trwynau, gwyn ar eu brest.

Mais plus encore, ils craignaient une silhouette fantomatique parmi les loups.

Ond yn fwy fyth, roedden nhw'n ofni ffigur ysbrydion ymhlith y bleiddiaid.

Ils parlaient à voix basse du Chien Fantôme, chef de la meute.

Siaradasant mewn sibrydion am y Ci Ysbrydion, arweinydd y pecyn.

Ce chien fantôme était plus rusé que le plus audacieux des chasseurs Yeehat.
Roedd gan y Ci Ysbrydion hwn fwy o gyfrwystra na'r heliwr Yeehat mwyaf beiddgar.
Le chien fantôme a volé dans les camps en plein hiver et a déchiré leurs pièges.
Lladrataodd y ci ysbrydion o wersylloedd yng nghanol y gaeaf a rhwygo eu trapiau ar wahân.
Le chien fantôme a tué leurs chiens et a échappé à leurs flèches sans laisser de trace.
Lladdodd y ci ysbryd eu cŵn a dianc rhag eu saethau heb olion.
Même leurs guerriers les plus courageux craignaient d'affronter cet esprit sauvage.
Roedd hyd yn oed eu rhyfelwyr dewraf yn ofni wynebu'r ysbryd gwyllt hwn.
Non, l'histoire devient encore plus sombre à mesure que les années passent dans la nature.
Na, mae'r stori'n mynd yn dywyllach fyth, wrth i'r blynyddoedd fynd heibio yn y gwyllt.
Certains chasseurs disparaissent et ne reviennent jamais dans leurs camps éloignés.
Mae rhai helwyr yn diflannu ac nid ydynt byth yn dychwelyd i'w gwersylloedd pell.
D'autres sont retrouvés la gorge arrachée, tués dans la neige.
Mae eraill i'w cael gyda'u gyddfau wedi'u rhwygo ar agor, wedi'u lladd yn yr eira.
Autour de leur corps se trouvent des traces plus grandes que celles que n'importe quel loup pourrait laisser.
O amgylch eu cyrff mae olion—mwy nag y gallai unrhyw flaidd eu gwneud.
Chaque automne, les Yeehats suivent la piste de l'élan.
Bob hydref, mae Yeehats yn dilyn llwybr yr elc.
Mais ils évitent une vallée avec la peur profondément gravée dans leur cœur.
Ond maen nhw'n osgoi un cwm gydag ofn wedi'i gerfio'n ddwfn yn eu calonnau.

Ils disent que la vallée a été choisie par l'Esprit du Mal pour y vivre.
Maen nhw'n dweud bod y dyffryn wedi'i ddewis gan yr Ysbryd Drwg ar gyfer ei gartref.
Et quand l'histoire est racontée, certaines femmes pleurent près du feu.
A phan adroddir y stori, mae rhai menywod yn wylo wrth y tân.
Mais en été, un visiteur vient dans cette vallée tranquille et sacrée.
Ond yn yr haf, mae un ymwelydd yn dod i'r dyffryn tawel, cysegredig hwnnw.
Les Yeehats ne le connaissent pas et ne peuvent pas le comprendre.
Nid yw'r Yeehats yn gwybod amdano, ac ni allent ddeall.
Le loup est un grand loup, revêtu de gloire, comme aucun autre de son espèce.
Mae'r blaidd yn un gwych, wedi'i orchuddio â gogoniant, fel dim arall o'i fath.
Lui seul traverse le bois vert et entre dans la clairière de la forêt.
Mae'n croesi o'r coed gwyrdd ar ei ben ei hun ac yn mynd i mewn i lannerch y goedwig.
Là, la poussière dorée des sacs en peau d'élan s'infiltre dans le sol.
Yno, mae llwch euraidd o sachau croen elc yn treiddio i'r pridd.
L'herbe et les vieilles feuilles ont caché le jaune du soleil.
Mae glaswellt a dail hen wedi cuddio'r melyn rhag yr haul.
Ici, le loup se tient en silence, réfléchissant et se souvenant.
Yma, mae'r blaidd yn sefyll mewn distawrwydd, yn meddwl ac yn cofio.
Il hurle une fois, longuement et tristement, avant de se retourner pour partir.
Mae'n udo unwaith—yn hir ac yn galarus—cyn iddo droi i fynd.

Mais il n'est pas toujours seul au pays du froid et de la neige.
Eto nid yw bob amser ar ei ben ei hun yng ngwlad yr oerfel a'r eira.
Quand les longues nuits d'hiver descendent sur les basses vallées.
Pan fydd nosweithiau hir y gaeaf yn disgyn ar y dyffrynnoedd isaf.
Quand les loups suivent le gibier à travers le clair de lune et le gel.
Pan fydd y bleiddiaid yn dilyn gêm trwy'r lleuad a rhew.
Puis il court en tête du peloton, sautant haut et sauvagement.
Yna mae'n rhedeg ar flaen y pecyn, gan neidio'n uchel ac yn wyllt.
Sa silhouette domine les autres, sa gorge est animée par le chant.
Mae ei siâp yn tyrau uwchben y lleill, ei wddf yn fyw gyda chân.
C'est le chant du monde plus jeune, la voix de la meute.
Cân y byd iau ydyw, llais y peidi.
Il chante en courant, fort, libre et toujours sauvage.
Mae'n canu wrth iddo redeg—cryf, rhydd, ac yn wyllt am byth.

www.ingramcontent.com/pod-product-compliance
Lightning Source LLC
Chambersburg PA
CBHW010029040426
42333CB00048B/2763